城市发展与公共政策丛书
国家社科基金一般项目(10BZZ031)

跨域治理:城市群协同发展研究

王佃利　著

山东大学出版社

图书在版编目(CIP)数据

跨域治理:城市群协同发展研究/王佃利著.
—济南:山东大学出版社,2018.3
ISBN 978-7-5607-6040-7

Ⅰ.①跨… Ⅱ.①王… Ⅲ.①城市群—公共物品—供给制—研究—中国②城市群—城市管理—研究—中国
Ⅳ.①F299.2

中国版本图书馆 CIP 数据核字(2018)第 051476 号

责任编辑:徐 翔
封面设计:张 荔

出版发行:山东大学出版社
社 址 山东省济南市山大南路 20 号
邮 编 250100
电 话 市场部(0531)88364466
经 销:山东省新华书店
印 刷:济南新科印务有限公司
规 格:720 毫米×1000 毫米 1/16
13.25 印张 220 千字
版 次:2018 年 3 月第 1 版
印 次:2018 年 3 月第 1 次印刷
定 价:39.00 元

版权所有,盗印必究

凡购本书,如有缺页、倒页、脱页,由本社营销部负责调换

总序

在这个快速城市化的时代,“城市治理”一词持续受到热议,对城市发展进行思考的会议也尤其多。其中有两次会议,意义尤为重大,并在世界范围内对城市发展带来深远影响。一是2015年12月在北京召开的中央城市工作会议,“城市工作”在时隔37年之后再次上升到中央层面进行专门研究部署,对城市发展作出顶层设计,指明进入新的历史时期中国城市发展的思路。二是2016年10月在厄瓜多尔的首都基多召开的“人居三”(即第三届联合国住房和城市可持续发展大会)20年一次的大会通过了里程碑式的成果——《新城市议程》。该文件着眼于未来,为今后20年世界城市的发展确立目标和方向,引领各国迈向可持续发展的城市未来。

这类会议之所以激动人心,是因为会议主题关乎未来、关乎每个人,让人们深入思考人和城市的关系以及如何在城市中生活。

城市的发展伴随着人类社会的进步。人为什么会来到城市?这一追问已经内设了人在物质和精神两个层面的追求。刘易斯·芒福德的观点更明确,即精神至上,“城市最终的任务是促进人们自觉地参加宇宙和历史的进程”。古典的城邦发源了思辨的智慧,封建城市在中世纪的黑暗下逐渐地孕育了独立与自由的曙光,近代以来城市的迅猛发展彰显了人类工业时代飞速发展的经济与技术,当今全球范围内城市的发展与转型则与后工业时代人类社会的根本性变革息息相关。正如芒福德所言,城市是一个巨大而复杂的文化磁体和容器:“通过感情上的交流,理性上的传递和技术上的精通熟练,尤其是,通过激动人心的表演,从而扩大生活的各个方面的范围,这一直是城市的最高职责。”人性因城市而不断丰富和发展,生活的精彩由此展开。

人们怀着向往来到城市。城市如何让生活更美好?城市之美,源于历史的厚重,更源于对生命价值的关怀和追求。城市之美,柯布西耶憧憬的充满规则与秩序的静谧是一种,但布莱恩·贝利笔下那个包含众多并行、差异较大的生活方式的“马赛克”也是一种。在雅各布斯看来,在城市的舞台上,人们生活的艺术不是那种每个人在同一时刻起脚、转身的“舞蹈”,而是每个人都表现出自己独特风格却又相互和谐的复杂“芭蕾”。现代城市值得人们期待和向往,是因为以现代化的经济技术等物质条件支撑起的人性的释放和对自由的尊重,是城市追求的最高的“善”。

城市的追求并不等于城市的现实。在城市发展与人类发展的过程中,挑战与回应伴随着整个城市发展的历程。今天的中国,城市化的浪潮正呈现为一个观察城市发展模式转变的丰富舞台。

作为中华文明传承载体的中国城市,无论是变迁的历史,还是规划的艺术或建筑的技艺,都足以让世界为之瞩目。如今中国城市现代化的发展,也正在创造一个令人瞩目的奇迹,经过改革开放后的快速发展,2011年城市化率就达到了51.27%,城市人口历史上首次超过农村人口,初步进入“城市时代”。中国的城市化不仅是城市数量的增加,更是一个多层次的发展进程,城市群与区域、城市自身、城市社区都呈现出多姿多彩的面貌。

在这样的过程中如何让人生活得更美好?这事关城市发展质量。史无前例的经济增速和人口涌入带来了城市化的迅猛发展,但如何应对却准备不足,中国相应进入了一个“城市病”多发的“阵痛期”。在区域层面,不同城市、不同区域之间的同质化竞争愈演愈烈,导致大量的重复建设和经济发展的低效率;地区之间、城乡之间、群体之间的贫富分化日益拉大,严重损害了社会公平。在城市层面,城市交通拥堵、环境污染、公共服务供给水平不高且效率低下,“住房难”“看病贵”“上学难”日益严峻,成为社会不满和群体冲突的导火索。从社区层面看,城市发展中的“大拆大建”带来的历史文物古迹、历史街区的破坏令人扼腕叹息,“拆旧建新”“拆真建伪”等建设性破坏也让人无言以对。我们进入了城市化的新阶段,同时,我们也站在了一个历史和时代的岔路口上。

理解中国的城市，不仅要了解来路与现实，更要把握未来的"去向"。站在时代的岔路口，走向治理是我们的选择。无论是提出"走以人为本、四化同步、优化布局、生态文明、文化传承的中国特色新型城镇化道路"，还是强调"国家治理体系和治理能力现代化建设"，都指向了一种新型的"城市治理"理念。现代化的城市治理理念，意味着城市生活中多元主体的共治共建共享；要求推进城市基本公共服务的供给侧改革，增强公共服务供给效率和供给质量，增强公众获得感；要求推进区域治理，改变同质化的低效率竞争，以合作治理的理念推动区域公共问题的解决，完善区域公共物品供给，提升区域整体发展水平；要求完善市政建设，优化城市权力的组织架构和运行机制，缓解城市社会矛盾和社会冲突；要求推进社区更新，将历史文化保护与城市发展有机结合……

城市治理的现代化，不仅是城市管理者和实践者的职责，也是城市研究者的时代责任和担当。山东大学城市发展与公共政策研究中心自2009年成立以来，一直关注城市发展和城市治理的理论进展和实践问题，以城市可持续发展、城市群与区域发展、城市公共服务、城市更新等为主要研究领域，并形成了市政公用事业、城市管理体制、区域合作治理等几个特色研究方向。在承担诸多国家课题、合作项目的基础上，中心决定对团队的研究成果予以集中出版，形成《城市发展与公共政策丛书》，以之作为以往成果的总结、学术交流的平台。

满怀对城市的美好向往，直面城市发展的现状，我们思考城市发展当下的机遇和挑战，以此定义和塑造未来我们想要的城市和想要的生活。在变革的时代，用行动改变未来。愿与各位同道者一起，前行！

山东大学政治学与公共管理学院

山东大学城市发展与公共政策研究中心

跨域治理:从“复合行政”到“城市群治理”的探索
(序言)

新时代的中国迎来了全新的发展形势,国家治理体系和治理能力的现代化正在形成新的发展动力,迅猛的城市化深刻地改变了中国发展的空间格局。面对当前经济发展转型和治理体系变革的趋势,越来越多的城市自发组织起来选择“抱团发展”;与此同时,“城市群”也成为国家的政策热点,中央政府通过一系列重要政策文件对城市群发展蓝图进行顶层设计。在这一时代节点,山东大学王佃利教授的新著《跨域治理:城市群协同发展研究》出版适逢其时。

本世纪初,我国地方经济发展中存在的“行政区经济”问题凸显,表现为地方政府以行政区划边界为市场边界,导致了区域经济的封闭性,形成了区域经济一体化与行政区划分割的冲突。单纯以行政区划调整来化解区划边界和市场流动的矛盾,并不能解决“行政区经济”给整体经济的发展带来的负面影响。由王健老师、刘小康、王佃利和我组成的团队,提出了“复合行政”的理念,形成了《“复合行政”的提出——解决当代中国区域经济一体化与行政区划冲突的新思路》的研究成果。该研究按照政府管理范式从统治向治理转变的思路,设计了用跨行政边界的多中心、自主治理的合作机制来破局“行政区经济”的理论构想,通过政府之间、政府和市场、政府和社会之间的合作,实现跨行政区公共服务提供,促进区域经济和社会发展的一体化。我们的成果引起了学界的积极响应,被认为是“一项具有突破性的制度设计”,是我国城市治理模式的新选择,许多学者开始跟进“复合行政”的研究,创新了许多成果,不断深化对这一问题的认识。

在当下的国家治理中,当城市群治理日益成为政策需求的时候,我们可以发现“复合行政”和“城市群治理”的契合之处。基于“复合行政”的理念,可以更进一步理解和认识新时代城市群治理问题,就是城市群内各城市之间实现跨域行政边界、跨行政层级的多元协同合作的问题,首要就在于突破城市行政区划边界来实现跨行政区公共服务。有别于单体城市的自我发展,城市群在区域层面上面临着更加复杂的政府间利益关系、多元主体的力量整合和跨域公共问题的治理问题。

首先,城市群需要理顺城市个体和区域整体之间的关系。城市群发展不仅要实现城市与城市之间的利益协调,还要促进城市和区域之间多元化的利益协调,要构建跨越行政层级和行政区划边界的政府间合作机制,建立长效的协商决策机制,实现城市和区域发展的协调统一。

其次,城市群还需要整合政府、市场、社会等多元主体之间的关系问题。在治理理念的引导之下,如何充分发挥政府在区域发展中的主导作用,积极吸引市场主体力量参与城市群经济和社会发展,动员社会力量参与城市群公共事务的决策和管理。

最后,城市群还需要解决跨域性的公共事务问题。行政区划边界并不能阻止各类公共事务的越界,城市群面临环境保护、污染防治、交通基础设施建设、突发事件应急、公共服务一体化等治理问题,它们已经超越了传统单一城市的行政边界和职能边界,必须依赖城市间的协同合作。

党的十九大指出,新时代我国的主要矛盾已转化为“人民日益增长的美好生活需要和不平衡不充分的发展之间的矛盾”。在提升区域整体效益,实现城市间的协同发展,增进区域人民生活福祉方面,城市群治理承担着时代重任。

城市群是国家治理体系的重要环节,其空间布局、战略定位离不开国家层面的顶层设计;同时城市群又是一个彰显地方治理智慧的平台。城市群内的各城市在地理区位、经济基础、资源禀赋等方面各有独特性,要求因地制宜、因势利导地绘制城市群发展“蓝图”;各城市组成的城市群在其决策、协商、落实、监管等各个领域,也需要结合区域实际建立具有区域特色的、高效的城市群治理体制机制。未来的城市群,不仅是推动国家治理体系和治理能力走向现代化的坚实环节,也是激发地方政府创新潜力、谱写地方故事的美妙舞台。佃利教授的《跨域治理:城市群协同发展研究》一书 ,在秉承“复合行政”的思路上,对城市群治理进行了别有洞见的回应:

首先,本书生动地讲述了一个城市群治理的“山东故事”。佃利教授在书中细致分析了山东半岛城市群的发展历程。继京津冀、珠三角、长三角三个城市群之后,山东半岛城市群是全国较早在政策层面进行协同发展的城市群,最早从2005年包含8个地级市,再到后来的“蓝黄”功能区发展战略,再到2017年将全省所有城市全部纳入城市群规划。这一过程的展现使我们清晰地看到,山东半岛城市群规划的发展,就是逐渐将城市的经济发展与区域整体效益进行深入整合的探索历程,是充分反映我国城市群治理的典型故事。

其次,本书探索了城市群治理的本质在于区域公共物品的供给。佃利教授以其敏锐的学术眼光,通过对山东半岛城市群的深入考察和剖析,从区域公共物品供给的角度揭示城市群跨域治理的实质,指出城市群的合作实际上就是多元主体共同参与的区域公共物品多中心供给,既包括组织上的多中心,也包括地域上的多中心和层级上的多中心。

最后,本书以跨域治理的理念回应了城市群协同发展的路径选择。曾有学者认为“复合行政”只是提供了一种可能创新思路,还缺乏系统的支持条件和落实思路,佃利教授通过构建跨域治理的理论框架,涉及决策层面的利益分享与调节、组织层面的机构与部门协调、操作层面的政策体系构建与合作支撑、结果层面的合作绩效评价与激励约束等层层递进、环环相扣的环节。从“复合行政”到跨域治理,对城市发展的路径进行了具体的思考。

现在我国城市群正迎来难得的发展机遇期,对于城市群的理论研究日益深入。佃利教授在本书中不仅详细地介绍了城市群治理的“山东智慧”,也对城市群跨域治理的内在逻辑进行了深入的理论思考,无论对于区域治理的研究者,还是推进城市群协同发展的管理者而言,都不失为一部佳作。

当年“复合行政”的提出,既引起了学界的关注和思考,也引领了我们团队在区域发展和城市群问题上的进一步研究。久久为功,城市群发展进入了新时代,我们提出的概念和框架也不断拓展。国家行政学院的刘小康教授已经出版了《行政区经济、空间权力配置与复合行政》一书,对行政区经济和复合行政的关系进行了探索,如今王佃利教授的《跨域治理:城市群协同发展研究》一书,又对城市群的跨域治理进行了探索,也取得了令人非常欣慰的研究成果。通过理论和观点讨论、争鸣、拓展,促进对现实问题的回应和理论的发展,是学界进行理论研究的价值所在。有理由期待,在理论界与实务界的共同努力下,在顶层政策设计、治理理念转变和治理技术革新三重推进下,共同推进我国区域均衡、充分发展、各具特色的城市群治理格局。

中国行政管理学会执行副会长兼秘书长　鲍静

2018 年 3 月

目 录

导　论

第一节　问题的缘起

随着经济全球化、区域一体化、社会信息化、市场无界化的发展，公共问题与公共管理模式所面对的社会现实发生了很大的转变，公共问题变得更加依赖于“外部化”和“无界化”，其中跨国或跨行政区划的“跨界问题”大量滋生，并有复杂化、多元化和规模化的发展趋势，因而变革公共管理模式的要求便日益凸显。以往一个国家和一个政府所进行的单边公共行政已力不从心，无法面对大量且复杂的区域公共问题。[①] 如何生产和供给区域公共物品，解决区域发展中的资源配置、产业布局、环境治理、公共卫生、公共安全等区域公共问题，成为区域公共管理所面临的严峻挑战。

从我国的具体情况来看，随着社会转型和体制转轨，那些曾经禁锢于行政区划内的公共问题正逐渐突破管辖区的刚性束缚而向更广阔的区域渗透和释放，从而衍生为错综复杂的区域性公共问题。正因如此，21 世纪中国公共管理面对的最大挑战莫过于区域公共管理的挑战。这些问题集中体现在：城乡二元结构问题、区域政府间竞争与合作问题、区域政府间关系协调问题、流域公共治理问题、区域公共安全机制问题、区域经济一体化问题、地方保护主义与国内政策一体化问题、行政区划变革问题等方面。如何处理好这些问题，对于区域公共管理是个重大挑战，也是和谐社会建设的一个关键所在。

在以往的研究中，我们曾经对山东半岛城市群的发展进行相关调研，发

---

① 参见陈瑞莲：《论区域公共管理研究的缘起与发展》，载《政治学研究》2003 年第 4 期。

现:即使在山东一省行政区划之内的城市间合作,也面临着许多地方政府确立的行政壁垒,导致资源配置、产业结构调整的困难。各地在环境治理、区域性大型基础设施建设等方面,都还存在因各自为政而导致的重复建设与资源浪费。在政府之间相互促进的竞争机制下,似乎更多地存在着政府之间的不合作与恶性竞争的现象。随着半岛蓝色经济区发展战略上升为国家战略,半岛城市群一体化发展的趋势更加明显,要求更加强烈,亟待对这些问题进行系统的探讨。对这些问题的反思和探讨,往往都涉及现有的政府职能定位、政府体制调整、政府绩效评定等问题,而这些问题也需要在更深的层次上进行相关研究,进而更需要理论层次上的拓展。

在理论构建方面,涉及政府间合作的理论最近颇为流行的就是新区域主义理论,这是美国基于以前对大政府改革进行反思而对区域主义所作的拓展,与美国传统的多中心治理理论相结合,形成了鼓励合作的合作主义倾向;在国内我们原先所构建的复合行政理念,倡导多主体、交叠、跨层次的合作,也都体现了合作主义的倾向。这两种理论都符合治理理论的主张,但是在中国现实的行政实践中,这些理论是否会得到实现呢?是否符合现实中区域合作的实践呢?这需要进一步的调查和总结。我们在此仅仅是以山东省近年来的区域发展战略为例进行描述性的研究,力求发现学者理念与政府实践之间的区别。

这些新的问题,一方面要求我们寻求新的视角来关注区域问题的解决和区域发展,另一方面也对现实中的公共行政管理体制形成了挑战,寻求区域公共管理体制的变革之道。我们认为,面临种类繁多的区域公共问题,从区域公共物品的认定出发,寻求到一个区域发展的分析视角,探求区域公共问题的解决,这种理论上的探讨和分析是必要而且有益的;在此基础上,进而探求公共管理职能的定位与公共管理体制的变革,为区域发展中的政策选择提供具体的、可行的建议,对于推动中国地方治理的发展具有很强的实践意义。

第二节 研究现状

本研究从跨域治理的视角出发,围绕"公共物品供给"这一核心议题来认识发展中的区域公共问题,最终落脚于区域公共管理体制的变革,试图寻求当前城市群发展中急需的区域公共物品供给的合作路径。区域发展涉及政治学、经济学、公共管理等不同的学科领域，现有的研究大多是单一学科的研究取向，本研究力图采取多学科的研究视角，在公共管理学的学科基础上，从经济研究的角度来观察和分析问题。就此研究视角而言，与本研究相关的问题主要集中在以下几个方面：

一、多元学科视角下的公共物品研究

（一）公共物品与地方公共物品：经济学的视野

区域公共物品理论的渊源，可以追溯到经济学中的"公共物品"概念。[①] 1954 年，萨缪尔森发表《公共支出的纯理论》（"The Pure Theory of Public Expenditure"）一文，提出了对公共物品的经典定义，开启了现代经济学在公共物品领域的研究起点。萨缪尔森界定了公共物品的特征，认为非排他性和非竞争性是公共物品的典型特征。非排他性是针对公共物品的受益者而言，无法将消费者排除在这类产品的消费之外，或者即便是可以排除某些个人或群体在此类物品的消费之外也是成本高昂的，"无论每个人是否愿意购买它们，它们带来的好处不可分割地散布到整个社区里"[②]；消费上的非竞争性是针对公共物品本身所能带来的外部性收益而言，某个消费者享受此类物品带来的正外部性时，不会影响他人的使用，"每个人对这种物品的消费，都不会导致其他人对该物品消费的减少"[③]。非排他性和非竞争性成为公共物品特征的经典定义。后来的学者又在此基础上不断进行补充，如马斯格雷夫提出了纯公共物品的概念，鲍德威、威迪逊等强调公共物品消费的共同性。张建新则在非排他性与非竞争性的基础上，进一步提出了公共物品"非分割性"概念，认为非分割性"即公共物品的集体消费性，国防、外交等不可分割上市销售，只能由政府拨款统一建造、统一提供，任何时候都不能分开消费"。[④]

以萨缪尔森和马斯格雷夫对公共物品的定义为基础，基于消费的非排

---

① 编者注：由于翻译原因，公共物品（Public goods）也常被翻译为"公共产品""公共品"等，因此本研究中出现的"公共物品""公共产品""公共品"是同一个概念。

② [美]保罗・A・萨缪尔森、威廉・D・诺德豪斯著：《经济学》著，胡代光等译，北京经济学院出版社 1996 年版，第 571 页。

③ 陈瑞莲等：《区域公共管理理论与实践研究》，中国社会科学出版社 2008 年版，第 41～43 页。

④ 参见张建新：《国际公共产品理论：地区一体化的新视角》，载《复旦国际关系评论》2009 年第 1 期。

他性和非竞争性的经典分类,公共物品可分为私人产品、俱乐部产品、公共资源、纯公共物品。[①] 私人产品具备明确的私人产权归属,通过市场机制实现资源配置;纯公共物品是指在消费上具备完全的非竞争性和非排他性的物品;俱乐部产品是建立在使用者付费基础上的联合供给,以价格门槛体现非排他性的物品;公共资源是指不能被任何个体所独占的资源,具备非排他性以及大量消费者消费此类物品时所带来的竞争性。

樊勇明和杜莉则根据公共物品在地理范畴上的层次性,从受益范围的大小出发,将公共物品分为全国性的公共物品和地区性的公共物品。全国性的公共物品是指受益面覆盖全国的公共物品,以国防外交为代表;地方公共物品则是受益范围局限于某一区域的公共物品。

由于公共物品所具有的外部性,以及非排他性、非竞争性的特征,市场机制在公共物品的供给过程中常常面临失灵。1968 年英国哈丁教授(Garrett Hardin)在"The Tragedy of the Commons"一文中最早提出"公地悲剧"理论模型,用以描述追求理性的最大化利益的个体行为是如何导致公共利益受损的。"公地"其实只是一种"象征",它象征着一种具有非排他性的稀缺资源。梅里尔·弗拉德(Merrill Flood)、梅尔文·德雷希尔(Melvin Dresher)和阿尔伯特·塔克(Albert Tucker)提出"囚徒困境"理论,讲述了被警察隔离的两名嫌疑人在不能保证对方会和自己合作时,都把坦白作为自己的最佳策略,而最终的均衡结局是帕累托较差的,由此得出结论:个体的理性选择可能会带来集体的非理性结果。奥尔森在 1965 年出版的《集体行动的逻辑》一书中提出著名的"奥尔森困境"(即"集体行动的逻辑"),认为个人从自己的私利出发,常常不是致力于集体的公共利益,个人的理性不会促进集体的公共利益。他认为由于成员间存在"搭便车"的可能,因而"除非一个集团中人数很少,或者除非存在强制或其他特殊手段使个人按照他们的共同利益行事,有理性的、寻求自我利益的个人不会采取行动以实现他们共同的或集团的利益"[②]。

上述公共物品的供给困境表明了私人经济部门在纠正公共物品外部性过程中的局限性。针对此,经济学强调政府在弥补市场失灵中的作用,认为

---

① 参见陈瑞莲等:《区域公共管理理论与实践研究》,中国社会科学出版社 2008 年版,第 43 页。

② [美]曼瑟尔·奥尔森:《集体行动的逻辑》,陈郁等译,上海三联书店、上海人民出版社 1995 年版,第 2 页。

政府可以通过经济手段将外部性内在化(如罚款、征税、补贴等手段)或者通过行政手段对公共物品供给采取管制或法律措施,以纠正外部效应;也有学者从多元主体供给的角度出发,认为引入竞争机制或第三部门可以弥补公共物品供给中的市场失灵和政府失灵,萨瓦斯的《民营化与公私部门的伙伴关系》就是其中代表[①];樊勇明和杜莉则从政府内部权责划分的角度出发,认为通过中央政府承担全国性公共物品的提供、地方政府按照谁受益谁负担的原则提供地方性公共物品。[②]

(二)全球性公共物品与区域性公共物品:国际政治的视野

冷战期间,美国学者曼瑟尔·奥尔森在1971年提出"国际公共物品"这一概念,将"公共物品"理论从经济学引入国际政治研究,作为研究国际合作关系的一项理论工具。冷战结束后,"国际公共物品"的概念在全世界得到认可,经济全球化的发展推动了"全球性国际公共物品"概念的产生和推广;而随之而来的区域化发展进一步催生了"地方性国际公共物品"概念的兴起。

奥尔森将国际公共物品分为三大类:稳定的国际金融货币体系、完善的国际自由贸易体制、国际宏观经济政策的协调与标准化度量;国际安全保障体系及公海的自由航行;国际经济援助体系。吉尔平延续了奥尔森的分类标准,认为国际公共物品包括自由开放的国际贸易制度、稳定的国际货币体系、可靠的国际安全机制和有效的国际援助体系。随着区域一体化进程的深入,根据国际公共物品的影响范围,可以分为全球性国际公共物品和区域性国际公共物品,张建新认为,如果一种国际公共产品的消费范围在地理上扩展至一个地区的部分或全部国家,该产品就是地区公共产品;而国际公共产品的消费范围如果在地理上扩展至全球所有国家,该产品即为全球公共产品。[③] 桑德勒则将国际公共物品的外溢范围进一步细化,并以此为标准将国际公共物品分为外溢范围为一国之内的国家性公共物品、外溢范围为两国或多国之间的国际性公共物品、外溢范围为某一地区之内的区域性公共物品、外溢范围为两个及两个以上区域之间的区域间公共物品、外溢范围

---

① [美]E. S. 萨瓦斯:《民营化与公私部门的伙伴关系》,周志忍等译,中国人民大学出版社2002年版。

② 樊勇明、杜莉编著:《公共经济学》,复旦大学出版社2001年版,第299~300页。

③ 参见张建新:《国际公共产品理论:地区一体化的新视角》,载《复旦国际关系评论》2009年第1期。

为整个世界的全球性公共物品。[①] 另外,还有学者采用经济学中对公共物品分类框架,将国际性公共物品分为纯公共物品、俱乐部物品、准公共物品和混合物品。杰克·赫什利弗、桑德勒等人提出并发展了“汇总技术”的分类标准,按照国际公共物品最佳的汇总技术方式,将国际公共物品的分为按照加总技术提供、按照权重加总技术提供、按照最弱环节提供、按照较弱环节提供、按照最佳环节提供、按照次佳环节提供、按照临界值提供等国际公共物品类型。

作为从经济学引进的概念,学者们普遍认为国际公共物品同样存在公共物品所存在的“搭便车”现象,并主张国际公共物品根据其外溢范围的不同,通过不同的机制实现供给。国内公共物品由单一制国家负责供给。国际公共物品的供给机制主要有两种不同的观点,第一种观点是霸权稳定论,主张由在国际社会中经济和政治地位处于优势的“领导国”“霸权国”承担国际公共物品的供给,才能实现社会的稳定。金德尔伯格认为,世界经济的稳定和发展需要霸权国的存在,霸权国有责任提供稳定的货币和开放贸易体制等公共产品。[②] 罗伯特·吉尔平则在此基础上进一步提出国际公共产品的供给虽然由一个霸权国主导,但同时也可以依靠国际协调共同提供。[③] 第二种观点是国际机制论,认为国际公共产品应当由多国根据共识性的规范原则,制定行动准则,相互合作共同提供,基欧汉认为:“由那些公正无私的理想主义者为了共同的目的而制定和设计的国际机制是很少的;相反,它们主要是由政府中的官员为了追求他们所说的更大的国家利益和他们自己更大的利益目的而构造的。”[④]

(三)公共物品与区域公共物品:公共管理的视野

随着公共管理实践的深入和公共管理研究的兴起,经济学和国际政治学中所使用的“公共物品”概念,也被引入公共管理研究中。公共管理的客体和对象是公共事务,而公共物品的提供则是界定公共事务的主要依据。借鉴经济学对公共物品的分类框架,公共管理同样依据公共物品非竞争性

---

① 参见樊勇明、薄思胜:《区域公共产品理论与实践——解读区域合作新视点》,上海人民出版社2011年版,第29页。

② 参见郭树永:《评“霸权稳定论”》,载《欧洲研究》1997年第6期。

③ 参见杨国庆、黄帅:《西方地区公共产品理论及其政策意义》,载《复旦国际关系评论》2009年第1期。

④ [美]罗伯特·基欧汉:《霸权之后:世界政治经济中的合作与纷争》,苏长和等译,上海人民出版社2001年版,第25页。

和非排他性的特点将公共物品分为纯公共物品、俱乐部物品、拥挤性公共物品和混合物品。通常认为,政府是公共事务的主要承担者和公共物品的主要提供者,特别是纯公共物品的专门提供者;而非营利机构与公共企业是公共物品的重要提供者。萨瓦斯则用"公私部门伙伴关系"概念来界定目前政府通过引入市场手段和竞争机制提供公共物品的供给模式。①

随着社会的发展,公共事务的复杂性特征日益突出,公共事务和公共问题也开始突破原有行政区划的界线,表现出强烈的"外部性"和"区域性",由此而引发的区域环境下的治理难题使得区域公共管理应运而生。与传统的行政区行政相比,"它突破了以单位行政区划的刚性约束和政府统治为要义的行政区行政的缺失,成为'复杂性社会'下区域公共问题治理的基本框架"②。有学者将区域公共管理定义为"区域内的多元主体为了解决在政治、经济或社会其他领域的一面或多面的公共问题,实现共同利益,运用协商和调节的手段和方式,对区域以及区域内横向部分和纵向层级之间交叉重叠关系进行的管理"③。也有学者将区域公共管理定性为"政府治理方式上的制度变迁"④。

区域公共物品"其供给状况及其发展其实从某种意义上讲,反映了对区域公共问题的治理程度及其管理水平"⑤,也由此成为近年来在公共管理学界密切关注和研究的重要课题。美洲开发银行经济学家安东尼·埃斯特瓦多道尔在其著作《区域性公共产品——理论与实践》一书中指出:"区域公共产品是指其利益惠及一个确定的区域的公共产品。"⑥中山大学陈文理认为:"某项公共产品是否跨越单个主体的管辖范围,是否具有超越单一主体管辖地区的外部性是判断其是否成为区域公共产品的主要标准。"⑦

关于区域公共物品的特点,陈文理指出,区域公共物品除了具备消费上

---

① 参见[美]E. S. 萨瓦斯:《民营化与公私部门的伙伴关系》,周志忍等译,中国人民大学出版社 2002 年版,第 4 页。

② 杨爱平、陈瑞莲:《从"行政区行政"到"区域共管理"——政府治理形态嬗变的一种比较分析》,载《江西社会科学》2004 年第 11 期。

③ 郭风旗:《我国区域公共管理理论分析》,载《行政论坛》2005 年第 4 期。

④ 金太军:《从行政区行政到区域公共管理——政府治理形态嬗变的博弈分析》,载《中国社会科学》2007 年第 6 期。

⑤ 陈瑞莲等:《区域公共管理理论与实践研究》,中国社会科学出版社 2008 年版,第 40 页。

⑥ [西班牙]安东尼·埃斯特瓦多道尔、[美]布莱恩·弗朗兹、[美]谭·罗伯特·阮:《区域性公共产品:从理论到实践》,张建新等译,上海人民出版社 2010 年版,第 12 页。

⑦ 陈文理:《区域公共产品的界定及分类模型》,载《广东行政学院学报》2005 年第 2 期。

的非竞争性与非排他性以外,还有如下特点:①区域公共物品由于牵扯到区域内多个管理主体的利益关系,其供给与需求主体具有复杂性和多样性;②具有明显的地理依赖性及外部效应的溢出性;③由于覆盖空间更大、生产规模和投入更大,因而对规模经济和规范经济有着较高的要求;④动态性。[①] 柳春慈则从不同角度总结了区域公共物品的自身特性:一是受益范围的限定性;二是溢出效应的明显性;三是使用过程的高效性;四是利益需求的差异性。基于对区域公共物品特点的认识,柳春慈认为"区域公共物品供给是其效益覆盖范围内不同个人或群体的集体选择过程,是不同利益相关者进行利益博弈的结果"[②]。此外,张示威在《区域公共产品:概念、特征及分类》一文中认为区域公共产品与其他公共产品相比还具有"静态的封闭性和动态的开放性"[③]:"静态的封闭性"表明区域公共产品只是针对特定区域而提供的;"动态的开放性"则包含两个方面的含义,一方面体现在区域公共物品的外溢效应会对周边地区产生影响,另一方面体现在随着区域经济一体化进程的发展,新主体的加入使得区域公共物品的覆盖面不断扩大。陈文荣则认为,区域公共产品具有"提供的层次性"——"它需要按不同的受益对象,由不同级次的区域政府提供"——和"市场的相似性"——他认为人们在区域间"购买"公共物品与私人市场中的购买商品的交易是非常相似的。[④]

综观国内外学者大量的研究成果可以看出,基于不同学科视角下的区域公共物品研究带有鲜明的学科范式特征。经济学在研究中采用了"地方公共物品"的概念,经济学视角下的地方公共物品研究更多地侧重于地方和中央在公共物品供给上的权责划分,以实现央地政府在公共物品供给上的财权和事权相匹配,但经济学研究视角将地方政府作为相对于中央政府的整体概念作为研究,忽略了不同层级的地方政府之间的权责划分,同时更多关注于中央和地方政府之间纵向关系的利益协调,而在同级地方政府之间横向关系的利益协调方面相对薄弱。

国际政治学在研究中采用了"地区公共物品"的概念,国际政治视角下

---

① 参见陈文理:《区域公共产品的界定及分类模型》,载《广东行政学院学报》2005 年第 2 期。

② 柳春慈:《区域公共物品供给中的利益协调机制探讨》,载《学术交流》2011 年第 7 期。

③ 张士威:《区域公共产品:概念、特征及分类》,载《中共南京市委党校学报》2011 年第 2 期。

④ 参见陈文荣:《区域公共管理视角下公共产品的有效供给》,载《西安石油大学学报(社会科学版)》2007 年第 2 期。

的地区公共物品强调了某一地区内，若干主权国家基于共同国家利益，在提供国际性公共物品方面的合作。国际政治所研究的地区公共物品供给是一种横向关系的利益协调，但同时由于该视角着眼于全球政治经济的视野中，将主权国家作为一个行动主体研究，强调全球化和区域一体化中的国家政策选择，这种政治学的研究框架并没有被用来研究国内跨区域之间的政策选择。

而公共管理学在研究中所采用的"区域公共物品"概念，是基于国家跨界公共问题的现实需求，用以分析国家内部跨区域公共物品供给机制的概念工具。区域公共物品研究具有公共管理学的学科范式特征，以跨界公共问题为导向，以实现公共利益为目标，研究在区域公共物品提供中包括政府经济职能、政治职能、行政管理职能等全方面政府职能的定位和转型，既涉及区域公共物品供给中，中央和各级地方政府纵向关系的利益协调，也涉及同级地方政府、政府各部门之间横向关系的利益协调。

在区域公共物品供给主体多元化共识的基础上，形成了两种泾渭分明的研究思路。第一种思路突出强调政府在多元供给主体中的主导作用，以分析政府间利益权衡、研究政府供给行为、协调政府间关系为着眼点，探讨区域政府合作供给区域公共物品的机制。柳春慈认为市民"用脚投票"、中央政府的"偏好误识"和尚未成熟的市民社会决定了地方政府是区域公共物品供给的重要力量，但是地方政府容易陷入"囚徒困境"，因此地方政府合作供给区域公共物品成为不二选择。[①] 刘晓峰、刘祖云则重新审视了地方政府在区域公共物品供给中的角色定位，从区域公共品"供给"与"生产"区分的角度指出地方政府充当了供给方面的主体[②]，而"多样性的公共机构和私人机构则组成了公共品的生产方"[③]。韦举意从"整体政府"视角分析了地方政府协同供给区域公共物品的动因，并从价值理念、资源权力分配、制度机制、管理技术四个方面剖析地方政府协同碎片化困境及其对区域公共物

① 参见柳春慈：《区域公共物品供给中的地方政府合作思考》，载《湖南社会科学》2010年第1期。

② 参见刘晓峰、刘祖云：《区域公共品供给中的地方政府合作：角色定位与制度安排》，载《贵州社会科学》2011年第1期。

③ [美]罗纳德·J·奥克森：《治理地方公共经济》，万鹏飞译，北京大学出版社2005年版，第4页。

品供给的影响,提出地方政府协同供给区域公共物品的治理之道。[①] 汪建昌则探讨了政府在提供公共物品和公共服务上展开合作的四种基础:基于职责的政府间合作、基于法律的政府间合作、基于契约的政府间合作以及基于信任的政府间合作。[②]

另外一种思路则更为关注多元供给主体中政府、市场、社会三者关系的协调,致力于优劣互补、联合供给机制的设计,从而激发各主体的积极性,达到区域公共物品有效供给的局面。支持这一观点的学者认为,任何一个单一供给主体都存在不足,进而难以高效有序地供给区域公共物品,因此可以根据区域公共物品的特性灵活地选择恰当的供给主体,而这些主体也根据自身优势采用联合供给的方式提供区域公共物品。吴长剑和张示威认为从区域公共物品的类型入手是一个较好的切入点,他们主张根据区域性公共物品的不同特性(包括属性、范围、技术要求等)选择与之适合的供给模式。[③] 杨帆认为区域公共物品的多中心供给可以有效解决单一供给主体的失灵问题,但是区域公共物品由谁供给并非非此即彼,确定区域公共物品供给模式的选择维度十分必要。他提出根据"公共性"程度、技术水平、经济发展水平及需要四个维度确定供给方式。[④]

二、关于区域政府间关系的研究

区域间政府关系是区域治理的核心议题。政府是区域公共物品的主要供给者,区域政府间关系将影响区域公共物品供给的效率与质量。如何协调区域政府间的关系,提高区域政府供给公共物品的效力是区域治理的首要目的。构建适合区域发展的区域公共管理新模式,也是一些行政管理研究者的切入点。

在国外,美国学者安德森在 20 世纪 60 年代首次提出了"政府间关系"

---

① 参见韦举意:《区域公共产品的地方政府协同供给研究——以北部湾经济区为例》,广西大学硕士学位论文,2012 年。

② 参见汪建昌:《区域公共服务供给的政府合作基础研究》,载《广东行政学院学报》2011 年第 5 期。

③ 参见吴长剑:《区域公共管理视域下的公共物品治理模式分析》,载《山东省青年管理干部学院学报》2007 年第 6 期;张士威:《论基于区域公共产品分类的供给模式选择》,载《辽宁行政学院学报》2011 年第 9 期。

④ 参见杨帆:《区域公共物品供给现状及构建有效供给体制构想》,山东大学硕士学位论文,2009 年。

这一概念;哈耶克认为,地方政府之间的竞争或一个允许迁徙自由的地区内部较大单位间的竞争,在很大程度上能够提供对各种替代方法进行试验的机会。蒂伯特具体分析了地区居民"以脚投票"是如何促使地方政府围绕改革物品而展开竞争的。布雷顿对联邦制国家的政府间竞争作了进一步的分析,认为联邦制国家政府间的关系总体上来说是竞争性的,进而明确提出了"竞争性政府"的概念。文森特·奥斯特罗姆极力为多重交叠的美国地方公共行政正名,以强调其多中心治理主张。尼古拉·亨利发现,在美国州政府的鼓励下,市政府正采用多种合作方式来提供更多、更经济的服务。

在国内,相关学者分别从不同的角度对政府间关系作了界定,分析了政府间关系的不同类型,林尚立提出,国内政府间关系主要指国内各级政府间和各地区政府间的关系,它包含纵向的中央政府与地方政府间关系、地方各级政府间关系和横向的各地区政府间关系。[①] 谢庆奎等则补充道府际关系还包括政府内部不同权力机关的分工关系网络,更宽泛意义上还包括主权国家间的政府间关系。[②] 学者们进一步对中国地方政府间关系的失调提出了相应的解决思路,谢庆奎提出从政府自身利益的角度协调政府间关系,认为政府具有"利他"和"自利"的双重动机,政府之间关系的内涵首先应该是利益关系,然后才是权力关系、财政关系、公共行政关系[③];任维德主张通过依法明确中央政府和地方政府权责划分、完善中央和地方分税制度设计、均衡分权、完善官员选拔任用机制来校正政府间关系失范。[④]

刘君德提出了"行政区经济"理论,用以描述"我国在从传统计划经济体制向社会主义市场经济体制转轨过程中,区域经济由纵向运行系统向横向运行系统转变时期出现的具有过渡性质的一种区域经济类型"[⑤],随着市场经济的不断发展,行政区经济逐渐暴露出致命的缺陷,成为行政区划对区域经济所进行的人为的行政分割,阻碍了区域经济一体化的推进。[⑥] 由于通过行政区划调整来解决政府间恶性竞争的难以实行,有的学者提出通过跨

---

① 参见林尚立:《国内政府间关系》,浙江人民出版社 1998 年版,第 14 页。

② 参见谢庆奎、杨宏山:《府际关系的理论与实践》,天津教育出版社 2007 年版,第 2 页。

③ 参见谢庆奎:《中国政府的府际关系研究》,载《北京大学学报(哲学社会科学版)》2000 年第 1 期。

④ 参见赵永茂、朱光磊、江大树、徐新勤:《府际关系:新兴研究议题与治理策略》,社会科学文献出版社 2012 年版,第 51 页。

⑤ 舒庆、刘君德:《一种奇异的区域经济现象——行政区经济》,载《战略与管理》1994 年第 5 期。

⑥ 参见刘小康:《"行政区经济"概念再探讨》,载《中国行政管理》2010 年第 3 期。

行政区域协调发展以及政府间权力的重新分割来适应区域经济一体化发展的要求。①

杨毅、李向阳等学者在治理理论的指导下,提出了区域治理的观点:在具有某种政治安排的地区内,通过创建公共机构、形成公共权威、制定管理规则,以维持区域秩序,满足和增进地区共同利益②;张文江认为跨域治理是处理地方政府间关系的突破口,建立各级各类非政府的跨地区合作组织是跨域治理的重要内容。③

在政府间关系定位的研究中,朱光磊等提出打破职责同构体制,建立伙伴型纵向政府间关系④;张紧跟则主张在地方政府间横向关系协调中,复杂社会问题的有效解决通常需要综合运用市场、科层制和组织间网络等多种协调机制。⑤ 此外,在总结了全球视野中的府际关系演进和变迁的规律后,有学者认为,府际关系的逐级分权、地方自治、互相合作和多中心治理已经成为不可逆转的发展趋势。⑥ 同时,在公共管理体制的变革方面,学界在对新公共管理范式的反思下,提出了整体性政府与跨部门协同的公共管理体制概念,认为应当实现治理结构的多元化,建立起多中心、多层次的管理体系,以发挥中央和地方两个积极性。⑦

目前国内关于政府间关系的研究成果颇丰,特别是基于国内政府组织架构和行政管理实践,在对政府间关系的梳理以及改革路径方面突出了政府体制和公共管理体制的变革路径,但是缺乏具体而富有针对性的研究对象。

三、关于区域发展的行政管理体制变革的研究

行政体制是影响区域发展的关键因素,随着区域行政体制的变革,区域

① 参见殷坤:《复合行政——促进长三角区域经济一体化的新思路》,载《江南论坛》2004 年第 11 期。

② 参见杨毅、李向阳:《区域治理:地区主义视角下的治理模式》,载《云南行政学院报》2004 年第 2 期。

③ 参见张文江:《府际关系的理顺与跨域治理的实现》,载《云南社会科学》2011 年第 3 期。

④ 参见朱光磊、张志红:《"职责同构"批判》,载《北京大学学报(哲学社会科学版)》2005 年第 1 期。

⑤ 参见张紧跟:《浅论协调地方政府间横向关系》,载《云南行政学院学报》2003 年第 2 期。

⑥ 参见杨宏山:《全球视野中的地方治理发展趋势》,载《广东行政学院学报》2005 年第 3 期。

⑦ 参见张紧跟:《治理结构多元化:地方政府机构改革的新思路》,载《公共管理学报》2006 年第 2 期。

公共物品供给的方式也将随之改变。关于区域行政问题的探讨，在国内以刘君德为代表，提出了行政区经济的概念，分析了由于政府行政分割的刚性管制所造成的诸侯经济中的形形色色的地方保护主义，这些研究的基础还在历史地理、区域规划等方面。宋月红最早提出了“区域行政”概念，主要从行政区划、行政区域的角度来进行研究，属于狭义的区域行政范畴。[①] 陈瑞莲等人提出了广义的区域行政的概念，从规范的角度分析了区域行政的基本体制构建和内容，进而发展了区域公共管理的基本理论。

由于行政区经济主要通过传统的行政区划、行政运行机制以及在此基础上形成的地方保护主义派生出来，那么一个可以最容易想到的思路就是对现有的行政区划进行调整，以适应经济一体化的发展。其代表性的方案包括撤县设区、撤县改市、撤乡并镇、实行省管县等。[②] 但行政区划是在既定的政治目的与行政管理需要指导下，参考历史渊源、人文地理基础、经济文化条件、民族成分等因素基础上建立起来的，所以行政区划一经确立便具有法律效力和相对稳定性，行政区划的频繁调整会有较高的调整成本，同时会降低行政效率，并且容易陷入“行政区划调整—新的行政区经济—新的区域经济一体化和行政区划的冲突—行政区划再调整”的恶性循环怪圈。[③] 在通过调整行政区划以达到协调区域经济一体化发展的思路受到质疑的情况下，学者们提出在不改变现有的基本行政区划的基础上，通过跨行政区域协调发展以及政府间权力的重新分割来适应区域经济一体化发展的要求，如汪明宇提出建立区域城市联合政府的思路，主要包括高度集权的城市群政府、松散的非政府城市协调机构、城市联盟三种可供选择的方案。[④] 这一思路称得上另辟蹊径，不过目前区域城市发展的不平衡以及城市群内部的城市发展不平衡将制约协调发展的程度，同时联合政府的管理权限如何与省级行政区协调也将成为该思路实现的障碍。

在认识到造成当代中国区域经济一体化与行政区冲突的根本原因既不在于行政区划的调整，也不在于政府权力的重新分割的前提下，“复合行政”

---

① 参见宋月红:《行政区划与当代中国行政区域、区域行政类型分析》，载《北京大学学报(哲学社会科学版)》1999 年第 4 期。

② 参见陈秀山、孙久文:《中国区域经济问题研究》，商务印书馆 2005 年版，第 68～72 页。

③ 参见王健、鲍静、刘小康、王佃利:《“复合行政”的提出——解决当代中国区域经济一体化与行政区划冲突的新思路》，载《中国行政管理》2004 年第 3 期。

④ 参见汪明宇、刘君德、戴均良:《上海大都市区行政区划体制研究》，载《人文地理》2000 年第 6 期。

的理念应运而生,这一理论强调跨行政区划、跨行政层级的不同政府之间的合作,通过吸纳非政府组织参与,经交叠嵌套而形成的多中心、自主治理的合作机制。[①] 复合行政通过创新地方政府之间的良性合作机制,将极大地促进地方政府间和谐关系的构建[②];复合行政是限权、授权与分权的和谐统一[③],是促进区域经济一体化的良好途径[④]。与此同时,陈橹、薛海则基于法国、日本政府推动区域经济一体化的经验,提出了必须将行政区划调整、权力的重新分割以及复合行政结合起来的对策思路。[⑤] 学者们对复合行政理论进行了反思,在此基础上提出了复合治理理论,可谓有益的探索。

四、关于城市群区域协调发展的研究

随着城市群的迅速发展,通过公共管理手段协调城市之间的合作就成为重要的问题。目前的研究主要集中在以下几个方面:

首先,强调核心城市与区域城市之间关系的协调。薛凤旋认为核心城市应以区域整体的发展为规划前提,并分析了核心城市和其他各个都会经济区的成员如何分工合作以达到最优效益配置[⑥];谷人旭等则强调发挥核心城市的作用,同时促进周边城市的发展,实现优势互补[⑦];而胡序威认为应增强核心城市的辐射功能和国际竞争力,通过中心城市与辐射区域的产业优势互补、基础设施共建共享、区域经济社会发展与人口资源、环境的空间协调和整合,加强核心地区对外围经济腹地城镇及产业的辐射、带动和促进作用[⑧]。

其次,关注跨行政区管理机构的协调。宁越敏等探讨了建立跨行政区

---

① 参见王健、鲍静、刘小康、王佃利:《"复合行政"的提出——解决当代中国区域经济一体化与行政区划冲突的新思路》,载《中国行政管理》2004年第3期。

② 参见王佃利:《政府创新与我国城市治理模式的选择》,载《国家行政学院学报》2005年第1期。

③ 参见张玉:《区域协调发展与政府体制变迁的制度分析》,载《学术研究》2005年第9期。

④ 参见殷坤:《复合行政——促进长三角区域经济一体化的新思路》,载《江南论坛》2004年第11期。

⑤ 参见陈橹、薛海:《从法日经验看政府在协调长江三角洲区域经济一体化中的作用》,载《世界经济与政治论坛》2005年第5期。

⑥ 参见薛凤旋:《都会经济区:香港与广东共同发展的基础》,载《经济地理》2000年第1期。

⑦ 参见谷人旭、殷为华:《论长江三角洲都市经济圈的形成及其核心城市上海的功能定位》,载《地域研究与开发》2001年第1期。

⑧ 参见胡序威:《区域城镇体系的协调发展问题》,载《城市规划》2005年第12期。

的管理协调机构的必要性[①];张京祥、曹现强等学者则在此基础上,从宏观上提出了相应的框架与机制。[②] 基于以上研究,学者们从理论和实践的视角作出了具体的构想。如:提出城市群内各个地方政府应以高层次的、常设的协调工作机构来统一规划、协调发展[③];提出建立数字大都市带组织、具有有限行政权力的都市联盟、大都市带联合组织、城市群发展协调管理委员会、跨市域并有非政府组织参与的合作机构等不同模式的协调机构的设想[④];提出我国都市密集地区协调机构的框架与机制,强调跨市域合作机制、第三部门参与对于实现城市群的统一规划和协同供给公共服务的重要性[⑤];通过论述中国城市群的协调发展机理,提出了城市群一般协调关系模型、治理式协调模型以及预防式协调模型。[⑥]

第三,在协调发展的对策研究方面。国外学者强调以限制政府权力、推进多元化和民主化作为政策的价值导向。有学者主张,兼并新郊区、合并小规模政府、产生双层制的区域政府是政府协调城市群的主要路径[⑦];Scott主张中央政府必须向地方政府分权,地方政府要向公民和社会组织分权,大力培育非政府组织在城市群协调中的作用[⑧];秋元耕一郎从区域城市发展的轴线系统出发,对各行政单元的城市体系的空间结构进行归类,对如何推动区域城市群合理发展提出了针对性的政策措施。[⑨]

对于构建城市群区域合作机制,目前学界存在着合并和竞争两种不同的观点。持合并观点的学者认为合并行政区范围,减少政府数量,实行城市

---

① 参见宁越敏、施倩、查志强:《长江三角洲都市连绵区形成机制与跨区域规划研究》,载《城市规划》1998年第1期。

② 参见张京祥、沈建法、黄钧尧、甄峰:《都市密集地区区域管治中行政区划的影响》,载《城市规划》2002年第9期;曹现强:《山东半岛城市群建设与地方公共管理创新——兼论区域经济一体化态势下的政府合作机制建设》,载《中国行政管理》2005年第3期。

③ 参见薛凤旋:《都会经济区:香港与广东共同发展的基础》,载《经济地理》2000年第1期。

④ 参见宗传宏:《大都市带:中国城市化的方向》,载《城市问题》2001年第3期。

⑤ 参见曹现强:《山东半岛城市群建设与地方公共管理创新——兼论区域经济一体化态势下的政府合作机制建设》,载《中国行政管理》2005年第3期。

⑥ 参见陈群元、宋玉祥:《中国城市群的协调机理和协调模型》,载《中国科学院研究生院学报》2010年第3期。

⑦ 参见王枫云:《和谐共进中的政府协调:长三角城市群的实证研究》,中山大学出版社2009年版,第26页。

⑧ 参见 Allen. J. Scott. *Global City-regions*: *Tends*, *Theory Policy*. Oxford: Oxford University Press, 2001, p. 115.

⑨ 参见陈辉煌:《长三角城市群协调发展与区域共生治理研究》,西北大学出版社2013年版,第5页。

群管理一体化,可以按照规模经济的要求更有效地提供公共服务,从而减少财政不平衡并促进经济发展[①];而持竞争观点的学者基于公共选择理论,认为城市群是一个公共市场,市民可在竞争的公共商品中进行选择,政府之间的竞争可以降低成本,使政府更加有效,因而反对地方政府、行政区划的合并。

国内学者主要从两方面提出对策思路。一是建立整体性的发展模式和区域政策。赵黎明、孔玉芳认为应建立以综合交通为主体,区域整体协调为辅助的整体性发展模式[②];张祥建等人认为区域协调发展必须突出整体性,协调好区域之间的利益关系,明确好产业分工和定位,另外可以建立区域性的投融资管理机制[③]。二是建立利益协调机制。石亿邵等提出,应当建立都市圈区域整体利益和地方特殊利益的协调机制,通过创新区域协调机制,弱化地方本位主义和功利主义色彩。[④]

第四,关于城市群地方政府间竞争与合作的问题。学界至今尚未对地方政府竞争的概念达成共识,通常把政府竞争与地域竞争、制度竞争或者辖区竞争交叉使用,但是他们的研究为深入认识地方政府间竞争提供了视角。如冯兴元分析了我国行政区域政府间竞争的现象,认为我国经济发展过程中辖区政府间的制度竞争一直存在,在地方分权和经济市场化的背景下这种竞争更加激烈[⑤];周业安则对中国地方政府间竞争的实践进行了实证性研究并尝试竞争模式的理论构建[⑥]。这些研究都比较深入地将国内地方保护主义和市场分割问题的根源指向了政府间的区域行政分割,为我们分析区域公共管理体制的变革奠定了基础。在地方政府间合作机制的研究上,学者们主要针对一些具体的区域提出一些建议或对策,形成了主要集中于对长三角、珠三角等较成熟的城市群所做的地区针对性较强的、研究对象较

---

① 参见 Rusk. *Cities Without Suburbs*. Washington. DC: Wood ROW Wilson Center Press. 1993;Frisken. The Contribution of Metropolitan Government to The Success of Toronto`s Public Transystem. *Urban Affairs Quarterly*, 1991(27).

② 参见赵黎明、孔玉芳:《区域整合发展概念模型及经济分析》,载《中州学刊》2007 年第 5 期。

③ 参见张祥建、唐炎华、徐晋:《长江三角洲城市群空间结构演化的产业机理》,载《经济理论与经济管理》2003 年第 10 期。

④ 参见石忆邵、章仁彪:《从多中心城市到都市经济圈——长江三角洲地区协调发展的空间组织模式》,载《城市规划汇刊》2001 年第 4 期。

⑤ 参见冯兴元:《论辖区政府间的制度竞争》,载《国家行政学院学报》2001 年第 6 期。

⑥ 参见周业安、赵晓男:《地方政府竞争模式研究——构建地方政府间良性竞争秩序的理论和政策分析》,载《管理世界》2002 年第 12 期。

狭窄的研究成果，如唐亚林针对长三角城市群的研究指出，应当合理运用中央政府的行政调控手段，并且推进长三角城市群多中心治理机制的构建以及非政府组织的培育[①]；一些学者从经济地理、经济产业等角度对国内的主要城市群进行了研究，如左学金等人对长三角城市群发展进行了分专题的研究，周一星、王乃静、李玉江等人对山东半岛城市群的产业布局进行了研究。这些研究对于中国区域发展中的困境有很多分析，但其中一个根本性的问题是较少认识到城市群之间的合作首先应考虑到的是区域内政府之间的合作。

综观之，上述研究分别从不同的视角，对探讨如何推进城市群区域合作作出了深入且有价值的研究。然而，城市群区域合作，从根本上说就是构建区域公共物品的供给机制，从而满足城市群发展的需求、解决城市群发展面临的区域公共问题。以上研究均未从区域公共物品的视角看待城市群公共管理体制的变革，更多的是从政府的角度考虑在竞争与合作中政府的策略选择，以及在合作机制构建中政府的职能定位，而较少研究各级政府在城市群区域公共物品供给中的权责划分和职能转型。

本研究从区域公共物品的认定出发，将区域公共物品供给作为城市群区域发展的分析视角，以跨域治理理论为研究框架，探讨城市群发展过程中，各级政府和政府各部门如何行动以实现高效的区域公共物品供给，进而通过区域公共物品的有效供给解决城市群内部的跨域公共问题，对目前城市群合作机制的研究路径进行丰富和补充。同时，选取在未来具有较高发展潜力和发展前景、但目前学界研究相对较少的山东半岛城市群进行案例研究，也是对目前城市群合作机制研究客体的一个补充。

现有研究未能就我国的区域合作提出具有相对普遍性的城市群区域内政府合作的理论框架、合作模式分析及制度创新思路。这就需要一个新的视角来探索解决之道。本研究从区域公共物品的认定出发，寻求到一个区域发展的分析视角，探求区域公共问题的解决；在此研究基础上，结合跨域治理理论，探求城市群公共管理职能的定位与公共管理体制的变革，力图为区域发展中的政策选择提供具体可行的建议。

---

① 参见唐亚林：《长三角城市政府合作体制反思》，载《探索与争鸣》2005 年第 1 期。

第三节　研究思路与框架

本研究基于山东半岛城市群发展的政策轨迹,寻求促进城市群合作的建设机制。在研究起点上,着眼于区域公共物品的供给问题,为此要将公共物品的理论进一步扩展,对区域公共物品在理论上进行系统的梳理,在此基础上依据公共物品供给机制的分析,借鉴治理理论提出区域性公共物品多元供给模式的建构,最终的落脚点着眼于多元供给模式中政府管理体制的变革,提出政府间合作的运行机制及平台建设等具体的建议。具体来说,主要的框架结构如下图所示。

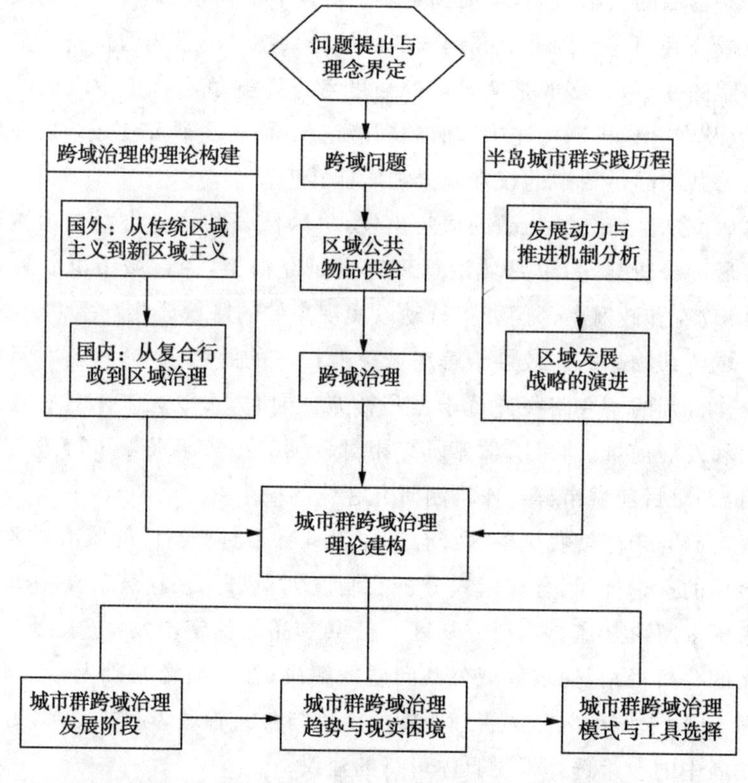

“区域公共物品供给与城市群合作机制研究”的框架结构

第四节 研究方法

本研究的出发点在于寻求城市群合作之道，以问题为导向，将其分析起点定于区域公共物品供给，然后依据公共物品供给的理论建构分析框架，找到问题的解决之策。因此，本研究主要采取规范分析与案例研究相结合的方法，一方面在理论梳理的基础上构建自己的分析框架，另一方面直面社会现实中的问题，能够让理论在现实中有一定程度的印证和呼应。

在规范层面上，通过探求理论的内涵去建立研究框架。本研究以城市群跨域问题、区域公共物品和跨域治理三个概念为核心。首先界定跨域问题的实质是区域公共物品的供给，在构建区域性公共物品供给机制的分析框架上，梳理公共物品供给、区域公共物品等理论，去进行相关的演绎推理和论证。本研究的目的在于构建适应城市群之间跨域治理模式，这种构建在一定程度上表现为一种基本取向和应然发展趋势的描述，因此，研究成果和结论不单是对现实问题的具体对应，而且是对治理与寻求跨域治理的一种应然的改革思路的探讨。

在实证层面上，以山东省的城市群发展战略的演变为分析对象，针对山东省政府发展战略内容的演变、各城市政府寻求合作的具体内容展开分析。基于资料获取方便和研究的深入性，本研究中以山东半岛城市群发展作为认识和分析区域公共物品供给的现实背景，也是本研究进行案例分析的研究对象。案例研究方法在满足以下条件时会具有独特的优势：提出的研究问题类型是“关于什么”以及“为什么”，调查者对真实行为事件无法控制，侧重于当代事件。区域公共物品的表现形态、区域间政府行为特点及其原因，都涉及“是什么”和“为什么”的探索性研究，符合第一个条件；研究者对区域公共物品的供给中的政府行为无法控制，且关注的焦点一直是当代的现象并有着真实生活的背景。基于这些思考，本研究采用案例研究方法，对在山东半岛城市群的发展中呈现出的区域性公共物品供给的困境、改进的尝试等，通过对省政府相关部门、城市群内相关市政府进行调研和访谈，以获得来自于真实生活的一手材料。在对半岛城市群进行调研的过程中，先后在威海发改委、烟台行政审批中心、青岛经信委、潍坊市政府研究室、日照办公厅等地进行访谈，进行资料搜集和分析，以能够获得本研究分析的真实问题和决策情景。在研究过程中，还与京津冀、长三角、珠三角的专家进行互动，交流学术观点,以丰富自己的认识。

在技术层面,本研究遵循“框架设计—实证检验—理论提升”的研究路线,在第一章和第二章中对跨域问题、区域公共物品、跨域治理的逻辑关系进行梳理,提炼出跨域治理的发展阶段、合作模式和治理工具,为后续研究提供支持。在第三章和第四章中具体剖析了山东省城市群发展战略和山东半岛城市群跨域治理机制形成过程,既对现实中跨域治理实践进行了还原,又检验了理论框架的应用。在第五章和第六章中,将理论与实证结合起来,提出问题并进行回应,丰富跨域治理的内涵并探索其具体的应用模式。总体上使整个研究报告既层次递进,又相互呼应。

第一章 跨域问题与区域公共物品的理论分析

在全球化的带动下，城市发展的外部环境快速变迁，地方政府不再像过去那样，面临单一的行政问题，而是不断需要解决跨区域、跨行政层级的复杂的行政区域事务。传统的行政管理与公共政策是以针对单一性问题而展开的权责关系为前提的，在面对与回应城市化时代多元化的公共议题时往往力不从心。问题的复杂性、政府能力的有限性、政策诉求的回应性，都要求从问题本质和理论根源上审视这些新出现的问题。因此，审视在城市群、大都市区的发展趋势下所产生的跨域问题，就具有了现实意义和实践价值。同时，20 世纪末区域公共管理、跨域治理在我国逐渐兴起，并在一些地区的实践中取得了初步成效，迎合了跨域公共事务治理的需求。

第一节 城市群发展中的跨域问题

在公共管理学科领域，公共问题、公共事务、公共物品、公共服务是基础性范畴，相互间有紧密的关联性和一定的递进性，公共问题是公共管理的基本渊源和逻辑起点。[①] 随着公共问题复杂性的呈现，公共管理的视野也在扩展，同样的演进逻辑可以适用于分析区域公共问题、区域公共事务、区域公共物品、区域公共服务等概念之间的关系。区域公共问题成为区域公共管理的动因和出发点。由于“区域”的丰富意蕴和宽泛外延，经济学、地理

---

① 参见陈瑞莲等：《区域公共管理理论与实践研究》，中国社会科学出版社 2008 年版，第 10 页。

学、行政学都有不同的理解,因此区域公共问题也容易变成一个难以清晰界定的术语,容易造成理解上的困难。陈瑞莲等人认为,从公共管理学科的角度看,区域是“一个基于行政区划又超越于国家和行政区划的综合概念”①。综合性强调了社会区域、行政区域、自然区域和经济区域,但这个范围太过于宽泛,因此本研究将视角进行聚焦,更多地在行政区域的基础上思考区域性问题,以跨域问题来描述超越了传统行政区划边界的问题。

一、城市群区域发展与合作

(一)城市群的发展

城市是社会生产力和科学文化发展到一定水平、社会劳动地域分工达到一定程度的产物。然而,一座城市并不是孤立、封闭的体系,它与邻近的区域和城市具有密切的联系,共同构成一个更大范围的有机体。随着社会经济的发展,区域之间的生产专业化与协作化特征越来越明显,要求加强各城市之间的各种联系,增加交流的信息量。在一些经济发达、交通联系密切的区域,形成了一个或两个以上的核心城市,出现了城市区域化密集联系的趋势,表现为核心城市带动周边地区共同发展,并由这些城市共同构成一个城市群。

本研究对姚士谋等人的观点较为赞同,他认为所谓城市群②是在特定的区域范围内云集相当数量的不同性质、类型和等级规模的城市,以一个或两个超大或特大城市为中心,依托一定的自然环境和交通条件,城市之间的内在联系不断加强,共同构成一个相对完整的城市集合体。③ 城市群是人类社会居住形式进入高级阶段的表现,将集聚与分散的居住生活方式相结合,可最大限度地集约利用资源。

城市群是区域经济发展的实体,是一个由区域空间、自然要素和生活经济等组成的有机体,在区域层次和空间结构上都具有网络性的特征。现代城市群及其区域发展是城市化水平不断提高的表现,体现了以下的发展特

---

① 参见陈瑞莲,张紧跟:《试论我国区域行政研究》,载《广州大学学报(社会科学版)》2002 年第 4 期。

② 对于城市群的界定,在国内学术界的研究中,还有都市圈、都市连绵区等词,彼此并没有严格意义的差别。如法国注明城市学家戈特曼提出了“megalopolis”来表示“巨大的城邦”,但国内译名一直有“巨大城市”“城市连绵带”“城市带”等,并没有统一的提法。

③ 参见姚士谋、陈振光、朱英明等:《中国城市群》,中国科技大学出版社 2006 年版,第 5 页。

征:城市群内部具有密切的经济联系、生产协作关系和科技文化联系;城市群之间具有跨市域的、共同的区域性基础设施,交通通信联系方便;有共同开发、合理利用自然资源与发展共同经济贸易市场的要求;有比较密集的人员、物资流动联系和信息传输与通信往来;注重专业化生产和劳动地域分工,城市群内各个城市具有不同且互补的特色。

城市群是城市化发展到一定阶段的产物,是城市化的一种高级表现形式。由于城市群区域空间的紧凑性和经济活动上的高度密集性,往往容易使之成为一个国家或区域发展的核心地区和经济增长极,是最具活力和竞争力的地区,城市群的综合实力是国家竞争力的重要表现。因此,城市群发展日益受到国内外的重视。

作为城市化进程的一种高级形态,根据国外城市群的发展经验,从主要驱动力、产业空间组织形式和空间扩展模式三个方面来看,城市群发展的特征可以概括为三个方面:①

第一,城市群的主要驱动力——外向型经济。从发展历程看,外向型经济是国外沿海城市群兴起和壮大的主要驱动力。虽然技术进步冲破了地理区位限制扩大再生产的藩篱,但海运仍然是实现国际贸易物资交流的最有效手段。因此,沿海地区在利用全球资源和拓展国际市场方面仍具有极大的比较优势,这也是全球临海工业普遍兴起的主要原因。尤其对于后发展国家而言,沿海口岸可充分利用地理优势,发挥港口“桥头堡”的作用,利用发达国家的先进技术,承接国际产业转移。因而在开放经济条件下,沿海地区一些主要港口城市,如美国的纽约、费城、巴尔的摩、波士顿,日本的东京、大阪,迅速成为区域经济发展的引擎和中心,并且以其巨大的技术经济能量向腹地辐射和扩散,最终形成大规模的产业集聚区和城市绵延带。

第二,城市群的产业空间组织形式——产业集群。从产业空间演化过程来看,专业化分工与产业集群是国外沿海城市群发展的主要趋势。城市群内各主要城市、港口通过垂直和水平分工,形成了各异的职能和优势产业部门,而且彼此间紧密联系,发展为若干个相互交叠的产业聚集带和聚集区,进而推动城市群的发展。如美国“波士华”城市群,其首位城市纽约是全美乃至全球的金融中心,也是美国和国际大公司总部以及各种专业管理机

① 参见陈秀山、张若:《国外沿海城市群发展模式的启示与借鉴》,载《领导之友》2007年第3期。

构和服务部门的聚集地;费城是该城市群的第二大城市,重工业发达,利用进口原材料发展了钢铁、石油化工与有色金属冶炼业,并在此基础上建立起重型机器制造、造船、铁路机车制造与汽车制造工业群;巴尔的摩的有色金属冶炼工业地位重要;而波士顿是著名的文化中心,以它为中心的128公路环形科技园区形成了一个高技术工业群。

第三,城市群的空间扩展模式——从点轴扩张到联网辐射。国外沿海城市群的空间扩张,大多经历了点轴扩张和联网辐射两个阶段:起初,经济中心少数聚集在沿海的重要港口城市,呈点状分布;在产业极化效应和扩散效应的作用下,中心港口城市的规模急剧扩大,周边地区中小城市数量也显著增加。大部分中心城市形成了各自的都市圈,如日本东海道城市群内的以东京为核心的首都圈,以大阪、神户、京都为中心的"京阪神"城市圈等。沿海主要交通干线将中心城市连接起来,都市圈沿着海岸沿线的方向扩展融合,人口和各种经济要素在交通干线两侧集聚,逐渐形成新的经济带。在此基础上,整个区域建立起具有密切联系的功能性网络,区域发展在空间上呈现出一体化特征。

(二)城市群区域合作

城市间的密切联系给城市的发展带来了机遇和挑战,所有城市都试图打造自身的竞争优势,从而在发展中获利,然而,城市间的过度竞争常常损害了区域的整体利益。城市区域发展中的很多矛盾和问题是由于各个城市(或城市政府)追求自己利益的理性而产生的,区域利益和城市利益产生了矛盾,个体理性与集体理性产生了矛盾,追求单个城市的利益并不必然导致区域利益的提升。[①] 在这一背景下,城市间的合作机制越来越受到重视。

在全球化的带动下,城市发展的外部环境快速变迁,地方政府不再像过去那样,面临单一的行政问题,而是不断需要解决跨区域、跨行政层级的复杂的行政区域事务。传统的行政管理与公共政策是以针对单一性问题而展开的权责关系为前提的,在面对与回应这些城市化时代多元化的公共议题时往往力不从心。问题的复杂性、政府能力的有限性、政策诉求的回应性,都要求从问题本质和理论根源上审视这些新出现的问题。因此,审视在城市群、大都市区的发展趋势下所产生的合作问题,就具有了现实意义和实践

---

① 参见陈安国:《城市区域合作》,商务印书馆2010年版,第4页。

价值。同时,20世纪末区域公共管理、跨域治理在我国逐渐兴起,并在一些地区的实践中取得了初步成效,迎合了区域合作的需求。

二、跨域问题的内涵及特征

(一)跨域问题的内涵

如区域问题表述的复杂性,跨域问题也具有很多的内涵。传统的行政管理遵循的是科层制组织结构,机构的层级化和部门化是其根本特征,跨域往往被用来表述跨越组织边界的问题;在治理理念中,公共问题的解决和公共物品的提供更多地在强调多中心的视角,多中心首先就被表述为跨越组织性的政府、企业和非营利组织的指向,因此跨域更多地被表述为解决主体的跨越性问题。基于此,我们可以获得对于跨域问题更全面的认识。

在广义上,跨域问题是指由于问题的复杂性,其影响超越了职能边界、组织性质边界、地域边界的问题。边界的分割成为这类问题的最大特征。正是在这一理念的基础上,人们逐步形成跨域治理的理念。

根据台湾学者李长宴的界定,跨域治理是指针对两个或两个以上的不同部门、团体或行政区,因彼此之间的业务、功能和疆界相接及重叠而逐渐模糊,导致权责不明、无人管理与跨部门的问题发生时,借由地方政府、私人企业、小区团体以及非营利组织的结合,透过协力、社区参与、公私合伙或行政契约等联合方式,以解决棘手难以处理的问题。

(二)跨域问题的特征

跨域问题比单纯某一领域的问题更加复杂,更加具有“吊诡性”,它涵盖了组织单位中的跨部门、地理空间上的跨区域,而且进一步超越了公私分野的伙伴关系,以及横跨各政策领域的专业合作,因此,必须更加深入地把握其基本特征,才能寻求到以同心协力和互助合作方式的跨领域、跨区域以及跨部门的治理模式。跨域治理事务的复杂性体现在以下三个方面:

第一,不可分割的公共性。由于跨域性公共问题的范围往往超出了任何单一部门、组织或政府层级的管辖权之外,因此,问题的解决方法即是跨域治理,且无法单凭某一政府部门或公私组织之力所能完成。

第二,跨越疆界的外部性。当某一类组织或政府机构,所采取的政策或行动来解决此类问题,其所产生的后果却可能是由其他的地方及人民来承担。正如跨域河流治理中所出现的“上游地区的下水道,下游地区的自来水”的现象。

第三,政治性。由于跨域事务本身的公共性具有不可分割的特质,因此无论是共同利益的追求,或是避免共同性灾难,都需要具备某种政治性的安排。

三、跨域问题产生的根源

传统行政管理所处的环境比较简单,所面对的公共问题相对单一,因此处理问题的方式会在一个行政区域单位内由职责明确的部门来处理这些内部公共问题,组织和供给相应的公共物品和公共服务。但是现代社会行政生态变得越来越复杂。各种纷繁复杂的动因交织在一起,使得内部问题变得越来越"外溢化"和"无界化",因此,各种跨域问题就日益凸显出来。

第一,行政区域管辖权的本位主义引发冲突。各地方政府,往往以个别行政区域为施政辖区,以致在业务的推动上,常受限于辖区割裂而未能以区域或都会发展为基础,造成诸般冲突及对立的错乱现象。

第二,地方发展引发的行政区域竞争导致冲突。在市场经济的背景下,经济要素的自由化倾向要摆脱行政区域的限制。但随着中央向地方的分权改革,区域地方政府间的竞争越来越激烈,尽管这些竞争具有积极效果,但是也不可避免地带来了过度竞争所引发的冲突和一些消极的后果。

第三,现代社会问题的复杂性与政府治理能力单一性之间的不对称。现代社会中的不确定因素和风险因素增多,而信息社会中的信息流动又异常活跃,整个社会过渡为一个风险社会,各种危机问题或事件多具有突发性和不确定性,应对这些问题,对政府自身的能力提出了极大的挑战,政府必须动员社会更广泛的力量,超越公共部门局限,与社会中的各种组织形成新的问题解决网络。

第四,参与对象众多而增加协商的成本使得问题复杂化。在跨域问题的网络中,参与者除了政府部门(中央、地方)之外,还包括私人企业、压力团体、专业性团体、第三部门的非营利组织以及广大的公民。面对为数不少的参与对象,所处理的事务又相当复杂时,旷日持久的冲突协调,以及产生的大量信息使得协商的成本不断增加,导致治理协商的失败。

第二节 对区域公共物品的基本认知

在跨域问题中最为显著的就是跨域行政区划的区域问题。发现和界定这些跨越问题也就成为区域公共管理的起点，进而通过各种机制来协调和配置各种资源，以提供不同形式、不同层级的区域公共物品和公共服务。[①]因此，对跨域问题的深层认知必须着眼于对区域公共物品的认识，要把握住区域公共物品供给的主体以及其供给机制。

一、公共物品的基本认识

（一）公共物品的内涵

作为一种特殊的公共物品，要理解区域公共物品首先要把握对公共物品的认识。公共物品通常与私人物品相对称，人们对公共物品的探究始源于公共性问题的讨论。萨缪尔森在1954年《公共支出的纯理论》一文中，率先给出了公共物品的经典定义，并由此引发了西方学者对公共物品概念和属性的大讨论，但至今没有达成共识，大致可分为四种："一种是以萨缪尔森和马斯格雷夫为代表，突出了公共产品的非竞争心和非排他性；第二种以美国的鲍德威和威迪逊以及奥斯特罗姆夫妇、萨瓦次为代表，强调公共产品的共有性；第三种强调非排他性；第四种强调非竞争性。"[②]其中最经典的当属萨缪尔森的界定："每个人对这种产品的消费，都不会导致其他人对该产品消费的减少"[③]，"无论每个人是否愿意购买它们，它们带来的好处不可分割地散布到整个社区里"[④]。这一经典定义指出了纯粹的公共物品的两个重要评价标准，即：非排他性（nonexclusivity）和非竞争性（nonrivalry）这两个基本特征。非排他性是指公共物品被提供出来之后，不可能排除任何人对它的不付代价的消费。具体而言，包括三层含义：一是任何人都不可能独占某一公共物品而不让其他人消费它，这在技术上是不可行或者是因成本过高而难以实现的；二是即使并非出于本人自愿，任何人都无法拒绝消费它；三是任何人在消费它的过程中都是平等的，可以享受同等的消费数量。非竞争性是指任何消费者对公共物品的消费都不会影响其他消费者的利益。

---

① "public goods"在中文中有不同的翻译，如公共产品、公共品、公共财、公共物品、集体物品等等。我们采用广义的理解，只是强调它与私人产品的区别。

② 许彬：《公共经济学导论——以公共产品为中心的一种研究》，黑龙江人民出版社2003年版，第50页。

③ Samuelson P. A. The Pure Theory of Public Expenditure. *The Review of Economics and Statistics*, 1954(4): 387-389.

④ [美]保罗·A.萨缪尔森、威廉·D.诺德豪斯：《经济学》，胡代光等译，北京经济学院出版社1996年版，第571页。

具体而言,包含两层含义:一是边际生产成本为零,即增加一个消费者对供给者带来的边际成本可以忽略;二是边际拥挤成本为零,即每个消费者的消费都不影响其他消费者的消费数量和质量,尽管是共同消费但不存在消费中的拥挤现象。但是实际上,在现实生活中同时具有非排他性和非竞争性这两个基本特征的只是少量的纯公共物品,如国防、制度、天气预报等,更多的是介于纯公共物品与私人物品之间、同时具有纯公共物品和私人物品特征的准公共物品。显然,仅仅认识纯公共物品是远远不够的。为了进一步研究公共物品的相关问题,学者们在萨缪尔森之后对公共物品的类型作了进一步的细分。

(二)公共物品的分类

曼昆根据是否具有消费的非竞争性和消费的非排他性将产品分为私人物品、自然垄断、共有资源和纯公共物品。[①] 其中,私人物品同时具有消费的竞争性和排他性,如食品、衣服、拥挤的收费道路;自然垄断具有消费的非竞争性和排他性,如消防、收费广播、不拥挤的收费道路;共有资源具有消费的竞争性和非排他性,如海洋资源、环境、拥挤的不收费道路;纯公共物品则同时具有消费的非竞争性和非排他性,如国防、知识、不拥挤的不收费道路。具体分类如表1-1所示:

表1-1　关于产品的分类

	消费的排他性	消费的非排他性
消费的竞争性	私人物品	共有资源
消费的非竞争性	自然垄断	纯公共物品

(资料来源:曼昆著,梁小民译《经济学原理》上册,三联书店、北京大学出版社1999年版,第189页)

奥斯特罗姆夫妇根据是否具有消费的非排他性和消费的共同性[②],将产品分为四大类:一是具有消费的排他性和消费的非共同性的私益物品,如

① 参见[美]曼昆:《经济学原理》(上册),梁小民译,三联书店、北京大学出版社1999年版,第189页。

② 奥斯特罗姆夫妇所强调的消费的共同性意味着必须是共同使用,而不仅仅意味着多个消费者。例如,以地下水这一公共池塘资源为例,奥斯特罗姆夫妇先定的将地下水人为地分割成若干份(每人分得一份),这样一来虽然有很多消费者消费地下水,但是这些消费者是个别地使用地下水资源的,而且某个消费者使用的那部分地下水其他消费者就不能使用了。而相对的,他们认为收费公路、电话服务等则被看成是共同使用的。通过比较分析我们可以看出,奥斯特罗姆夫妇所认定的“共同使用”指的是“使用的不可分割”。因此,他们所指的共同使用等同于消费的不可分割。

面包、鞋子、书籍等；二是具有消费的排他性和消费的共同性的收费物品，如剧院、电话服务、收费公路等；三是具有消费的非排他性和消费的非共同性的公共池塘资源，如地下水、海鱼、地下石油等；四是具有消费的非排他性和消费的共同性的公益物品，如国防、空气污染控制、消防、天气预报等。[①]

还有学者从公共物品消费的空间范围的角度来对公共物品进行分类。布雷顿根据公共物品提供的地理区域的不同，将公共物品分为地方公共物品、区域公共物品和国家公共物品。[②] 席恒教授则按照公共物品的外部性的覆盖范围不同将公共物品划分为地方性公共物品、全国性公共物品和世界性公共物品。[③] 中山大学的陈瑞莲教授根据外溢性不同，将公共物品分为全球公共物品、国家或地区间区域公共物品、单一民族国家全国性公共物品（或称中央公共物品）、国家内区域公共物品、地方公共物品等。[④]

此外，还有学者以其他标准进行了分类。这些分类都是为了更好地理解公共物品的特性，以更好地发现其供给机制。根据研究需求，本研究的跨域问题所指向的就是区域公共物品，因为很难再界定出何谓跨域公共物品，因而可将对区域公共物品的认知作为研究所努力的方向。

二、区域公共物品的基本内涵

（一）区域公共物品概念辨析

经济学研究中的“地方公共产品”概念、国际政治学中的“区域性国际公共物品”以及公共管理学中的“区域公共物品”都隐含着基于自身研究范式的特征对区域内涵所作出的判断。经济学中所研究的区域是指相对于中央政府而言的地方政府，这样的区域界定主要是用来服务于公共经济学研究所关注的央地政府财权和事权的合理分配。国际政治所研究的区域是指相对于全球化而言的地区主义，作为分析目前国际社会日益繁荣的区域一体化趋势和在某一地区所开展的国家间合作的概念工具。而公共管理所研究的区域，则是一个基于行政区划而又超越行政区划的综合性概念，按照区域

---

① 参见[美]迈克尔·麦金尼斯主编：《多中心体制与地方公共经济》，毛寿龙译，上海三联书店2000年版，第101页。

② 参见Breton. A, A Theory of Government Grants. *Canadian Journal of Economics and Political Science*, 1965,(5):175-187.

③ 参见席恒：《利益、权力与责任——公共物品供给机制研究》，中国社会科学出版社2006年版，第29页。

④ 参见陈瑞莲：《区域公共管理导论》，中国社会科学出版社2006年版，第73页。

的性质可以分为社会区域与行政区域、自然区域与经济区域。[①] 和经济学中的"地方"概念相比,公共管理学所研究的区域是强调根据性质和特征的不同,地方可以进一步具体划分为不同层次的区域;和国际政治学中的"地区"概念相比,公共管理学所研究的区域主要强调在一个主权国家内部,对国家公共事务所开展的多层次的地方治理。由于本研究重点关注在城市群区域中,如何通过公共物品的供给解决跨域问题,基于公共管理的研究视角,将区域定义为一国主权范围内,城市群内跨越两个以上不同或相同层级行政区划的公共物品。

(二)区域公共物品的分类

区域公共物品本身就是公共物品的一种特殊类型,根据是否同时具有非排他性和非竞争性,也一样可以区分为区域纯公共物品和区域准公共物品。但是为了进一步对其供给现状的困境及改进机制进行研究,就必然需要对区域公共物品的类型进行进一步划分。

1. 基于单一标准视角下的分类

一般公共物品划分标准中的大部分仍然可以用来对区域公共物品进行分类。按照陈瑞莲教授的观点,根据区域公共物品的外部性[②]范围不同,区域公共物品可以分为两种[③]:

国家或地区间区域公共物品,也称为国际意义上的区域公共物品。这类区域公共物品主要涉及两个以上主权国家或地区之间的利益冲突和利害关系。如果其中的利害关系涉及所有的主权国家和地区则是全球性公共物品,如全球通用的国际金融惯例、国际贸易条约等;如果仅仅涉及一国利益则是国家公共产品。

一国范围内区域公共物品。这类区域公共物品指的是一国主权范围内,跨越两个以上不同或相同管理层级或部门之间的区域公共物品。如我国省与省之间、各地市之间、城乡之间的区域公共物品和跨越不同管理层级的自然地理区域和经济区域之间的区域公共物品等。

根据公共物品在本区域内发生作用的深度和广度不同,可将区域公共

---

① 参见陈瑞莲等:《区域公共管理理论与实践研究》,中国社会科学出版社 2008 年版,第 6 页。

② 外部性又称为"溢出效应"(externalities),指在实际经济活动中,生产者或者消费者的活动对其他生产者或消费者带来的非市场性影响。这种影响可能是有益的,也可能是有害的,有益的影响被称为外部经济性,或正外部性;有害的影响被称为外部不经济性,或负外部性。

③ 参见陈瑞莲:《区域公共管理导论》,中国社会科学出版社 2006 年版,第 75 页。

物品划分为三个层次[①]：

区域内地区独占型公共物品。这类区域公共物品指的是该公共物品只服务于区域内某个特定地区，只对这个特定的地区产生作用，基本上都被该地区内的居民所消费。如一个区域内只服务于某个地区的文化设施、道路交通设施、教育设施等。

区域内地区关联型公共物品。这类区域公共物品指的是该公共物品主要是为其所在的地区服务的同时对相邻区域的社会经济发展具有较大的关联性，即该公共物品具有一定的外部性。如处于河流上游的城市提供的污水处理系统、区域内各地区结合部的道路和其他基础设施等。

区域内地区共享型公共物品。这类区域公共物品指的是该公共物品在区域内的各个地区都发生作用，为整个区域服务，区域内的所有公民对之都享有消费权。如区域内的大型的物资产品集散中心、大型港口、火车站、机场等。

还有学者从宏观上根据区域公共物品的存在形态，或者说是从其是否具有实物形态来将其分为制度类区域公共物品和基础设施类区域公共物品两类：制度类区域公共物品，指的是与国家的相关法律法规、政策等相统一的各项地方性的法律法规或政策，以及保证这些法律法规和政策能够得以有效实施的各项措施等。这类区域公共物品虽然往往是不具有实物形态的，但是对处理区域内各相关主体的利害关系、促进区域整体发展起着至关重要的作用。基础设施类区域公共物品指的是大型的服务于全区域的对区域经济发展有着重要作用的基础设施，如区域内部的交通干线、防洪工程、灌溉工程等。[②] 此类区域公共物品以实物形态存在，提供区域发展所必须的公共服务，对于提升区域经济社会发展具有重要意义。

2. 基于复合标准视角下的分类

该种分类确立了两个分析维度：其一是公共物品在区域内外溢性的大小；其二是公共物品经典种类，按照竞争性与排他性区分出来四大类产品，即纯公共产品、俱乐部产品、公共资源和混合产品。这两个维度形成了矩阵构成了区域公共物品基本分类方式，如表 1-2 所示。

---

① 参见龙游宇：《论区域公共品的适度规模》，载《南昌大学学报（人文社会科学版）》2004 年第 1 期。

② 参见董礼胜等：《中国公共物品供给》，中国社会出版社 2007 年版，第 63 页。

表 1-2 区域公共产品溢出范围和经典形式的复合分类

产品类型 溢出范围	纯公共产品	俱乐部产品	公共资源	混合产品
全球的	全球气候变暖 国际金融惯例	生态旅游场所 国际通信卫星服务	物种保护 海底资源	劳工标准 森林保护
大区域的 (国家或地区间)	害虫防治 传染病治疗	大区域共同市场 区域安全与治安	公共渔场 公共牧场	湖泊清洁 维持和平
主权国家或地区	国防安全	国内交通 通信网络	国内公共渔场	教育、行政事务
小区域的 (一国或地区间)	跨辖区公共 制度安排	跨辖区交通、 通信网络	跨辖区公共渔场、 公共牧场等	跨区域共享 教育资源
地方独占性 公共产品	地方治安	辖区内道路	有限开放式 公园、绿地	独占性教育资源

(资料来源:陈瑞莲《区域公共管理导论》,中国社会科学出版社 2006 年版,第 48 页)

这种分类揭示了不同类型公共产品之间消费的非排他性和非竞争性的不同,以及它们各自溢出范围的区别。由于区域公共物品数量庞杂,要明确界定每一具体区域公共物品的类型及其溢出效应是非常困难的。另外,对于区域公共物品外部性(外溢性)的评价,不同的消费主体有不同的主观感受和不同的自身情境,因而导致不同产品对特殊消费群体外部性有无、性质的不同。只有结合公共物品外部性的溢出范围来进行分类,才不至于只从狭隘的本地、本省或者本国的视角来看待公共产品,其提供的技术和方法以及管理模式就不是狭隘的本土意识的,而是充分考虑到了对其他地区和国家可能的影响,从而为地区之间、国家之间开展各种形式的合作以谋求正的外部效应、消除负的外部影响奠定基础。

这种分类不是目的性的分类,而是一种问题导向的分类形式。如果不考虑外部性的影响,他国国内的金融稳定和秩序就是与自己无关的事情,但事实上,欧洲金融危机以及 SARS 事件都是从一国或者一个地区范围内迅速蔓延到整个地区甚至全球的。这种跨域问题的传播显然给传统的公共物品提供模式提出了挑战。

(三)区域公共物品的特征

基于本研究相关成果,结合国内已有的研究成果,本研究认为,区域公共物品归根到底还是一种公共物品,具有公共物品的基本特征,即非排他性和非竞争性。区域公共物品的非排他性是指区域公共物品一旦由区域内某成员方提供出来,该成员方不能从技术上排除其他成员方消费该产品,其余成员获得该商品的成本为零,他们就会隐瞒其对该产品的需求偏好,从而减少为此分担的费用。[①] 区域公共物品的非排他性,往往会造成区域内成员普遍的"搭便车"心理,从而导致某些区域公共物品(尤其是某些基础设施类区域公共物品)的供给不足。在这种情况下,仅仅依靠市场机制的调节作用显然是不够的,更多的是需要政府适当程度的介入及提供有效的制度安排。区域公共物品的非竞争性是指某一区域公共物品提供出来之后,任何区域成员消费该物品都不会影响到区域内其他成员对该物品的消费,即区域公共物品带来的收益能够被区域内多个成员反复获得,区域公共物品带来的总收益是所有区域成员获得收益的总和。例如,对区域内河流、湖泊的治理能够使区域内所有相关成员都获益。

除此之外,作为"跨区"提供的一种特殊公共物品,区域公共物品还具有不同于一般公共物品的特点:

一是受益范围的局限性。一方面,在区域范围内,区域公共物品和全国性的公共物品一样拥有非排他性和非竞争性,如区域内的通信网络、港口、机场等;而另一方面在区域范围之外,则会出现一定的排他性、竞争性和拥挤性,并且其受益范围还随区域公共物品的规模大小而变化。但区域范围是不断变化的,所以在一定程度上使区域公共物品已具有了动态性。

二是供给中较强的"搭便车"行为。区域公共物品大多覆盖整体区域或产生于地方政府相邻区域之间,因此具有明显地理依赖性和外部效益溢出性的特点。外部性的存在一定程度上是由于各地方政府"搭便车"的机会主义行为,导致供给主体缺失而使区域公共物品供给不足,而有的地方政府则囿于地方利益,不从区域整体利益出发,也使区域公共物品的效益大打折扣。这就涉及区域公共物品供给主体之间的利益协调和分享机制的建设问题。

---

① 参见郝宏杰:《APEC 在该区域公共物品供给中的作用探析》,载《亚太经济》2007 年第 6 期。

三是供给主体的复杂性和多元化。区域公共物品与其他公共物品相比,具有需求与供给主体的复杂性与多样性,从而导致相应的制度安排和机制设计的复杂性和灵活性。[①] 供给主体间的博弈往往因为其所拥有资源、行政级别的不对等而难以达到双赢,只有灵活而有效、权威而实际的制度安排才能够产生主体间的集体行动。

可见,涉及多个行政区划主体是区域公共物品区别于一般公共物品的典型特征。区域公共产品涉及区域内两个以上管理主体之间的利害关系和矛盾冲突,因此,其博弈关系比一般公共产品更为复杂,需要更加灵活的制度安排才能导致集体行动,从而生产出解决区域公共问题所需要的区域公共产品。[②]

三、区域公共物品的主要供给模式

要研究区域公共物品的供给模式,我们不妨先分析一下公共物品的典型供给模式。埃莉诺·奥斯特罗姆在她的《公共事物的治理之道——集体行动制度的演进》中将公共物品的供给模式概括为三种主要模式[③]:

一是"利维坦"模式,即从一个外在的"利维坦"(霍布斯的术语)对避免公地悲剧是必不可免的假定出发,支持集中控制政策,主张由中央政府对绝大多数自然资源系统实行控制和统一决策的政策方案;

二是"私有化"模式,即认为公共物品供给最有效的途径就是创立一种私有产权制度来终止公共财产制度,要求在凡是资源属于公共所有的地方,中央政府放弃对资源的所有权,强制实行私有财产权制度,允许个人在界定明确的财产权范围内追求他们自己的利益;

三是"多中心"模式,即打破之前两种模式的只存在一个单一的问题和一种单一的解决方案的非此即彼的"唯一"解决方案的思路,埃莉诺·奥斯特罗姆认为公共的和私有的制度经常是相互依存的,市场、政府相互补充更有利于解决公共物品供给问题。

埃莉诺·奥斯特罗姆所概括的公共物品供给的三种供给模式涵盖了公共物品供给的主要的主体及解决问题的思路,因此可以看作其他各类公共

① 参见陈瑞莲:《区域公共管理导论》,中国社会科学出版社2006年版,第76页。

② 参见陈文理:《区域公共产品的界定及分类模型》,载《广东行政学院学报》2005年第2期。

③ 参见[美]埃莉诺·奥斯特罗姆:《公共事物的治理之道——集体行动制度的演进》,余逊达,陈旭东译,上海三联书店2000年版,第22～31页。

物品供给模式的元模式。区域公共物品本质上也是公共物品，因此我们由此可以推断其供给的元模式也是这三种。在这三种元模式的基础上，根据区域公共物品的属性和特点，我们进一步有选择性和针对性地总结出以下四种供给模式①：

（一）政府单一供给模式

该模式是以“利维坦”模式为其元模式的，主要是指政府以其所拥有的公共权力为后盾，以权威和计划手段统一安排供给区域公共物品的模式。该模式主要包括政府直接生产和间接生产两种，前者局限于区域纯公共物品的供给；后者则意味着政府仍然是法定的供给责任主体，但是采取合同外包、授予经营权、经济资助等多种生产形式。

在很长一段时间里，政府单一供给模式都是区域公共物品的主导模式。但是随着市场和社会力量的成长以及社会自组织能力和自治能力的发展，该模式的适用范围逐渐缩小，主要是区域纯公共物品的供给模式。就国内来说，中央政府往往具有解决国内区域公共物品供给问题的权威，但是由于跨地区公共问题本身的复杂性，其解决方式实质上是一种外部问题的内部化。同时由于中央政府在信息收集、财政支付能力等方面的限制，使得中央政府主导区域公共物品供给的效果并不理想。相较之下，面对着涉及两个或者两个以上管理主体的区域公共物品的供给问题，通过构建区域内各地方政府之间有效的竞争和合作机制，来促进相关政府之间横向和纵向的沟通，加强相互之间的协调、合作，从而共同提供区域公共物品，则是更加有效的解决途径。

（二）市场调控供给模式

该模式则是以“私有化”模式为其元模式的，是在政府失灵的现实推动之下产生的，指的是市场各个主体通过运用市场机制来调控区域公共物品供给的供给模式。一般而言，区域公共物品市场供给的形式有三种，即市场主体的独立供给、私人与政府的联合供给、私人与社区的联合供给。虽然后两种形式并非市场机制独立供给区域公共物品，但是仍然以市场机制的运作为主要方式。

需要强调的是，市场机制要成功地提供某些区域公共物品，需要具备一定的条件：一是市场供给的一般是具有一定排他性和一定竞争性二者之一

① 参见殷婷婷：《区域公共物品供给困境及对策选择研究》，山东大学硕士学位论文，2010年。

的区域准公共物品。二是区域公共物品的消费上要存在排他性技术,即戈尔丁所说的在公共物品使用上的“选择性进入”(selective access)[①]。三是要有一系列的制度条件来作为保障,其中最为重要的就是关于产权的制度安排。四是需要有一定的政府规制。源于市场的不完善性的政府规制,是政府干预经济的重要方式之一;而且为了保证规制目标的实现,必须合理界定政府规制的边界和范围。

(三)社会自主供给模式

该模式是在政府失灵和市场失灵的情境之下,随着现代公民社会的发展而产生的,是在政府和市场两种解决方案之外,利用社会力量的解决方式,是作为依赖于社会力量的社会自主供给模式,即社会各个主体在政府强制和市场机制之外,采取单独或联合的形式,自觉自愿地供给区域公共物品。社区和“第三部门”是其主要的组织形式,有两种供给机制:由自身性质决定的自愿机制和在公共物品供给过程中所形成的与政府、企业组织的委托-代理机制。

该模式在实际运行过程中主要存在以下困难:一是由于信息沟通和协调集体行动的成本比较高,因此一般不适合用于大规模人群的区域公共物品供给;二是由于“第三部门”的资金主要来源于政府资助和企业捐款,因此在运行过程中往往受到资金的限制;三是由于没有公权力作为后盾,也没有足够的利益激励,所以该模式面临着强制性手段、激励性手段不足的问题。此外,还受到整个区域社会、经济、文化发展等的限制。所以,对于社会自主供给区域公共物品的模式,政府应该采取扶持政策,以各种方式给予支持和帮助。

(四)多元主体合作供给模式

该模式是以“多中心”模式为元模式的,认为无论是政府单一供给还是市场调控供给,抑或是依靠社会力量的自主供给都存在着各自的缺陷,任何一种单一的供给模式都不可能实现复杂的区域公共物品的有效供给,也不能满足消费者需求多元化的趋势,因此主张区域公共物品的供给模式要综合考虑各种因素,发挥多元主体的优势合作供给。

在多元主体合作供给模式的构建中需要考虑到以下几个方面:一是要充分考虑政府、市场和社会自主力量各自的优势和不足,从而扬长避短,充

① 所谓“选择性进入”主要指消费者只有在满足一定的约束条件后,如付费后,才能够消费某种公共物品。

分发挥各自的优势作用;二是要注意政府在供给过程中的作用和地位问题,其基本原则是在保证多元主体地位平等、沟通畅通的前提下,政府除了作为参与的主体之外,还要在多元主体博弈的过程中发挥良好的组织和监督作用。

但在实践中,多元合作的供给模式同样存在困境。具体来说,主要体现在区域公共物品供给中的“公地悲剧”困境、“囚徒”困境以及“奥尔森困境”。

跨流域河流污染治理的障碍解释了追求理性的最大化利益的个体行为导致公共利益受损的“公地悲剧”。流域内的河流上游地区采取措施治理河流污染,但它无法阻止下游地区无偿享受清洁河流所带来的利益,在此情形下,上游地区对治理河流污染必然不会充分投入;换个角度想,处于下游河流的地区可以通过减少对河流污染物的排放来整治河流生态,而上游考虑到下游终将采取治理措施便会毫无忌惮地将污染物排放至河流中以谋求自身经济发展,这对下游地区来说就失去了治理的动力。如此反复,流域内各个地方政府都会出于自利性的考虑作出短期效益行为,最终损害的是包括其自身在内的区域整体的长远利益。

区域公共物品供给中的“囚徒困境”是指,由于地方政府具有独立的经济主权,是人格化的,是有限理性的经济人,都倾向于使区域公共物品带来的利益最大化和付出的供给成本最小化,因此在博弈模型下,区域内各地方政府之间博弈的结果必然是区域公共物品供给不足(见表 1-3)[①]。

表 1-3　　阶段博弈中政府 A 和政府 B 博弈模型

政府 B / 政府 A	供给	不供给
供给	(b1,b1)	(b3,b4)
不供给	(b4,b3)	(b2,b2)

注:收益 b4>b1>b2>b3,因此(不供给,不供给)则是该博弈中的纳什均衡

(资料来源:徐君君《区域公共物品政府供给的博弈分析》,载《价值工程》2010 年第 14 期)

“奥尔森困境”即“集体行动的逻辑”表明在面对具有正外部性的消费品时,个体“搭便车”行为的存在导致集体行动失效。当区域公共产品由两个甚至多个地方政府负责提供时,不同区域的政府往往“各扫门前雪”,很有可

① 参见徐君君:《区域公共物品政府供给的博弈分析》,载《价值工程》2010 年第 14 期。

能导致能够有益于社会的公共产品不能被提供出来,或者导致公共产品提供的质量不高,造成公共产品提供的不足。①

上述困境的出现表明,解决区域公共物品供给的关键不仅仅是构建政府、市场、社会合作供给的机制,更重要的是多元主体之间如何进行合作,以避免由于各供给主体追求自身利益最大化而导致集体行动的失效。在区域公共物品供给中,政府并非参与供给的单一主体,而是由跨行政级别的多级政府、跨性质区划的多政府部门所组成的,纵横交错的网络体系。横向和纵向的政府间关系是影响区域公共物品供给中政府行动策略选择的重要因素,不能将政府简单地视作单一的行动主体,而要重视复杂的政府间关系网络和利益协调博弈机制。

第三节 跨域治理的理论视野

一、跨域治理理论的兴起

前面我们已经提到,我们所指的跨域公共产品是在一国主权范围内,跨越两个以上相同或不同管理区域或部门之间的区域公共产品。如我国省与省之间、地市之间、城乡之间的区域公共产品和跨越不同管理层级的自然地理区域和经济区域之间的区域公共产品等等。由于我国现在处于城市化的快速发展时期,城市以及城市群发展成为区域发展的主要动力,依托城市的集聚和辐射所产生的带动作用,城市以及城市群促成了区域一体化的发展。由于一体化过程具有高度渗透性和不可分割性的特点,因此一体化过程中的许多问题就不断超越传统的行政区划边界,成为交织在一起的跨界问题,如区域环境保护、区域流域治理、区域基础设施建设、流行病防治等等。作为公共管理中的重要主体,政府的组织结构是按照科层制的组织方式进行建构的,其重要特征就是遵循分工和专业化的原则,政府内部形成不同层级和不同职能部门。但是,政府作为一个整体,面对共同的问题和挑战又有着层级间、部门间相互协调的要求。以行政区划为基础的地方政府、以职能界定为基础的政府部门,都存在着边界问题,超越了边界,职责的交叉就在所

---

① 参见樊轶侠:《“奥尔森困境”的博弈分析及对我国地方政府间区域公共产品有效提供的启示》,载《经济经纬》2009 年第 2 期。

难免,跨界问题随之产生。跨界问题的出现,标志着当今区域公共物品供给更处于一种复杂的、动态的、分化的环境中,原有的科层制协调方式已经受到了很大的局限,需要在一个新的视角下去建构行动网络,以实现共同的利益和发展目标。

跨域治理理论是在理论发展和现实需求的双重动力的作用下形成的,它强调区域合作中应在不同行政区域、不同政府层级、不同性质组织之间形成一种持久性的合作关系。跨域治理是治理理论的拓展,治理理论是对当代经济和社会转型的回应,其推动者主要是国际发展援助机构、发展分析者和相关学者。在中国,俞可平将治理理论兴起的原因归结于社会资源配置中的市场和政府的双重失效[①],王诗宗认为治理的兴起来源于社会科学理论发展和行政现实需求两方面的推动[②]。学者们对治理的兴趣更在于将治理理论与现实问题结合在一起,拓展治理理论的应用领域(较多的研究者从政府、企业与公民社会或第三部门的关系角度进行研究,有的侧重于政府在治理中的指导作用,有的关注点集中在第三部门的发展和公民社会的培育)。也有学者将治理理念进一步拓展到地方和城市领域,探讨地方治理和城市治理[③],开始形成一些跨部门、跨层次合作的思想。在治理理论的基础上,有学者提出跨域治理的理念[④]。

跨域治理在治理理念之上,强调"跨域性"。"跨域"有多种表现形式:上下级政府之间、同级政府之间、政府和社会之间、政府和市场之间、不同的政策领域之间等。跨域治理理念的包容性很大,但核心也很明确,它强调多样化的分层结构、多中心、分权化和公民参与,治理即意味着关注更为普遍的协调,以及多种多样的正式的、非正式的公私互动类型。针对各种跨域问题,跨域治理的内容和方式也非常多,在跨域治理中,政府和政府之间,政府和社会组织之间,主要的合作性包括寻求信息、寻求调整方案、政策制定、资源互补和基于具体项目的合作等,这也体现了合作过程中的具体策略。

---

① 参见俞可平:《治理与善治》,社会科学文献出版社 2000 年版,第 6～7 页。

② 参见王诗宗:《治理理论及其中国适应性》,浙江大学出版社 2009 年版,第 35 页。

③ 参见踪家峰、顾培亮:《城市公共管理研究的新领域——城市治理研究及其发展》,载《天津大学学报(社会科学版)》2003 年第 4 期;王佃利:《城市治理中的政府作用机制浅析——从治理主体利益定位的角度》,载《甘肃行政学院学报》2008 年第 6 期。

④ 参见李长晏:《区域发展与跨域治理理论与实务》,(台北)元照出版有限公司 2012 年版,第 52 页。

二、跨域治理的理论优势

跨域治理的促成条件首先包括管理者思想观念的转变,具备一定的合作意识是关键,此外,由于政治、经济和社会等各方面的发展和改变以及各种动力机制的形成,充分促进了跨域合作的产生;无论是高度地方性的问题还是区域性问题,都需要规模适度的集体行动。当不同层次之间的冲突出现时,需要有解决那些冲突的建设性的安排。跨域治理理念兴起,并且作为一种理论得到应用,是基于以下理由[①]:

第一,公共物品的跨区域供给:公共物品供给的不可分割性。

地方政府分权,是目前全球公共管理的发展趋势,无论是发达国家还是发展中国家都无法回避这一改革趋势,其差异性只是分权程度上的不同。地方政府分权,是为了发挥地方政府在行政管理中的积极性,合理划分不同层级的政府职权,从而提高行政效率和行政管理效果,实现更有效的“治理”。好的治理亦即在提供当地所需的服务,包括有形的基础设施建设以及无形的福利制度等。理论上,由政府提供警力、消防、污水处理、学校等等可以满足民众对于公共物品和公共服务的基本需求;但现实中,这些公共物品和公共服务的供给具有受益范围的限制,因此必须要再进一步区分地方性的公共设施或者区域性的公共设施。再者,许多公共设施和公共服务的提供往往难以单一的城市作为区分,例如高速公路便是一个跨城市政府的基础设施建设,涉及多城市主体之间的协商与合作建设。随着社会的发展和公共事务的日趋复杂,越来越多的公共物品和公共服务需要由次国家层级(sub-national level)来提供。此外,如空气污染治理、水污染处理之服务范围通常都是跨行政区域;水库建设与供水、水资源管理都具有公共设施建设之不可分割性,难以按行政区域切割进行建设管理。

第二,政策议题的跨区域特质:空间连续性。

除了上述所提及的公共物品和公共服务的提供可能有许多是超越地方性的层级以外,第二个原因在于政策议题的本身涵盖范围往往不是以个别行政范围划分,而是具有跨区域的空间连续性特征。例如,早期的环境保护与邻避效应问题,近年的SARS防治与红火蚁事件,这些议题都有着相同

---

① 参见吴济华、林皆兴:《跨域治理暨县市合并课题与策略》,(台北)巨流图书股份有限公司2012年版,第12～14页。

的特点，那便是跨区域的特质。为了处理日益增多类似的议题，地方治理的模式不应仅立足在资源的竞争，更应该朝向“协同合作”方向发展。前述如水资源、空气污染、河川流域管理均是典型的例子。

第三，公共物品供给的规模效益：基础设施的规模经济。

第三个原因在于地市的公共投资与建设项目往往具有最小的经营规模，无法达到公共物品供给，特别是基础设施建设的最大规模效益。而为了实现公共设施的规模经济，必须有效地在区位优势最佳的地方集中资源，建设公共基础设施，提供公共物品和公共服务，以发挥最大的乘数效应。产业生产也存在聚集经济与规模经济问题，破裂的行政分区管理将限制规模经济的实现；相反，资源的整合则可以减少公共物品供给的交易成本，以及城际之间分散发展所需负担的额外成本。

第四，避免管理主体分散化而产生的外部不经济。

区域内各行政主体之间过度的割裂和分散化往往产生彼此相互间许多不经济的外部影响，比如空气污染与垃圾排放的外溢问题，带来明显的负外部性，造成区域公共物品供给的外部不经济效应。这些负外部性如果不予以处理，往往会扩至其他邻近的地区造成空间冲突，导致各主体之间的利益冲突，造成区域公共问题的治理低效。因此，区域内各主体之间应该扮演不同的角色，核心与地方的区分不在于权力上的差异，而是强调资源共享与分工，共同在生产、生活、生态中扮演各自的角色以实现合理的区域分工。

第五，公共政策整体性效益的发挥。

公共政策的制定应当着眼于实现区域的整体性效益，而不能单纯以满足特定地区的特殊需求作为公共政策制定的出发点。在资源排挤效应下，个别地方的效益最大化加总，往往并不是区域总体效益的最大化。而跨域治理，则是强调在资源有限的情况之下，通过主体之间合作机制的构建，达到整体目标的最大化。许多地方发展如交通设施、土地开发与利用、修建机场设施等，都应该从整体的角度去思考而非从单一主体的角度去着眼，政策制定应当以区域最大效益为前提而非特定群体的利益最大化为前提。

第六，利用分工协作解决竞争的困境。

跨域治理强调的多元主体间合作是创造和谐的空间，避免资源重复使用以及无效率的现象。目前许多治理的困境多为单一行政主体无法有效解决，而必须借由跨域治理的合作方式，抛弃过去以本位主义彼此竞争的角度，思考各主体之间的合作是否能够创造更大的利益。

第四节　小　结

如何对跨域问题进行理论上的分析,是本部分要完成的目的。城市群发展中跨域问题实质上是区域公共物品的供给,可以建构跨域治理的分析框架来寻求跨域问题的解决之道。

跨域问题的产生源自城市发展外部环境的快速变迁。城市化时代中多元化的公共议题已成为当前地方政府亟须面对和解决的重要挑战。跨域问题的复杂性、政府能力的有限性、政策诉求的回应性,都要求地方政府从问题本质和理论根源等多个维度重新审视这些新出现的问题。随着相关研究的不断深入,跨域治理理论已成为解决当前城市群区域物品供给问题的重要路径方法。基于城市群发展中跨域问题的视角,可以形成对公共物品在空间范围上的特色认知。结合公共物品的供应理论,将其应用于跨域治理理论的产生背景和内容分析,体现了跨域治理理论对于解决当前城市群公共物品供给的实用性与可行性。

城市群是城市化发展的高级形态,在给城市发展带来机遇的同时,也使得区域合作中面临着更为复杂的问题,“外溢化”和“无界化”问题日益凸显。究其本质,跨域问题是区域公共产品和公共服务的供给、配置与协调的问题。因此,把握住区域公共物品供给主体及其供给机制对于跨域问题的解决则显得尤为重要。区域公共物品的供给主体是多元的,任何单一主体的供给都存在着一定缺陷;多元主体的供给模式以“多中心”模式为元模式,力图通过建构不同主体间利益协调机制,以发挥多元主体的合作供给优势。

从理论发展的角度剖析,跨域治理理论是治理理论的拓展,是跨部门、跨层次合作的思想的深化;从现实需求的角度分析,当今区域公共物品供给正处于一种复杂的、动态的、分化的环境之中,复杂的跨域问题急需相关理论的指导;从理论本身而言,基于公共物品供给之不可分割性、空间连续性、公共基础设施的规模经济、避免外部不经济、公共政策整体性效益的发挥和利用分工协作解决竞争的困境等理由,跨域治理理论的应用与发展具有较强的必然性与可行性。

第二章　跨域治理的理论渊源与建构

随着全球化、城市化的快速发展，城市群作为区域发展的经济、社会推动力量，开始主导国家乃至全球经济的发展，城市与城市之间的合作也成为区域管理亟待解决的问题。处于国家权威体系中的地方政府，需要处理比以往更加复杂的利害关系。越来越多的结构不良问题的出现，对于地方政府治理能力的提升提出了紧迫的要求。由面对区域内单一的行政问题到面对跨部门、跨区域的多面向复杂问题的转变，要求地方政府必须整合多方力量，提升行政服务能力。于是，以治理理论为基石的跨域治理理论应运而生，该理论的提出是为了解决地方政府在区域管理中面临的复杂行政事务，是对跨区域、跨部门议题以及区域发展中的合作困境的回应。

第一节　公共管理理论的转型:从行政到治理

一、行政和管理模式的演变

产生于19世纪中后期，以“政治—行政”二分法和理性官僚制为两大基石的公共行政模式，对早期工业社会的管理做出了重要贡献。公共行政在对“人格化的、传统的、松散的、同类的、特殊的”早期行政的改革中，实现了人类理性的一种进步。这种以规则为基础的非人格化的管理模式曾在20世纪20年代前后至70年代早期获得过辉煌的成功，为政府提供了专业化的更具效率(相对于早期的人格化行政)的管理。但是，公共行政的管理理念与技术，尤其是其理性官僚制只适应于早期的工业时代。随着时代的发展，社会日益复杂化和动态化，传统的公共行政模式逐渐为一种新的管理模式所取代。

取代传统公共行政模式的是兴起于20世纪80年代的新公共管理。新公共管理改革在理论和具体实践上,强调对结果的重视、对绩效的测量、对竞争的引入、对私营部门管理方式的学习和对组织弹性的追求。新公共管理在很大程度上提高了公共部门的管理效率和管理水平,并对社会更具有回应性。但是,这种管理模式并非完美,仍然存在争议。批评者认为管理主义在某种程度上违背了公共服务的传统,不利于服务的提供,在某些方面是不民主的,甚至其理论依据也值得怀疑。①

基于对新公共管理的反思,以罗伯特·登哈特为代表的公共管理学者提出了新公共服务。强调"服务而非掌舵"等七个原则的新公共服务更加关注民主价值和公共利益,更加强调具有完善整合力和回应力的公共机构的建立,是对新公共管理实践的一种有益修正。

二、治理理论的提出与辨析

从词源学上看,英文的治理(governance)一词源于古典拉丁文和古希腊语中的"掌舵"一词,原意是控制、引导和操纵,长期以来它与统治(government)一词交叉使用,并且主要用于与国家事务相关的宪法和法律执行问题,或指管理利害关系不同的多种特定机构和行业。但是,自从20世纪90年代以来,西方政治学家和经济学家赋予governance以新的含义,其涵盖范围远远超出了"掌舵"和"统治"的传统意义。政府再不是"治理"的专属主体,"治理"一词被广泛运用于社会、经济领域,不再局限于政治学领域。

在政治学领域中,新的治理概念一经提出就被作为一种全方位的社会运动,迅速波及社会的各个层面。1989年,世界银行在讨论非洲问题时提出了"治理危机"(crisis in governance),当时的含义只是等同于"可统治性"(governability),但其中表示了一种新思路:寻求解决问题的办法所确定的关系不仅涉及国家,而且涉及非国家或绝对非政治的机构,特别是国际货币机构以及多国公司。② 随后,最初为探讨环境问题而提出的治理概念,被迅速引入到处理国际、国家、城市、社区等不同层次的需要所进行的多种力量协调平衡的问题之中。20世纪90年代以来,"治理"一词频频出现在联合

---

① 参见[澳]欧文·E·休斯:《公共管理导论》(第3版),张成福等译,中国人民大学出版社2007年版,第53页。

② 参见[美]安东尼·帕格登:《"治理"的缘起,以及启蒙运动对超越民族的世界秩序的观念》,凤兮译,载《国际社会科学杂志》(中文版)1999年第1期。

国、世界银行、经合组织、学术团体及民间志愿组织的政策报告和出版物中，内容几乎涉及社会经济的各个领域，治理作为一个构建良好关系与秩序的规范性分析框架，成为人们在全球化和信息化时代处理政府与社会关系时所尊崇的新理念。

然而由于研究视野的不同，治理的概念却千变万化，并没有统一的界定。英国地方治理指导委员会(Local Governance Steering Committee)的发起人之一罗伯特·罗兹(Robert Rhodes)认为，治理涉及一个全新的社会统治、控制方式转型的进程。他根据转型过程中不同的治理主体和层次的差异，提出了六种治理模式：作为最小国家的治理、作为公司治理模式的治理、作为新公共管理的治理、作为善治的治理、作为新的社会控制系统的治理和作为自组织的治理。[①] 联合国人类居住规划署(United Nations Human Settlements Programme，简称"人居署")，报告认为，治理是存在于正规的行政当局和政府机构内部和外部的权力总称，决策建立在许多不同层面的复杂关系之上。全球城市研究机构(The Global Urban Research Initiative, GURI)的研究认为，治理涉及市民社会和国家之间的关系、涉及执法者和守法者之间的关系，涉及政府和可控性关系。[②] 世界银行认为，治理是一个国家为了发展而对经济和社会资源进行管理时运用权力的方式，主要涉及运用政治权力来管理国家的事务。[③] 同样，经合组织(OECD)也认为治理的目的是运用政治权威管理和控制国家资源，以求得经济和社会发展。具体而言，治理是指由许多不具备明确的等级关系的个人和组织进行合作以解决冲突的工作方式。全球治理委员会(Commission on Global Governance)也认为治理是一个持续不断的过程，治理是个人与公私机构管理他们自身事务的各种不同方式的总和，是一个连续的过程，多种多样或互相冲突的利益集团可以借此走到一起，找到合作的办法。[④] 在这个过程中既可以使对立的或各异的利益主体适应，也可以采取合作行动。因此，治理不是规则条例，也不是一种活动，而是一个过程，涉及公共部门与私人部门之间持

---

① 参见俞可平主编：《治理与善治》，社会科学文献出版社 2000 年版，第 86 页。

② 参见顾朝林等编著：《城市管治——概念·理论·方法·实证》，东南大学出版社 2003 年版，第 68 页。

③ World Bank. Governance and Development. Washington. D. C.: the World Bank, 1992.

④ 参见[瑞士]彼埃尔·塞纳克伦斯：《治理与国际调节机制的危机》，马炳昆译，载《国际社会科学杂志》(中文版)1999 年第 1 期。

续的互动。

尽管上面的这些梳理着眼于治理的不同方面,但具有某些共同的原则。这些共同点表现如下[①]:

第一,来自不同领域、不同层级的行为主体形成了彼此依赖的多主体治理结构。政府地位的转变、私营部门的参与、志愿部门的兴起成为这一网络的主要特征。这样的网络结构涉及多样化的治理主体,不仅包括各个层级政府、公共组织与私营组织,而且还包括各种公民组织,各主体之间形成了复杂的纵向、横向关系。

第二,在平等的基础上形成了参与、沟通、协商、合作的主体之间的互动治理机制。治理所依赖的不是传统上政府单一的自上而下的权威统治过程,而是作为多中心之一与其他主体在平等的基础上进行沟通交流、对话合作、谈判协商以达成共同的目标。各主体在治理结构中形成了不同的权力结构和责任机制,在参与、沟通、协商、合作的过程中促进治理的发展,寻求有效的制度安排。

第三,在利益整合的基础上形成了以问题为导向、追求共同利益、解决公共物品有效提供的综合社会过程。这是一个政策过程,治理所要谋求解决的是公共物品和公共服务的有效提供问题,治理主体作为治理结构中基于不同利益的利益相关者,在参与公共政策制定和执行的过程中通过彼此之间的合作,在满足各参与行为主体利益的同时,最终实现社会发展和公共利益最大化。

因此,治理是为解决政治领域和超越政治的、有关实现共同目标以及集体设想方面的问题的一种实践活动,这种实践主要通过建构政府(等级结构的)和政府以外的(非等级结构的)机构、组织和具体的行动得以实现。治理特别强调治理主体用于分配权力、管理公共资源以及形成和执行政策的方法,此外还包括机制、过程。由此,不同的主体可以对利益进行协调,运用他们的合法权利,履行自己的责任和义务,解决彼此之间的分歧。从学理上分析,治理观点对理论的贡献并不在于因果关系分析这个层次,也非提供了一种新的规范理论,它的价值在于提供一种分析框架对管理过程进行分析。如库伊曼(Jan Kooiman)提出,可以认为治理是一种公共部门和私营部门解

---

① 参见王佃利:《城市治理中的利益主体行为机制》,中国人民大学出版社 2009 年版,第 22～27 页。

决社会问题、创造社会机会的安排，目的是在治理过程中完善社会制度。[①]治理的出现表明了一种新的管理方式，其本质特色在于并不完全依靠政府的权威或制裁，在承认公私部门之间以及公私部门各自的内部的界限区域模糊的前提下，创造依靠多种行为主体以及互相发生的影响来实现善治的目的。

第二节　城市区域治理理论的演变

从大都市区政府到多中心治理理论再到新区域主义的演变，反映了国外城市区域治理理论的反思和发展，对我国今天的城市化建设具有重要的启示意义。而在国内，作为本土化所提出的复合行政理念、区域公共管理理论和区域治理理论，则是主要针对中国社会发展中所出现的特有城市管理现象而提出来的，对于城市治理理论的发展有重要的补充作用，也是我国进行城市区域治理的重要指导。

一、国外理论构建：从大都市区政府到新区域主义

1920 年，美国城市人口超过农村人口，初步实现了城市化，但“经济发展并未在城市的边界止步”，随后美国的城市发展由单核中心型向多中心型过渡、由局限于城市地区到向外围地区周而复始地扩展，没有进入大都市区发展的阶段。到 2000 年，美国大都市人口占总人口的比例达到 80％以上，被称为都市国家。[②] 区域一体化的发展也带来了各种区域公共物品供给的问题。在美国的地方体制与传统政治文化的影响下，关于大都市区如何治理就形成了不同的理论，这些理论就如何协调区域内政府间关系，在理念和方式上都存在很大的差别，主要是三种不同的概念途径，即大都市区政府理论、分散化多中心治理理论、新区域主义理论，下面分别阐述他们的主要观点。

（一）大都市区政府理论

1. 大都市区出现与治理“碎片化”

大都市政府（Metropolitan Government）理论是 20 世纪初伴随欧美

---

① 参见王佃利：《政府创新与我国城市治理模式的选择》，载《国家行政学院学报》2005 年第 1 期。

② 参见王旭、罗思东：《美国新城市化时期的地方政府——区域统筹与地方自治的博弈》，厦门大学出版社 2010 年版，第 29～30 页。

乡村城市化浪潮孕育而生的区域治理理论,在20世纪40年代到80年代中期成为美国学术界占主导地位的理论。[①] 美国是世界上地方政府数量最多的国家,根据美国人口统计署的统计,在2002年各类地方政府总数达到87525个,其中常规地方政府数量为38967个,包括县政府、市政府和镇区政府,其余的都是一些非常规性或特别性地方政府。[②] 美国地方政府主要是一些自治团体,而非具有彼此隶属关系的行政体系。大多数大都市区居民都至少受四个独立的地方政府的管理和服务,一个县政府,一个市或镇区政府,一个校区,一个专区,其功能从垃圾收集到蚊蝇控制。[③] 地方性公共事务的管理并不是由一个统一的政府来行使,地方政治权力在诸多地方政府间进行了分割,这就形成了比较典型的美国问题,即地方政府的"破碎化"。

与城市化相伴生的是区域发展的一体化,美国大都市区的形成与蓬勃发展,客观上要求大都市区内的各个地方自治政府在交通运输、基础设施建设、社会治安以及环境保护等方面相互合作。但是,数量众多、形式多样的美国地方政府体系却带来了政府间协调和区域性公共事务治理的诸多困境,这种破碎化的状况也被称为"巴尔干化"。这样由于政府职权划分和政府管辖边界而导致的复杂状况,不仅表现为地方政府在数量上的零碎,而且这些政府在地域和功能上彼此交叉重叠,在公共事务解决中缺乏协调。20世纪前半期,美国学术界普遍认为大都市区的主要政治问题就是地方政府的破碎化,其唯一符合逻辑的发展方向就是兼并为区域性大都市区政府,对地方政府体制进行结构性变革,这就是区域主义运动,其主导理论就是大都市区政府理论,追求"一个区域一个政府"的目标。大都市区政府秉持政治统一与行政集权的理念,认为在政治统一的区域,社会状况会得到明显的改善,会有更好的道路、基础设施,更全面的城市规划,更充分的教育和救助体系以及更好的政府服务。

2.理论观点和治理实践

从政府间关系范畴看,大都市区政府理论认为,中心城市和郊区本来就

---

① 曾媛媛、施雪华:《国外城市区域治理的理论模式及其对中国的启示》,载《学术界》2013年第6期。

② 王旭、罗思东:《美国新城市化时期的地方政府——区域统筹与地方自治的博弈》,厦门大学出版社2010年版,第67页。

③ 参见[法]托克维尔:《论美国的民主》(上卷),董果良译,商务印书馆1988年版,第77页。

是一个单一的经济和社会区域，但却被人为地分割成为县、市、专区，导致了大都市区政府组织杂乱无章。根据罗斯·史蒂文斯的观点，统一的大都市区政府应包括五个方面：第一，城市地区应该由单一的政府来治理；第二，这个政府的少数主要制定政策的官员由该地区的选民选举产生，这些官员以少数精干为原则；第三，这个单一政府的内部结构应摒弃分权原则；第四，行政职能应该从政治职能中分离出来；第五，地方政府应该整合到实行统一指挥的单一政府结构当中，这个结构实行分级管理。[①] 这种理念强调区域性政治利益应该大于单个地方政府利益的综合。针对美国的分散化、碎片化的地方政府现状，统一的大都市区政府可以通过结构性的改革得以实现，琼斯提出了几种具体的实现方式：相邻地方的兼并与合并；市、县合并与分离；专门机构与中心城市或县的融合；位于城市地区县的重构，使其拥有整个大都市区的城市功能；在大都市地区建立"联邦式"的城市政府；创建大都市区城市国家。这种大都市区政府也被称为"巨人政府"。[②]

与理论探讨相适应的就是美国的各种区域主义改革运动，在大都市区政府理论的指引下，各地以不同的方式展开了实践，主要措施如下：

第一，中心城市的兼并。在美国，兼并通过两种形式进行：一是中心城市将周围尚未组成自治政府的城市化地区并入城市地域，实现城市疆界的扩展；二是中心城市合并其相邻较小的市、县、村镇，实现疆域的扩大。这主要是中心城市对与其相邻城市的合并，在美国 20 世纪初期，这种方式对于大城市地域的扩展，起到了重要作用。

第二，市县合并。在同一个大都市区内，要形成一个单一的统一的政府单位，原有的地方政府就需要合并。市县合并是指大都市地区的中心城市政府同其所在县域的县政府进行合并，县政府的传统功能被整合进新的统一政府当中，或是保持其独立功能，而由新的政府向县域范围内没有成立政府的地区提供服务。[③] 该地区的郊区城镇可以继续保留其特殊的自治地位，同时作为交换，"市县合并取得了关键的创设目标：统一的税基、集中的

---

① 参见王旭，罗思东：《美国新城市化时期的地方政府——区域统筹与地方自治的博奕》，厦门大学出版社 2010 年版，第 139 页。

② 参见刘建芳：《区域主义：美国大都市区治理的理论与实践》，载《东南大学学报（哲学社会科学版）》2014 年第 5 期。

③ 参见马斌：《政府间关系：权力配置与地方自治——基于省、市、县政府间关系的研究》，浙江大学出版社 2009 年版，第 215 页。

规划与分区权"[1],这些目标对于整个大都市地区经济社会的统一与协调发展至为重要。从20世纪20年代至90年代成功的市县合并案例并不少见。

第三,建立大都市区政府。在美国的联邦传统的影响下,在大都市区内构筑"联邦式"的大都市区政府也成为一种选择。这种方式不以结构性的重组为目标,而是在不同的地方政府和州之间进行政府功能的重新配置和分工。事实上,市县合并的改革策略在一定程度上剥夺了县的自治权,因此当改革者意识到没有理由放弃独立而且并不愿意进行市县合并时,通过行政区划或制度性合并构建统一的大都市区政府的改革策略成为主要方式。具体的形式如城市县(由传统的仅仅承担有限职能的县来履行城市的服务供给功能)、双层制大都市区政府(由一个履行区域性功能的政府和若干承担地方范围服务功能的政府两个层次组成,但两个政府间没有上下之分,只有法律规定的政府职权分工)、三层制大都市区政府(在两层制的基础上设立大都市服务区或大都市理事会)等。

3.理论启示与评价

如何在日益分散化的大都市区提供统一的服务于管理,这是区域公共管理发展中面临的难题。大都市区政府理论,遵循以政府为中心的路线,以结构性改革为手段,以创建大都市区政府为目标,采取了众多的改革措施。无论是最初的市县合并还是建立大都市区政府的构想,对于解决地方政府的分散化和碎片化都起到了一定作用:一定程度上缓解了都市区内各地方政府的无序竞争,同时整体利益和区域一体化的思维视角有利于促进大都市区内公平的实现。

但事实上,这一改革方式收效甚微,而且在实践中成功的案例数量有限。最主要的原因是,美国人奉行杰弗逊"最好的政府是管得最少的政府"这一理念,高度的地方自治文化根基深深限制着统一大都市区政府的权力及运行。

(二)多中心治理理论

1.城市民主与自治传统

尽管创建大都市区政府的理由和动力一直存在,但是体制改革的艰难使之在美国的实践难以推广。尤其是根植于美国传统政治文化的公共选择

---

① Rusk D. *Cities Without Suburbs*, Washington D. C: Woodrow, Wilson Center Press, 1993, p. 96.

理论学派在20世纪60年代的兴起，又给城市区域的治理带来了新的视角。正是基于对小型化、分散化地方政府的认可，公共选择学派的学者反对在大都市区建立大型的政府组织，他们的质疑主要是：第一，大多数公共服务都极少具有规模经济；第二，完全合并不同政府单位的努力并没有取得成功；第三，市民似乎更喜欢对当地事务多一些控制而不是少一些控制；第四，大城市区中不同社区的居民具有各自明显不同的利益；第五，单一的中央政府不能满足大城市区不同社区和邻里的不同偏好。[①]

多中心治理理论是公共选择理论在大都市区政府研究上的运用，公共选择理论的基本原则所体现出来的自由、竞争、自治，与美国的政治传统有着明显的一致性。如其代表人物文森特·奥斯特罗姆认为，美国联邦制中最核心的观念就是订立契约，政府当局一定要受到公众参与的宪法性契约的约束，联邦政府从属于联邦的立宪决策，"地方自治体制的发展原理是将联邦主义的基本原则应用到州与其他地方政府的关系中"[②]，地方居民成立了大量地方自治单位，核心是保障个人权利和限制政府权力，多层次的、包含众多政府单位的复合制就是美国联邦主义的产物。因此，地方政府碎片化现象，在主张大政府的人看来是一无是处，但是却得到了公共选择学者的充分肯定，奥斯特罗姆就认为所谓的碎片化"可以定义为某一特定服务安排着的集体消费单位的数量"[③]。

2. 核心思想与治理实践

在公共选择学派看来，大都市区政府反应迟钝、服务成本上升、效率低下。地方政府是政治市场上公共物品的生产者和提供者，它的规模与数量，间接地反映了公民对公共物品的偏好。地方政府的数量越多，竞争越充分，公共物品的质量就会越高；政府的规模越小，就越容易在市场上通过自愿行动达到资源配置的帕累托最优。因此，他们将政治经济学运用于大都市区政府的研究上，主张多中心或多核心的政府体系。

在主张多中心治理的学者中最具代表性的就是蒂伯特和奥斯特罗姆。

---

① 参见[美]文森特·奥斯特罗姆等：《美国地方政府》，井敏、陈幽泓译，北京大学出版社2004年版，第80～81页。

② [美]文森特·奥斯特罗姆等：《美国地方政府》，井敏、陈幽泓译，北京大学出版社2004年版，第35页。

③ [美]文森特·奥斯特罗姆等：《美国地方政府》，井敏、陈幽泓译，北京大学出版社2004年版，第131页。

蒂伯特“用脚投票”模型的假设前提是:地方居民对各地方政府的税收和财政支出状况有清楚的了解,有适合不同偏好的足够数量的地方政府可供选择,在此基础上居民才可以以流动的方式“用脚投票”。大量地方政府的存在,不仅可以提供多样性的服务,而且还可以像市场中的企业一样进行竞争,让消费者获得利益。奥斯特罗姆将政府所提供的公共物品和服务的性质分为三种:公共物品源于控制间接后果、外部性或溢出效应;政府提供公共物品因为某些物品或服务无法打包供给;公共物品是为了维持对地方事务的某些偏好状态。在提供这些公共物品时,统一的大区域政府并不能比数量众多的小政府更有效率。尽管“每一项服务都由不同的政府来承担并不理想,因为那样就使得很多交叠的地方政府的存在成为必要,但是在这种情况下,公民个人能够更加准确地表达自己的偏好,只不过有可能因有太多的政府而无法明了该向哪个政府表达哪种偏好”[①]。也就是说,为了更好地满足公众需求,碎片化的政府所导致的复杂性是可以接受的。

而在美国地方政府的实践中,以下的实践直接支持了多中心理论的观点。

专区数量的增长。专区政府是美国城市中专门提供单一功能的服务机构,二战之后成为构成多中心体制的最突出的特点。专区能够更有针对性地提供服务,满足居民的多样化需求,更有效、成本更低。但专区的存在也使大都市区管理更加复杂。

社区发展公司的发展。社区发展公司是20世纪60年代以来公民参与运动的产物,是作为开放式社区治理主体的邻里组织。它是建立在邻里居民政治参与基础上,目标是对破旧的、贫困的邻里社区的改造与经济复兴。在一定程度上社区发展公司已经具备了地方政府的结构,成为城市中有影响力的政治组织。如今其发展正方兴未艾。

居住区协会的发展。这是作为封闭式社区治理主体的邻里组织。在财产权保护的基础上,居民基于资源与合约的基础上,在住宅和居住区中,通过收费履行类似于政府的公共服务职能,并且使用规则约束居民,被视为“准政府”。当前有1/5的美国人生活在居住区协会治理下的邻里社区。

---

① [美]文森特·奥斯特罗姆等:《美国地方政府》,井敏、陈幽泓译,北京大学出版社2004年版,第95页。

3. 理论启示与评价

公共选择学派的多中心治理理论使人们开始关注大都市区的公共服务提供及其效率，而非仅仅限于体制结构的变革。其主张在促进地方政府提高公共服务效率方面起到积极作用，并且有利于公众多样化需求的满足，同时迫使政府官僚机构缩减规模，提高竞争水平，立足公众的多元化偏好。但是，多中心治理理论同样存在许多局限性：现实中公民“用脚投票”要付出的代价和成本较高难以实现；地方政府的多中心化，忽略了区域整体性发展而容易引发新的不公平；在缺乏有序、统一的竞争秩序的环境下，分散化多中心的地方政府难以形成合力。

（三）新区域主义理论

1. 理论的折中与调和

传统改革派的“大都市区政府”理论以及公共选择学派的“分散化多中心治理”理论都存在着一定弊端。20 世纪 90 年代以来，改革者们不再试图建立一个区域性政府，相反他们更关注区域治理，将注意力更多地集中于过程而非结构，试图建立一种全方位的包括私营和非营利部门在区域性问题中与政府合作的过程。[①] 于是，一种新的协调大都市区内地方政府间关系的理论视角——新区域主义应运而生。

新区域主义是在大都市区形成的，区域主义早期注重于从结构上重新组织大都市区的地方政府，以整合的政府来提供公共服务；后来逐渐以问题为驱动，主张政府与社会合作，提倡治理。这种聚焦于合作，由拥有不同权力和特点的行为主体共同参与合作并形成网络化的治理结构，强调政府间合作以及政府与其他主体的协作，或者两者的交叉即“功能性区域主义”。它主要包括政府间合同以及功能转移、建立专区和职能机构等方式实施的区域化治道。无论是公共部门还是私人组织，都是在区域或部分区域化基础上提供服务，这种区域主义在很多大都市区已开始不同程度地制度化了。[②] 区域主义的转变和实践为新区域主义的出现打好了基础。

2. 核心主张和治理实践

“新区域主义”区别于传统的大都市区政府以及分散化地方政府间竞

---

① 参见马斌：《政府间关系：权力配置与地方治理——基于省、市、县政府间关系的研究》，浙江大学出版社 2009 年版，第 221 页。

② 参见王旭：《从体制改革到治道改革——美国大都市区管理模式研究重心的转变》，载《北京大学学报（哲学社会科学版）》2006 年第 3 期。

争,在这一新的理论视角下,大都市区治理不是聚焦于制度性结构和地方自治体的行为,而是聚焦于为了大都市区治理目的的实现,不同公共机构和私人主体之间如何建立密切的联系。“新区域主义”将大都市区治理看作是多种利益相关主体之间对话和谈判的过程,改变了传统的科层制或市场化竞争手段。“为了有效实现目标,政府领导人之间、政府领导人与私营部门和非营利组织领导人之间越来越多地需要相互协作;尽管每一个部门在区域治理中都有自己的特殊利益,但为了实现自我利益,它们必须愿意共享权力和资源。”①

“新区域主义”的特点在于强调以下几点:治理而非管理;跨部门而非单一部门;协作而非协调;过程而非结构;网络化而非正式结构。协调与合作是新区域主义的追求,是政府与其他公共组织间的协调,“协调不仅可以依赖官僚制的命令与控制结构,而且还可以通过多种独立公共管理机构之间的合作、竞争、冲突以及冲突解决的复合的程序实现”②,在合作的具体形式上,“新区域主义”理论的主张主要集中在以下几个方面:

首先,“新区域主义”是“区域主义”,即强调区域整体利益的维护和实现,其“新”则体现在突破传统的体制结构的变革,打破传统的区域和层级观念,强调权力或资源相互依赖和合作,以合作为基础的形成互惠的政府间关系模型。一方面强调政府间在信息、自主性、共同分享、共同规划、联合劝募、一致经营等方面的协力合作;另一方面强调公私部门的混合治理模式,倡导第三部门积极参与政府决策,实现地方治理。

其次,主体的多元化以及合作的多层次化。在新区域主义的视野下,政府、企业、非政府组织都是区域公共治理的主体,共同参与区域性公共事务的治理,平等协商、民主管理,从而形成网络化的合作治理模式。另一方面,各地方政府在加强行政系统内部合作的同时,更要搞好与非行政系统力量的协调。也就是克服了单纯官僚制和市场竞争的弊端,通过政府间的合作以及政府与非政府力量间的协作共同治理,这就要求地方政府更新执政理念增强公益性、加快职能转变提高服务性、准确角色定位强化互动性,形成以“功能性”为依据的区域合作格局。

---

① 张紧跟:《新区域主义:美国大都市区治理的新思路》,载《中山大学学报(社会科学版)》2010 年第 1 期。

② [美]文森特·奥斯特罗姆:《美国公共行政的思想危机》,毛寿龙译,上海三联书店 1999 年版,第 158 页。

最后,“新区域主义”强调中心城市与周边地区政府的协同共生。“新区域主义”在美国最早是为了解决城市郊区化产生的,主张中心城市与郊区的密不可分、相互带动,从而保证大都市区整体利益的最大化。作为大都市区内不可分割的组成部分,只有中心城市与周边地区协同共生,才会使中心城市的辐射带动作用得以充分发挥,才会使大都市区范围内的整体利益充分实现,加速区域一体化的进程。

3.理论启示与评价

用“新区域主义”理论审视大都市区内地方政府间合作,思路将发生新的转变:政府间合作走向了政府、私营部门、非营利组织的多维合作;在治理对象上,把区域作为一个紧密联系的整体对待,而不是像区域行政以公共问题为中心的“碎片式”缺乏广度和深度的治理过程。[①] 地方政府通过开展地方政府与非营利组织、企业的合作项目来培育公私伙伴关系,大都市区的和谐一体化发展离不开与私营部门和非营利组织的协作以及地方政府间合作的精神。在新区域主义看来,公民的积极参与,政府与公民之间建立的相互信任、相互依赖与相互合作关系,是区域治理的社会与道德基础。[②] 在新区域主义的政策议程中,精明增长、建构合作议程、成立政府理事会和大都市区规划组织等等,合作形式多样、名称多样,都体现了对合作的追求。

新区域主义作为试图把集中治理和分散治理相结合的新理论,顺利挣脱了传统区域主义的理论束缚,强调“治理”而非“统治”,主张跨部门而非单一部门,注重合作而非协调,特别是重视非营利组织和其他参与主体的合作化、网络化治理的主张,对于我国城市群的治理以及政府之间、政府和其他社会参与主体之间的合作机制的形成,具有很好的借鉴意义。

二、国内理论构建:从复合行政到区域治理

在经济全球化的推动下,随着我国城市化进程的快速推进,我国诸多经济发达地区都出现了区域经济一体化的趋势,具体地体现为各种城市群发展战略的提出。为了适应经济全球化带来的传统的政区与政区之间的竞争向当代区域与区域之间竞争的转移,提升区域竞争力,进一步推动区域经济

① 参见罗忠桓:《从行政区行政走向区域治理:省际接边地区治理的范式创新——以湘鄂渝黔桂接边地区(五溪源)历史沿革与治理创新为例》,载《甘肃行政学院学报》2011年第2期。

② 参见刘焕章、张紧跟:《试论新区域主义视野下的区域合作:以珠江三角洲为例》,载《珠江经济》2008年第12期。

一体化进程,也成为城市群各行政区政府的主动渴求。但由于缺乏相应的行之有效的制度安排,这种区域经济一体化的努力总是绕不开行政区划这一道"看不见的墙"。[①] 如何解决当代中国区域经济一体化与行政区划的冲突,成为时下企业家、学者、官员共同关注的热点问题。

(一)复合行政理论

1.行政区经济的反思

区域经济一体化与行政区划的冲突是提出复合行政的背景。这种冲突典型地表现为由于行政区划形成的行政壁垒对区域经济的刚性约束而产生的一种与区域经济一体化相悖的"行政区经济"现象。这种现象具有以下特点:地方政府企业化;企业竞争寻租化;要素市场分割化;经济型态同构化;资源配置等级化;邻域效应内部化。[②] 随着经济全球化带来的区域与区域之间的竞争,一个行政区的竞争力越来越取决于所在区域经济一体化形成的竞争力,行政区经济逐渐暴露出致命的缺陷,成为区域经济一体化的障碍。而调整现有行政区划的传统思路如通过行政区划的升格、合并、兼并无法解决这一问题。基于此,一些本土学者从政府管理范式转移的角度,跳出传统的行政区划调整的旧框框,立足转变政府职能,实现政府体制创新,提出"复合行政"的新理念,以期对这一问题的解决提供一种新思路。[③]

2.核心思想与特点

所谓复合行政,就是在经济全球化背景下,为了促进区域经济一体化,实现跨行政区公共服务,跨行政区划、跨行政层级政府之间,吸纳非政府组织参与,经交叠、嵌套而形成的多中心自主治理的合作机制。其核心思想是:

多中心(polycentric)。复合行政认为跨区域公共服务,不能仅仅依赖

---

① 根据巴黎国际研究与发展中心 Sandra Poncet 的一项研究报告,自 20 世纪 80 年代以来,在进口外国产品的贸易壁垒大幅削减的背景下,中国各省之间的贸易壁垒却持续增高;在 1997 年,中国跨省商品流通所遭受的贸易壁垒,相当于被征收了高达 46%的"关税",几乎同欧盟成员国之间,或者加拿大与美国之间的贸易壁垒不相上下,而在 10 年前,这一数值为 35%,;中国各省的国际一体化是与国内市场的逆一体化(分割化)同步进行的。参见 Bruce Gilley, Provincial Disintegration: Reaching Your Market Is More Than Just a Matter of Distance, *Far Eastern Economic Review*, 2001(11)。

② 参见刘君德、舒庆:《中国区域经济的新视角——行政区经济》,载《改革与战略》1996 年第 5 期;舒庆、刘君德:《中国行政区经济运行机制剖析》,载《战略与管理》1994 年第 6 期。

③ 参见王建、鲍静、刘小康、王佃利:《复合行政的提出——解决当代中国区域经济一体化与行政区划冲突的新思路》,载《中国行政管理》2004 年第 3 期。

中央政府这个单中心在行政隶属关系的基础上，靠行政命令的方式集中提供；而是应该在中央政府的支持下，通过地方政府与地方政府之间、地方政府与非政府组织之间的合作形成的多中心分别提供。这种多中心分别提供的方式，有利于提高跨区域公共服务提供的回应性和效率，发挥中央政府、地方政府、非政府组织等不同主体的积极性。

交叠(overlapping)与嵌套(nested)。复合行政认为跨区域公共服务的提供，不能仅仅限于同级政府之间的合作，而是不同层级政府之间，政府与非政府之间，通过上下左右交叠与嵌套而形成的多层次合作。

自主治理(autonomous governance)。复合行政认为跨区域公共服务，不能仅仅依靠中央政府，而应该发挥地方政府的自主性，发挥非政府组织包括群体与个人的参与性，采取民主合作的方式，形成自主治理网络。

复合行政认为，阻碍区域经济一体化的根本原因不是行政区划，而是政府职能未能适应我国市场经济的发展转变到位。解决这一问题的关键在于跳出行政区划调整的传统思路，加快政府职能转变。因此，复合行政的主要特点在于：

首先，以建立跨区域、跨层级政府间吸纳非政府参与合作机制为目的。这既不是通过政府之间按照行政命令，采取兼并或合并的方式建立的集权的一级行政机构，也不是松散的政府间协调机构，而是具有一定行政职能(仅限于跨区域职能)的政府间合作组织，这种方式既注意各政府发展对行政区外需求的满足，又不限制各政府非跨界职能的行使，从而满足各政府发展的不同需求倾向；既保持能统揽全局的部分行政干预力量的存在，又防止行政机构的盲目升级和臃肿。

其次，以提供跨区域公共服务为主要职责。合作的领域主要是跨区域的公共服务。表现为共同规划、实施各地人员资格证书的互认和衔接、实现跨行政区公共基础设施相互联合与衔接、建立健全区域性社会保障体系、实施城乡居民最低生活保障制度，完善全社会职工失业保障制度、养老保险制度和医疗保险制度等。

最后，以自主治理为原则。各个政府以平等的地位加入政府间合作组织。在自主治理的原则下，实现多层次多形态政府间的合作。复合行政强调彼此之间合作形式的多样性，可以是同一层级间的政府合作，也可以是不同层级政府之间的合作。

3. 理论评价

相对于行政区划的调整,复合行政的提出,为解决当代中国区域经济一体化与行政区划的冲突提供了一种新思路,具有重大创新意义:

首先,复合行政的提出有利于树立科学的发展观。复合行政通过跨行政区划、跨行政层级政府之间、吸纳非政府组织参与的合作机制,打破了行政区经济"交相胜,还相用"的狭隘短视思想,推动了各行政区政府加强区域内经济联系,发挥中心城市聚集扩散效应,形成各行政区之间的交错发展有序竞争,有利于促进城乡统筹和区域统筹,实现经济社会和人的全面发展。

其次,复合行政的提出有利于提高我国的全球竞争力。复合行政通过跨区域、跨层级政府之间吸纳非政府组织参与合作机制,抓住新一轮全球生产要素优化重组和产业转移的重大机遇,结合国内产业结构调整升级,大力推进市场对内对外开放,加快要素价格市场化,促进商品和各种要素在全国范围自由流动和充分竞争,废止妨碍公平竞争、设置行政壁垒、排斥外地产品和服务的各种分割市场的规定,打破行业垄断和地区封锁,加快建设全国统一市场,形成促进区域经济协调发展的机制,促进具有重要竞争力的产业带的形成,提高我国的全球竞争力。

最后,复合行政的提出有利于进一步推动我国政府职能转变、实现政府体制创新。复合行政,适应政府管理范式从统治走向治理,通过跨区域、跨层级政府之间吸纳非政府组织参与合作机制,形成一种新型行政,为进一步转变政府职能找到突破口。如果把传统的统治行政称为第一行政的话,复合行政就是治理指导下的第二行政。改革开放以来,我国进行了多次行政改革,但政府职能转变仍然滞后于市场化的进程。我们认为,问题的关键是改革的思路仍然陷入统治的范式,改革的出发点立足于中央政府、限于权力的下放和上收,不注重地方、非政府组织的自主性的形成。可以讲,政府职能的转变已走入死胡同。只有推动政府管理范式的转移,从下往上,着眼于自主治理网络的形成,才能为政府职能转变踩出一条新路,开辟政府体制创新的新空间。

(二)区域公共管理理论

1. 公共管理对区域问题的应用

区域公共管理的日益凸显,源于经济全球化下区域主义和区域竞争的崛起、经济市场化下区域竞争的加剧以及区域公共问题的大量兴起。[①] 当今世界,全球化和区域化并行发展,经济全球化视野下区域主义的重新崛起,使得各个区域之间的竞争更加激烈,同时伴随着经济的快速发展,"问题区域"和"边缘区域"却越来越多,在"复杂性社会"格局下,公共管理面临着一种全新的行政生态环境,公共问题的解决必须通过公共管理的制度创新得以实现。[②] 因此,基于区域公共问题的大量兴起,以及以行政区划刚性约束为特征的行政区行政无法解决跨部门、跨区域复杂问题的现实,我国一些学者对发端于欧美的区域公共管理研究作了一些引进与探索。

2. 区域公共管理的理论创新

区域公共管理(Regional Public Management,RPM),是以区域政府组织和非政府组织为主体的区域公共管理部门,为解决特定区域内的公共问题,实现区域公共利益而对区域公共事务进行现代治理的社会活动。[③] 它突破了以单位行政区划的刚性,具有以下鲜明特色[④]:

第一,在政府治理的社会背景上,区域公共管理是开放社会和信息社会的产物,它迎合了全球化和区域化浪潮的需要。区域性和区域化的"深度"和"广度"得到前所未有的倍增。

第二,在政府治理的价值导向上,区域公共管理以公共问题和公共事务为价值导向,而非以行政区划的切割为出发点。它摒弃了传统的"内向型行政"或单边行政的弊病,奉行"区域性行政"和合作治理的哲学观,把大量跨域国界和行政区划的外溢性公共问题和区域性公共事务,纳入自身的管理范围。

第三,在公共权力的运行向度上,区域公共管理依赖的是多元的、分散的、上下互动的权威,彼此间是合作网络和交叉重叠的关系。通过合作、协调、谈判、伙伴关系、确立集体行动的目标等方式实施对区域公共事务的联合治理。

第四,在公共事务的治理机制上,区域公共管理认为针对不同层次、不同类型的区域公共问题,必须借助于科层制、市场机制、合作机制、组织间网

---

① 参见陈瑞莲:《论区域公共管理研究的缘起与发展》,载《政治学研究》2003 年第 4 期。

② 参见陈瑞莲等:《区域公共管理理论与实践研究》,中国社会科学出版社 2008 年版,第 11 页。

③ 参见陈瑞莲:《区域公共管理导论》,中国社会科学出版社 2006 年版,第 1 页。

④ 参见陈瑞莲等:《区域公共管理理论与实践研究》,中国社会科学出版社 2008 年版,第 21～23 页。

络、自组织等混合机制来对其进行“多中心”治理。合作、协调、伙伴关系、双赢或共赢成为这种混合机制的基本精髓。

在实践中,根据区域涵盖界域的大小,区域公共管理可以划分为三个基本类型:国家间区域公共管理,如“欧盟”“东盟”“南方共同市场”的区域公共管理;次区域公共管理,如“新-柔-廖成长三角”“图们江地区的次区域经济合作”“澜沧江-大湄公河地区的次区域经济合作”等;国内区域公共管理,如“泛珠三角”“大长三角”“京津唐”环渤海海湾区域公共管理等。

理论研究来源于实践,自2003年我国学者正式提出区域公共管理这个概念[①]以来,已有及未来的国内的区域公共管理主要集于以下研究话题和内容:区域协调发展研究;区域公共政策研究;城乡协调发展研究、区域政府间竞争研究;区域政府间横向关系协调;区域发展与行政区划变革;问题区域治理;流域公共治理;“一国两制”下的区域治理;国外区域公共治理研究等十个方面。[②]

3.区域公共管理研究的意义

首先,从学科发展的角度来看,区域公共管理推动了区域科学研究的创新,也带来现代公共管理学科的发展。区域公共管理将区域科学与公共管理学结合起来,公共管理学的视角和方法使得区域科学更加丰富和完善,而以经济学、政治学、社会学、地理学、法学等学科为基础的区域科学也推动了公共管理研究中理论与实证的结合。

其次,区域公共管理是对现实中的区域公共问题的积极回应,不仅为区域发展提供了理论上的指导,而且为一些区域问题的解决直接提供了政策建议和咨询方案,对我国区域发展实践具有积极的指导意义。

(三)区域治理理论

1.治理理论的拓展

随着国内政治、经济、社会等环境的诸多变化,区域公共管理正向着区域治理转变。促使区域治理兴起的背景和动因主要有以下几方面[③]:

公民参与领域向区域公共事务不断拓展。随着民主政治的不断发展和

---

① 参见陈瑞莲:《论区域公共管理研究的缘起与发展》,载《政治学研究》2003年第4期。

② 参见陈瑞莲等:《区域公共管理理论与实践研究》,中国社会科学出版社2008年版,第30~37页。

③ 参见陈瑞莲、杨爱萍:《从区域公共管理到区域治理研究:历史的转型》,载《南开大学学报(哲学社会科学版)》2012年第2期。

公众参与意识的提高，公民参与的领域已不再局限于传统公共事务领域，近年来出现了向区域性公共事务渗透和拓展的趋势，同时公民参与区域公共事务的有效性已过渡到信息、咨询和展示乃至合作阶段。例如，公民通过网络问政的制度化方式参与重大区域规划的贯彻实施，以及区域规划成效的政绩评价。此外，近年来各地普遍兴起由公民自发参与的“邻避运动”，这也说明了公民参与区域性公共事务的主动性、积极性、压迫性与日俱增。

非营利组织对区域性公共事务的广泛参与。2011 年 7 月国务院出台了《关于加强社会创新管理的意见》，标志着我国第一份关于创新社会管理的正式文件的诞生。在这一宏观政治背景下，地方政府也纷纷出台政策，修订和完善有关管理法律法规，我国社会组织发展的政策空间得以放松管制，各类社会组织的数量得到大幅度增加。同时，各种 NGO、NPO 参与区域公共治理的理念已经变为现实，尤其是在市场经济比较发达、公民社会较先孕育的珠三角和长三角地区，其参与社会公共事务的广度和深度都得到大大增强。

区域一体化的全面推进重塑着传统的政府间关系。当前中国的区域一体化正如火如荼地进行着，为解决改革开放以来由于行政分权而导致的愈发严重的地方发展“碎片化”问题，许多综合配套改革试验区、专题性国家级实验区纷纷设立。国家区域发展战略的调整冲击了我国传统的政府间关系，形成了中央与地方、地方上下级之间、地方政府之间，以及政府部门之间的互动和协调。

公私合作伙伴关系在区域公共产品生产中发挥着愈发重要的作用。随着我国改革开放的不断深入，地方政府越来越重视公私伙伴关系在区域公共产品生产中的作用。近年来，政府在区域规划中尤其重视公私伙伴关系的运用，例如，泛珠三角地区按照“市场运作、政府推动”的方式推进区域合作，充分发挥企业作为自主决策投资经营者的作用。

这些正在积极变化着的因素促使区域公共管理向区域治理的方向转变，区域治理理念和理论正在指导着我国的跨区域治理实践。

2. 区域治理的理念和重点

区域治理的概念源于欧美学界，我国台湾地区先于大陆使用。其实质是治理理念或治理理论在区域公共事务管理中的具体运用。因此，区域治理就是指政府非政府组织、私人部门、公民及其他利益相关者为实现最大化区域公共利益，通过谈判协商伙伴关系等方式对区域公共事务进行集体行动的过程。区域治理具有三个基本特点：一是多元主体形成的组织间网络或网络化治理；二是强调发挥非政府组织与公民参与的重要性；三是注重多元弹性的协调方式来解决区域问题。[①]

区域治理理论源于西方学界，我国学者陈瑞莲等人指出应结合我国区域公共事务“故事”的现实场景，在关注具体问题的基础上，构建我国本土的区域治理理论。其中我国未来的区域治理研究主要应有以下几个方面[②]：

第一，大都市区和城市群的治理研究。目前我国的珠三角、长三角、京津唐地区、长株潭地区等进入了城市化的更高发展阶段——大都市区划和城市群发展阶段，城市间跨域性公共事务变得日益叠加和倍增，迫切需要城市间政府走向协作性公共管理，采取更多统一的制度性集体行动。而我国是单一制的中央集权国家，如何总结国外的经验教训，避免“巨人政府”“多中心主义”和“新区域主义”的理论纷争和政策分歧，将是区域治理理论的重要研究内容。

第二，区域发展的政策工具研究。我国地域幅员辽阔，改革开放以来，经历了以经济特区为中心的沿海地区优先发展阶段、以浦东开发为龙头的沿江沿边地区重点发展阶段、以缩小差距为导向的西部大开发阶段和以区域协调发展为导向的共同发展阶段。如此政策安排是希望既能促进重点区域的经济发展，也力求欠发达地区的平衡，但是目前仍然需要更加具体、精密化的政策工具来落实区域平衡发展的政策理念。

第三，府际关系视域下的府际竞合与府际冲突研究。目前我国学者对政府间合作的研究重理论诠释轻实证分析，对政府冲突则关注较少，而现实中从府际关系视域研究府际竞争与合作问题，是区域行政和区域公共管理研究时期的热点问题，也是我国区域公共事务治理急需解决的问题。

第四，区域契约行政研究。所谓契约行政，是指在我国政府主导的区域合作模式下，政府作为区域合作的主要参与方，通过签订各种形式的政府间契约如“规划纲要”“合作框架协议”“合作宣言”“合作意见”“合作备忘录”等来推动政府间合作的一种区域行政方式。[③] 在区域治理实践中，我国地方政府之间签订了形形色色的、内容宽泛的各类府际条约，因此，从理论上探

---

① 参见陈瑞莲、杨爱萍:《从区域公共管理到区域治理研究:历史的转型》,载《南开大学学报(哲学社会科学版)》2012 年第 2 期。

② 参见陈瑞莲、杨爱萍:《从区域公共管理到区域治理研究:历史的转型》,载《南开学报(哲学社会科学版)》2012 年第 2 期。

③ 参见杨爱平:《区域合作中的府际契约:概念与分类》,载《中国行政管理》2011 年第 6 期。

讨如何通过合理的机制设计，规避府际契约执行不力甚至无法执行的政治风险，意义重大。

此外，区域性公民社会研究、跨域性公共治理研究、“一国两制”下粤港澳区域治理研究、区域治理的比较研究等都是区域治理框架下的重要研究内容。

3. 理论启示评价

从理论发展轨迹上看，区域治理理论是区域公共管理的进一步发展，也是治理理论在区域公共事务上的具体运用，因此，强调多元主体和多中心共治区域公共事务的区域治理理论将对我国的区域发展实践具有重要的指导意义。

但是，该理论在我国目前还处于引入和本土化的阶段，我们必须既吸收借鉴西方区域治理理论的概念和分析方法，又要立足于我国区域发展实际进行深厚的实证研究，推动区域治理理论的本土化，以更好地指导我国的区域治理实践。图 2-1 所示为跨域治理的理论渊源与现实需求。

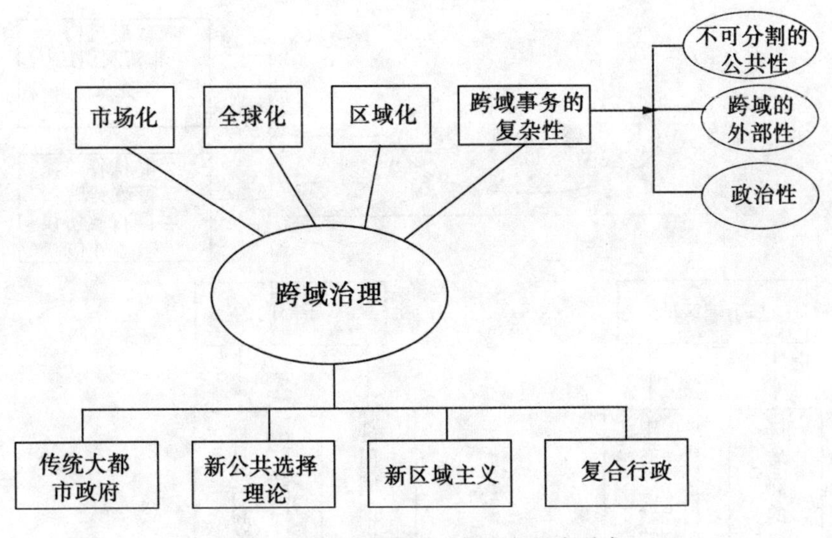

图 2-1 跨域治理的理论渊源与现实需求

第三节 跨域治理的概念与特征

一、跨域治理的内涵

随着区域性公共问题和公共议题的日益增多，怎么解决区域问题、改善治理绩效，成为各国或地区公共治理的当务之急。20 世纪 80 年代兴起的新公共管理运动,将企业家精神引入政府,但是单纯的企业家精神与民营化思维并不能够从根本上解决政府失灵,如何有效地回应企业、非政府组织和民众需求,解决区域发展中出现的种种问题,成为公共管理发展的一个方向。跨域治理是对这个问题的一个回应。

政府管理中的跨域事务(across-boundary affair) 指同时涉及两个或两个以上管理单元,需要这些管理单元协同治理事务。政府跨域治理就是跨域事务的利益相关者,为了实现公共目标和公共价值所展开的调控和管理活动。[①] 因此,因为"跨"的不同,跨域治理的概念有广义和狭义之分。广义上,跨域治理包括在地理上跨行政区域,在组织上跨不同性质的组织如政府、市场和非营利组织,在政府内部跨部门三种跨域治理的表现形式。而狭义的跨域形式具体指的就是跨行政区域的区域治理模式。在本研究中,使用的是狭义概念(如图 2-2 所示)。

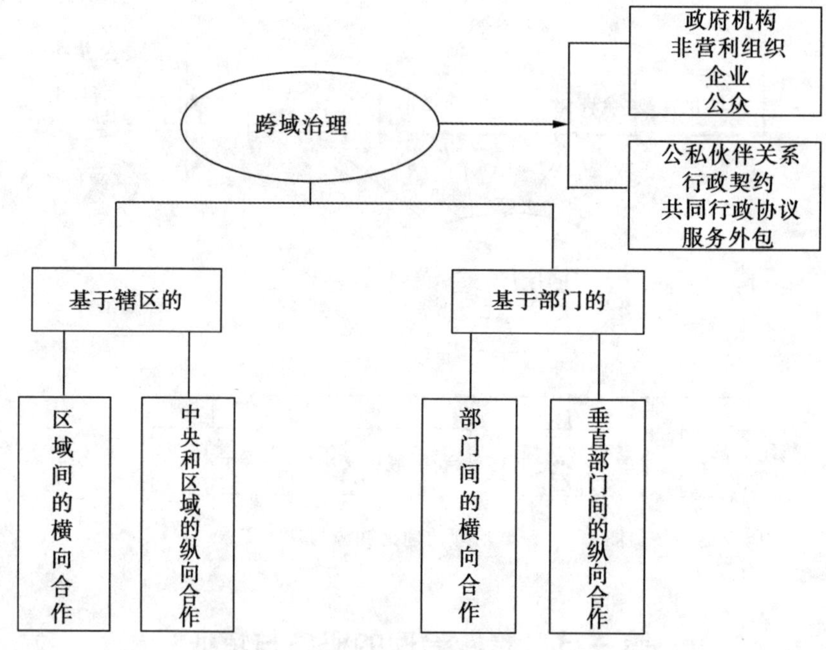

图 2-2　跨域治理的实现机制

① 参见曹堂哲:《政府跨域治理的缘起、系统属性和协同评价》,载《经济社会体制比较》2013年第5期。

二、跨域治理的特征

跨域治理在治理理念之上,强调跨域性,"跨域"有多种表现形式:上下级政府之间、同级政府之间、政府和社会之间、政府和市场之间、不同的政策领域之间等。作为一种新的治理模式,跨域治理主要具有以下三个特征:

第一,跨域治理的主体具有多元性。跨域治理区别于其他传统治理模式的一个基本特征就是治理主体的多元化,包括政府、市场、社会组织、非政府组织等。传统的治理模式是以政府为中心,以行政区划为界限,本质体现的是控制与统治的思维,政府是绝对的权力中心;跨域治理的主体是多元化的,不仅包括政府,而且还包括市场、非营利组织和其他社会组织等,体现了分权的思维,实现了公共权力在多主体之间的共享。市场的高效率有利于公共事务的解决;非营利组织和其他社会组织的非营利性、独立性,使其在处理公共事务中起着十分重要的作用。因此,面对跨域的公共问题和公共事务,政府、市场、非营利组织及社会组织都是治理的主体,在治理的过程中,政府往往发挥主导作用,但是并不排斥其他的主体,并在一定程度上引导它们的发展。

第二,跨域治理的对象——公共议题、公共事务具有跨域性。跨域治理的对象是跨域的公共问题,这里的域既可以理解为特定的地理空间,也可以理解为组织界限和不同的行动者。作为公共管理中的重要主体,政府的组织结构是按照科层制的组织方式进行建构的,其重要特征就是遵循分工和专业化的原则,政府内部形成不同层级和不同职能部门。但是政府作为一个整体,面对共同的问题和挑战又有着层级间、部门间相互协调的要求。以行政区划为基础的地方政府、以职能界定为基础的政府部门,都存在着边界问题,超越了边界,职责的交叉就在所难免,"跨域问题"随之产生。

第三,跨域治理的结构呈现网络化。跨域治理是一种网络化治理。跨域问题的出现,标志着当今区域公共管理问题更处于一种复杂的、动态的、分化的环境中,原有的科层制协调方式已经受到了很大的局限,需要在一个新的视角下去建构行动网络,以实现共同的利益和发展目标。网络化治理理论是在治理理论基础上发展出来的,关注网络中行动者之间关系的一种理论。美国学者斯蒂芬·戈德史密斯和威廉·埃格斯在《网络化治理:公共部门的新形态》一书中认为,等级化政府管理的官僚制时代正面临着终结,取而代之的就是一种完全不同模式的网络化治理,他们强调"政府的工作更多地依赖各种伙伴关系、协议和同盟所组成的网络来从事并完成公共事业"[①]。网络的特征使得网络化治理形成了互益、共赢、信任、伙伴的合作机制,成为协调各个行动者的行动框架,既意味着政府内部的良好协作,同时也意味着政府对公私合作网络的强大管理能力。网络化治理强调制度化、经常化和有效的"跨界"合作以增进公共价值,合作的"跨界性"成为网络化治理的核心特征之一。

第四节　跨域治理的内容与实现机制

一、跨域治理合作框架

美国学者罗伯特·阿格拉诺夫和迈克尔·麦圭尔在《协作式公共管理:地方政府新策略》一书中对跨域治理的协作内容进行了详细的说明。他们把城市之间的协作性管理活动总结为五大类:寻求信息、寻求调整方案、政策制定、资源互补和基于具体项目的合作。其中寻求信息、寻求调整方案主要是纵向协调,而政策制定、交换资源和基于项目的合作主要是横向协调。下面详细解释这五项协作内容[②]:

寻求信息。作为一种纵向协作性活动,寻求信息至关重要,因为在其他资源——财政、专业技能、法定权威、人事——被多个参与者掌控的前提下,信息是一项重要的政策制定资源。寻求信息主要包括寻求一般项目信息、为项目和工程寻求新的资金、寻求标准和规则的解释、寻求一般项目指导、寻求技术援助等内容。

寻求调整方案。城市纵向协作性活动的第二种类型包括通过要求获得一些不明显违背标准、规定或者方针,但是却与上级管理者和地方管理者工作目标相一致的地方不对称的待遇或者项目调整,从而寻找执行中的行动自由。寻求调整方案的活动包括放松管制、灵活管制或解除管制、法律救济及灵活性、政策改变、项目资助的变革、介入典范项目、基于绩效的自由决定权等内容。

政策制定。一项重要而且非常普遍的地区活动包括许多城市进行共同

① [美]斯蒂芬·戈德史密斯、威廉·D·埃格斯:《网络化治理:公共部门的新形态》,孙迎春译,北京大学出版社2008年版,第26页。

② 参见[美]罗伯特·阿格拉诺夫、迈克尔·麦圭尔:《协作性公共管理:地方政府新战略》,李玲玲、鄞益奋译,北京大学出版社2007年版,第62~79页。

决策以增强全体利益。协作与互惠互利的种种行动。政策制定的协作包括获得政策制定援助、参与正式的协作企业、参与联合政策制定、巩固政策结果等。

资源交换。交换资源是城市管理活动中的一个重要组成部分，需要资源的参与者必须与那些希望贡献资源的参与者协作。其主要包括寻求金融资源、使用联合金融激励、签订规划与执行合约等。

基于项目的合作。当为了完成一项特殊项目或者为了达成特定的目标时，城市管理者就变为项目的合伙人。这种合作主要表现为，为了特定项目建立协作关系和寻求技术援助。

基于此，我们对跨域治理视野中的纵向和横向活动进行了分类(见表 2-1)：

表 2-1　　跨域治理视野中的合作

分类标准	基于辖区 (Jurisdictions)	基于部门 (Sectors/Organizations)
横向 (Horizontal)	A:辖区间横向协作 例如:珠三角一体化、泛珠三角、长三角、京津冀、川渝经济一体化，东北三省立法协作，长江湿地保护网络(区域共同应对气候变化)	B:部门间横向协作 政府职能部门间协作，如金融/食品安全监管/应对气候变化中的部门间协作；政府与非政府组织间协作；政府与私人部门间(公私伙伴关系)协作
纵向 (Vertical)	D:辖区间纵向协作 中央与地方:中央政策的执行依赖地方协作	C:部门间纵向协作 垂直管理部门:中央职能部门与地方职能部门

横向的基于辖区的管理由各个区域的政府机构组成，虽然政府之间具有不同的运行目标和政策策略，但是有时为了解决一些跨区域的问题，需要政府间共同合作，例如面临跨区域的环境问题，需要辖区政府之间的横向对话；在纵向的基于辖区的管理中，将分析的焦点扩展至中央政府和区域政府间关系上，特别是单一制国家，中央政府的政令执行必须依赖地方政府的服从与合作。地方政府作为行为主体，和中央政府间构建良好的协作关系，往往影响到其获得资助金和项目建设权的结果，进而影响到整个区域的发展；基于部门的横向协作的主体更为广泛，包括政府职能部门、非营利组织和私

人企业,此种合作强调部门间的平等对话,任何参与者都不拥有决定其他主体战略的权力,通过平等协商和对话,最终形成“相互得益的解决方法”,但是,地方政府对于协作得出的解决方案负有直接责任;基于部门的纵向合作,是在中央职能部门和地方职能部门之间展开的沟通和对话,他们之间不仅仅聚焦于权力的命令-服从之上,而且通过良好的协作机制,共同商讨区域内公共事务的管理问题,提高区域内公共服务的质量和水平。

二、跨域治理的模式选择

在国外区域治理的实践过程中,多个国家结合自身实际,在区域治理过程中探索并形成了多种具有代表性的跨域治理模式。[①] 具体说来,主要以英国的区域治理、美国的都会区治理以及日本的广域行政为代表(见表 2-2)。

表 2-2　不同跨域治理模式特点比较

	英国区域治理	美国都会区治理	日本广域行政
形成背景	英国网络之建立和发展,以及伙伴关系模式之形成,为其区域事务处理之关键	美国为联邦主义国家,对于跨区域事务,在美国以都会区为主体	日本到了平成时代(1989 年),地方分权的提倡更为积极,“广域行政”遂成为地方分权的具体手段
法令依据	地方政府法(Local Government Act)	联邦与各州相关法规,并无一部统一适用的法规	地方自治法 地方分权推进法
治理模式	伙伴关系模式	区域整并模式 多重地方治理模式	广域行政
具体策略	地方策略性伙伴 地方公共服务协议 地方协定	单一行政区 都会区联邦体制 调整都市机能运作方式 都会区协商机制	市町合并 协议组织 广域联合

(资料来源:吴济华、林皆兴主编《跨域治理暨县市合并课题与策略》,(台北)巨流图书股份有限公司 2012 年版,第 25 页)

---

① 参见吴济华、林皆兴主编:《跨域治理暨县市合并课题与策略》,(台北)巨流图书股份有限公司 2012 年版,第 25 页。

三、跨域治理的实现机制

根据构建的跨域治理的合作框架，我们认为跨域的正常和有效运行还需要一套系统的机制予以保障，“一个有效、高效的跨域治理包括治理意向的快速达成、治理过程的顺利展开、治理结果的科学评价以及治理行为的永续性经营”[①]。

（一）利益表达机制

利益表达机制体现了跨域治理中市场化的表现形式，基于资源依赖和互利本性的逐利，非常有效地促进了合作机制的开展。现有的城市群地方战略大多以城市群区域整体利益为出发点，很少从国家发展的角度去看待自身的发展，没有将城市群区域公共物品供给、城市群地方政府间的合作从国家战略的角度去考虑。如果不能将区域利益与国家利益很好地统一，就很少能够获得中央层面的政策支持。因此，地方政府在利益表达途径上应进一步拓宽，谋求将地方战略上升为国家战略，建立自下而上的利益表达机制，形成制度性的保障。

（二）区域协商机制

跨域治理的过程是充分表达、不断协商的过程。协商机制的建立，应充分注意以下几点：一是各参与主体是以平等身份参与协商的，在公共事务、公共问题协商过程中具有平等的地位和代表性，特别是主体之间，合作如何开展，合作过程中需要哪些具体的政策和计划，各主体都享有同等的发言权；二是协商谈判应在公平、透明、自愿的环境下进行，确保平等自由，各方都享有自愿退出的权利；三是涉及区域发展重大的问题，鼓励市场、非营利组织和其他社会组织的积极参与，应特别重视利益相关者的意见表达，确保协商的广泛性、公平性。总之，只有在公开、透明、公正的情况下协商，才能保证各治理主体对协商结果的认同和执行。

（三）多主体互助机制

随着信息技术的快速发展，区域之间的联系更加紧密，区域内地理位置

---

① 张成福、李昊城、边晓慧：《跨域治理：模式、机制与困境》，载《中国行政管理》2012 年第 3 期。

的连接性使得区域之间的合作具有天然的优势,这使得区域之间的合作成为可能;区域内各地方政府面临诸如公共安全、危机管理等突发性公共事务,区域差异小而对治理要求比较高,区别于一般的公共事务,这就使得区域之间各主体可以建立互助合作机制,包括横向政府间的协商规则、执行制度等等,努力发展跨区域企业合作,厘清区域基础设施建设外包过程中的竞标、合同制定、财政分担、监督管理等方面各地方政府之间、政府与企业之间的关系;加大非营利组织的发展力度,完善其财力来源、组织机构建设,在区域合作供给区域公共物品的效果、效率方面引入非营利组织进入监管评估体系,有利于公正原则的体现。

(四)冲突解决机制

跨域治理是多主体的合作治理,在公共事务的解决过程中不可避免地会存在冲突、矛盾,当产生冲突时,可以由区域协调工作委员会向冲突调解部门提出,由冲突调解部门发起由地方政府相关负责人员参加的磋商会议;如果磋商会议不能解决实质性的利益问题或者分歧过大磋商不能解决时,冲突调解部门还可以采用谈判机制,同时强化和完善行政契约制度,使各地方在为区域整体发展作出让步的同时,其利益在一定程度上也能够得到保证或者在其他方面形成利益补偿,实现"双赢"乃至"多赢"。在谈判基础上找出问题的解决方法,或者通过磋商和谈判形成的行政契约,有利于保证各个城市在执行时的高动力,对各方的约束力也较强。

综上研究,跨域问题的出现是由于市场化分权、行政化分权而带来的,它所具有的不可分割性、跨域的外部性、政治性等特点,导致了必须寻求跨域的合作机制。跨域理论的理论基础有着各种参照,舶来品如基于对大都市区政府理论和多中心政府理论扬弃而形成的新区域主义理论,基于对我国行政区经济反思而形成的复合行政的本土化理论。在这些理论的参照下,跨域治理对城市治理的问题进行了回答,构建起多主体、多层次的合作机制,这也是我们研究的思考逻辑(见图 2-3)。

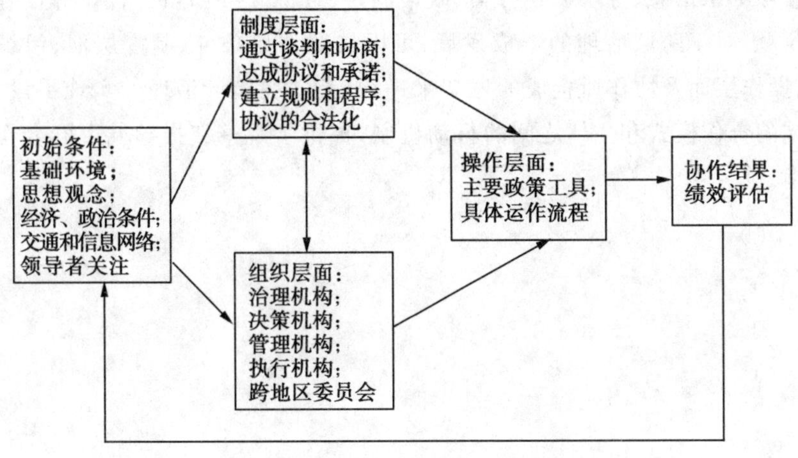

图 2-3　跨域治理的合作机制

第五节　小　结

跨域问题的实质是区域公共物品的供给问题，这不是个新问题，自从出现组织专业分工和空间地理分割就存在，但是在近年城市群发展的背景下日益凸显。城市群的崛起和跨域问题的出现，使得地方政府在治理能力方面面临着更为严峻的挑战。以治理理论为基石的跨域治理理论的提出与发展是对于上述合作困境的有力回应。本章力图解决跨域治理的理论渊源及构建问题，通过梳理国内外学者关于区域治理理论的演变，更好地去理解和把握跨域治理理论的内涵，并进而提出跨域治理的合作模式与治理工具，作为后续研究的理论框架。

如今治理理论已经成为时代强音，但是跨域治理的问题解决思路的出现也并非偶然。国外学者一直有的大都市区政府和多中心主义的争论，在新区域主义理论上实现了二者的结合；国内学者不约而同地探索区域内刚性行政区划与经济要素的自由流动之间的矛盾，复合行政、区域公共管理、区域治理都是对此问题的回答。这些理论的探索从不同的角度奠定了跨域治理的理论基础。跨域治理具有丰富的内涵，在空间层面上表现为跨地域，在组织性质上表现为超越公私分野，在机构设置上变现为跨部门。这些观点对于构建城市群内区域公共物品的供给机构具有很好的使用性。

跨域治理不仅是理念，还是具体的行动指南。在跨域议题设置方面，可以按照寻求信息、寻求调整方案、政策制定、资源互补和项目合作等设置合作议题;对于跨域治理的形成发展,可以按照初始条件、制度层面、组织层面、操作层面及协作所构成的框架来进行考量;在跨域治理的实现手段上,不同的合作模式和主体之间的行动机制,提供了观察和指导城市群合作的指南。

第三章　山东省城镇化进程与半岛城市群规划

作为区域内的各类城市聚合体，城市群发展更强调各城市之间的密切联系和互动，以获得整体发展优势。但在共同发展的进程中，区域基础设施建设、环保问题、流域问题等区域公共问题不断呈现，客观上要求各城市之间建立协调的问题解决机制。山东半岛城市群作为国内城市群成形较早的区域，分析其形成发展的动力机制，剖析其发展中面临的区域公共问题，可以具体而微地认知城市群发展中的区域公共物品供给问题。本部分从山东半岛城市群的客观发展和政策规划两个层面对半岛城市群进行分析。

第一节　城市群发展中的跨域问题

城市群发展要求从整体上对区域内资源进行统一调配，就必然涉及区域各城市之间的协调合作问题。在我国行政体制内，城市都是有着既定行政领域的独立的行政单位，因此城市间的合作问题首先就表现为城市行政的跨域问题。跨域的范围和内涵比较丰富，但在城市群发展中最主要就是在空间层面上超越既定的行政边界。自然空间的不可分割与行政边界的划分构成了城市群发展中的对立，跨域问题成为城市群发展的必然结果。

一、城市化高级阶段城市群的特征

城市是社会生产力和科技发展到一定水平、社会劳动地域分工达到一定程度的产物。然而，城市具有明显的开放性，一座城市并不是孤立、封闭的体系，它与临近的区域和城市具有密切的联系，共同构成一个更大范围的有机体。随着社会经济的发展,区域之间的生产专业化与协作化特征越来越明显,要求加强各城市之间密切合作、增加交流。于是,在城市化发达的区域,在核心城市的带动下,出现了城市区域化密集联系的趋势,表现为核心城市带动周边地区共同发展,并由这些城市共同构成一个城市群。

对于城市群的界定有不同的角度,有的从经济区划,有的从行政区划,有的根据联系密度,等等。作为认知的基础,本研究认可学者姚士谋等人的观点,他认为所谓城市群①是在特定的区域范围内云集相当数量的不同性质、类型和等级规模的城市,以一个或两个超大或特大城市为中心,依托一定的自然环境和交通条件,城市之间的内在联系不断加强,共同构成一个相对完整的城市集合体。② 作为城市化发展到一定程度出现的城市集合体,城市群是人类社会居住形式进入高级阶段的表现,将集聚与分散的居住生活方式相结合,是城市化发展的更高阶段。城市群是区域经济发展的实体,是一个由区域空间、自然要素和生活经济等组成的有机体,在区域层次和空间结构上都具有网络性的特征。

城市群是城市化发展到一定阶段的产物,是城市化的一种高级表现形式。由于城市群区域空间的紧凑性和经济活动上的高度密集性,往往容易使之成为一个国家或区域发展的核心地区和经济增长极,是最具活力和竞争力的地区。城市群的综合实力是国家竞争力的重要表现。因此,城市群发展日益受到国内外的重视。

现代城市群及其区域发展是城市化水平不断提高的表现,具体表现为以下特征:城市群内部具有密切的经济联系、生产协作关系和科技文化联系;城市群之间具有跨市域的、共同的区域性基础设施,交通通信联系方便;有共同开发、合理利用自然资源的要求与发展共同经济贸易市场;有比较密集的人员、物资流动联系和信息传输与通信往来;注重专业化生产和劳动地域分工,城市群内各个城市具有不同且互补的特色。这种网络化特征是城市群的典型表现,也给城市群的发展带来新的挑战。

---

①　对于城市群的界定,在国内学术界的研究中,还有都市圈、都市连绵区等词,彼此并没有严格意义的差别。如法国注明城市学家戈特曼提出了“megalopolis”来表示“巨大的城邦”,但国内译名一直有“巨大城市”“城市连绵带”“城市带”等,并没有统一的提法.

②　参见姚士谋、陈振光、朱英明:《中国城市群》,中国科技大学出版社 2006 年版,第 5 页。

二、城市群发展中的区域问题

人们对于城市群的认知更多是从空间层面开始的。与西方城市化过程中由首位城市外溢扩散形成城市群的机制不同，我国的城市群更多是由诸多城市联结而成的。如有人根据不同级别的城市中心把我国城市群分为三类：

国家级城市群，是指由大都市中心支配，具有梯级状规模等级特征，如京津冀城市群、长三角城市群等；地区级城市群，通常被一个单一大都市核心组织成统一体，如山东半岛城市群、中原城市群、武汉城市群等；地方级城市群，代表城市居民的生活空间，并随着地方中心的影响及其对临近区域的延伸而发展。[①] 尽管城市群是分等级的，但是他们共同的特征就是彼此之间复杂的连结方式，尽管是在不同的行政层次上，由此所带来的问题也具有相似性。

城市间的密切联系给城市的发展带来了机遇和挑战，所有城市都试图打造自身的竞争优势，从而在发展中获利；然而城市间的过度竞争常常损害了区域的整体利益。城市区域发展中的很多矛盾和问题是由于各个城市(尤其是城市政府)追求自己利益的理性而产生的，区域利益和城市利益发生了冲突，个体理性与集体理性产生了矛盾，追求单个城市的利益并不必然导致区域利益的提升。[②] 这些问题的产生，实质上就是城市群发展所带来的问题不再局限于单一的城市内部，而是超越城市的边界，所面临的问题更多的是跨越行政区划边界的跨域问题。

问题产生的根本原因在于，在全球化背景下的城市群中，城市发展的外部环境快速变迁，地方政府不再像过去那样，面临单一的行政问题，而是不断需要解决跨区域、跨行政层级的复杂的行政区域事务。而在传统的行政学范式中，政府的行政管理行为与公共政策行动是以针对单一性问题而展开的权责关系为前提的，因此在面对与回应这些城市化时代多元化的公共议题时往往力不从心。城市群中的跨域问题必须寻求新的思路，问题的复杂性、政府能力的有限性、政策诉求的回应性，都要求从问题本质和理论根源上审视这些新出现的问题。因此，审视在城市群、大都市区的发展趋势下

---

① 参见姚士谋、陈振光、朱英明：《中国城市群》，中国科技大学出版社 2006 年版，第 5 页。

② 参见陈安国：《城市区域合作》，商务印书馆 2010 年版，第 4 页。

所产生的合作问题,就具有了现实意义和实践价值。同时,20世纪末区域公共管理、跨域治理等理念在我国逐渐兴起,并在一些地区的实践中取得了初步成效,迎合了区域合作的需求。

城市群发展中的跨域问题凸显了城市群合作的必要性。相比于传统的公共问题,需要通过区域合作才能够解决的跨域问题则表现得更加复杂,更加具有"吊诡性",它涵盖了组织单位中的跨部门、地理空间上的跨区域,而且进一步超越了公私分野的伙伴关系,以及横跨各政策领域的专业合作。因此,必须更加深入地把握其基本特征,才能寻求到以同心协力和互助合作方式的跨领域、跨区域以及跨部门的治理模式。一般来说,城市群中的跨域问题的复杂性体现在以下几个方面:

第一,区域基础设施的不可分割性。城市群的基础就是依托交通网络组成的统一体。由于这些基础设施的范围往往超越了单一城市,在任何单一部门、组织或政府层级的管辖权之外,具有整体公共性,因此,问题的解决方法即是跨域治理,且无法单凭某一政府部门或公私组织之力所能完成。

第二,区域产业结构的整体性。城市群发展首先是由经济要素集聚而产生的,这是产业发展所带来的结果。但是产业布局与经济要素配置是按照市场的逻辑展开的,不应受到行政区划边界的限制。这也是以往"行政区经济"导致的市场割裂的主要原因所在。

第三,区域问题跨越疆界的外部性。当某一类组织或政府机构所采取的政策或行动来解决此类问题,其所产生的后果却可能是由其他的地方及人民来承担。正如跨域河流治理中所出现的"上游地区的下水道,下游地区的自来水"的现象,以邻为壑的问题在区域合作中日益凸显。

第四,区域问题解决的政治性。从公共问题的解决机制来看,宏观上的问题的解决机制有权威机制、市场机制和社会机制,但是具体到如区域公共物品方面,由于跨域事务本身的公共性具有不可分割的特质,因此无论是共同利益的追求,或是避免共同性灾难,都需要具备某种政治性的安排。

第二节 山东省的城镇体系与城镇化进程

自胶济铁路建成以来,山东半岛东西就成为密切连接的整体。随着山东经济的强劲发展和高速公路网的快速形成,山东半岛成为我国城市化水平高、发展速度快的典型地区之一,半岛城市群也就成为我国近年来城市群成长的后起之秀。观察山东半岛城市群的发展道路，可以具体而微地理解在城市群发展中区域问题的呈现和治理过程。

一、山东城镇体系的动态演进

改革开放以来，山东省尤其是半岛地区，经济有了显著发展，城市化水平有了明显提高，成为山东省的发达地区，被誉为环渤海经济圈的“小明珠”。到目前为止，城市群的雏形已经基本出现，成为省域内双核心城市群的典型代表。[①] 在山东区域内形成的半岛城市群城镇体系，是对历史形成的城镇体系的继承和发展。沿着历史发展的脉络，纵向梳理山东城市化的进程，将有助于了解和掌握山东半岛城市群的形成背景。

山东是全国城市起源较早的地区之一。早在城市出现的龙山文化时期，山东大地上就出现了章丘城子崖、寿光边线王、邹平丁公、临淄田旺四座龙山文化时期的古城城址。在海岱地区还有日照两城镇、尧王城、五莲丹土等文化遗址。春秋时期，临淄、琅琊、即墨、城阳等都成为主要的城镇，城镇体系雏形已具。

随着中国经济政治中心的东移，山东地区的城镇日益发达。到明代置山东布政司，治所在济南，自此济南成为山东省会至今，并形成了较为完整的省级城市—府级城市—州县城市的传统行政性城市体系，共有城市 37 个。至清代，山东境内主要的城市地位都已经突出，如济南府、武定府、登州府、莱州府、青州府、沂州府、泰安府等。历史上，水路交通路线是影响山东地区城镇体系分布与调整的至关重要的因素，“西则自运道而来，东则由海而下”，东西之间则靠陆路连接，重要的工商业城镇就分布在道路沿线。

近代时期，由于黄河改道和烟台、青岛等城市开埠的影响，尤其是胶济铁路和津浦铁路的兴建，山东的经济地理格局大为改变，经济核心区由鲁西转到了鲁东半岛地区。原先依靠漕运的运河沿线城镇逐渐衰落，而受益于海轮运输和铁路运输的城市则迅速发展，这给沿海和沿铁路的城镇极大的发展机遇。1904 年，济南、周村、潍县三处陆路口岸开埠，是中国政府第一次自主开放的铁路枢纽地区和内陆经济中心城市。此外，1929 年青岛设立特别市，一年后改为青岛市，威海设威海卫行政区，烟台则在 1946 年设市。

---

① 山东半岛城市群范围包括济南、青岛、淄博、潍坊、东营、烟台、威海、日照辖区及邹平县，规划区土地面积约 7.4 万平方千米，共有 8 个地级市和计划单列市、22 个县级市、600 个建制镇。

这一时期山东地区的城镇化历程由此发端,为今天山东地区城市群发展提供了最直接的框架。

到1949年6月山东全境解放时,共有15个市,其中11个集中在胶济沿线及胶东半岛地区,包括3个省直辖市:济南、青岛、潍坊;1个行署辖市:烟台;7个县级市:张店、周村、博山(三市属于淄博工矿特区)、威海、石岛、龙口、羊角沟。中华人民共和国成立后,随着经济建设的恢复,山东的城市发展也进入起步阶段。

随着经济社会发展,山东省城市化经历了曲折的发展历程。1949～1978年,和我国城市化总体发展历程相一致,山东省城市化经历了起步阶段(1949～1957年)、大起大落阶段(1958～1965年)和发展停滞阶段(1966～1978年)。经过30年的发展,全省城市化水平由1949年的5.7%左右提升到1978年的8.8%,山东城市化速度都较缓慢,且发展历程曲折。

山东省城市化发展是我国城市化发展的一个缩影。我国的城市化水平不仅与工业化水平相关,而且还受到人口政策及其统计口径的影响。1958～1961年,由于大跃进的原因,城市化水平迅速提高。而1961～1965年,由于国家对国民经济进行调整巩固,严格控制户籍和人口流动,导致城市化水平下降,形成一种人为的“逆城市化”现象。在此后的十余年里,我国城市化停滞不前。值得一提的是,1950～1995年的45年间,中国新设置的特大城市只有1个,这就是山东的淄博,它是在1954年由博山、张店和周村合并而成的。[①] 但总体来看,山东城市化水平不高,与其经济发展水平不相适应。

二、山东省城镇化的发展历程

改革开放也是我国城镇化转型的标志。1978年到2000年,改革开放使我国城市化和城市发展进入了一个崭新的历史时期。这个时期是中国历史上城市化与城市发展最快、规模最大的阶段,山东城市化速度伴随着改革开放而飞速发展。

1978～1990年为城镇化恢复发展阶段。改革带来的活力促进了经济的迅猛发展,促进了城镇建设和农村劳动力转移,使城镇人口和城镇数量迅速增多。

---

① 参见王放:《论中国可持续的城市化道路——兼论现行城市发展方针的局限性》,载《人口研究》1999年第5期。

从城市化增速来看，到1990年，山东城市化水平为27.3%；2000年，山东城市化水平已达到38.2%[①]，比全国平均水平高1.9个百分点，城市人口总数居全国前列。济南、青岛、淄博三市非农人口均超过100万，仅此三市就容纳了全省32.6%的非农业人口。10年间，共有1140万农村人口转化为城市人口。

从城市数量看，此时山东各类城市数量发展较快。1981～1999年，特大城市增加到3个(济南、青岛、淄博)，大城市由3个增加到5个(烟台、潍坊、枣庄、泰安、临沂)，中等城市由2个增加到19个，小城市由4个增加到21个，设市城市达48个，仅次于广东，居全国第二位。这一时期山东省特大城市、大城市共有8个，其中包含在半岛城市群内的城市有5个。

从城市等级来看，1990～2000年，山东地级市数目由11个发展到17个，增幅54%；县级市由23增长到31个，增长了34.7%。2000年底山东大中小城市之比为6∶13∶81，大城市综合实力明显增强。2000年，山东大城市实现GDP为1812.9亿元，比1990年年均增长21%，高于同期全省18%的年增长率。2000年，山东大城市以占全省4.1%的国土面积和8.6%的人口，创造了21%的GDP、11%的工业增加值和20%的利税，完成了26.6%的固定资产投资额，容纳了21.7%的就业人口。[②] 这说明，大城市仍然是城市化进程的主要力量，其规模效益及辐射作用明显优于小城市和县镇。

到世纪之交，山东省有设市城市48个，建制镇1216个。全省以济南和青岛为中心、以地级城市为骨干，大中小配套、布局基本合理、功能相对完善的城镇体系初步形成。形成了以济南、青岛为中心，以沿胶济铁路和京沪铁路山东段两条城市带为骨干，大中小城市和小城镇相配套的城镇体系架构。[③] 已经初步奠定了城市群的物质基础。

2000年，山东省委、省政府将城市化确立为山东省四大发展战略之一，提出“合理发展大城市，重点发展中小城市，积极发展小城镇”的思路。从此山东城市化建设进入了新的快速发展期，全省城市化水平逐年提高，且速度

① 参见山东省建设厅等：《山东省城镇化发展报告(2006)》，黄河出版社2007年版，第4页。

② 参见张祖群、刘晓：《基于省内和省向比较的城市化发展道路研究——以山东省为例》，载《德州学院学报(自然科学版)》2003年第4期。

③ 参见王巍、陈岩松：《关于加快山东城市化发展的探讨》，载《工会论坛(山东省工会管理干部学院学报)》2001年第5期。

不断加快。《山东省国民经济和社会发展统计公报》资料显示:山东省2000年人口普查时城镇人口达3419万,占总人口比重的38.15%;2005年全省人口城镇化率达到45.0%,2009年城镇化率达到48.3%,城市化水平得到迅速提升。[①]

到2011年,山东省城镇人口达到4910.19万,首次超过农村人口,人口城镇化率达到50.95%,标志着山东省进入以初级城市型社会为主的城市时代。[②] 同时,国家战略也开始强调新型城镇化战略,城镇化发展进入"提质扩容"的新时期。

第三节 半岛城市群的内在发展因素

在全球化背景下,以大城市为核心的城市群已经成为新的城市区域发展模式和空间组合模式。我国城市群是国家参与全球竞争的地域单元,是区域发展最具活力和潜力的核心增长点。培育和发展城市群既是我国加快推进城镇化进程的主体空间形态,也是我国各大区域和城市之间实现区域协调发展的重要途径。城市群形成发育是各种因素综合推动的结果。在山东半岛城市群的形成过程中,我们可以首先分析其所涉及的区位、产业、政策、交通等诸多因素。

一、半岛城市群成长要素的空间集聚

城市群的发育既是经济、人口、建筑在空间层面上集聚的表现,也是政府公共政策推动的结果。山东半岛城市群是山东省城镇体系演变和城市化发展的高级阶段。顾朝林等学者早在20世纪90年代就提出了胶济沿线城市密集区的概念,到21世纪有学者在研究城市群发育程度时,认为中国的一级城市群为长三角城市群、珠三角城市群和京津冀城市群3个,而山东半岛城市群在二级城市群中排名第三(次于海峡西岸城市群和辽东半岛城市群),山东半岛城市群处在发育成熟阶段,是未来城市群结构体系中的重点

---

① 参见山东省统计局:《2005年山东省国民经济和社会发展统计公报》,载《2010年山东省国民经济和社会发展统计公报》。

② 参见山东省住房和城乡建设厅:《山东省城镇化发展报告(2012)》,黄河出版社2012年版,前言。

培育对象。[①] 城市群发育程度是经济发展、交通运输、行业区位等各种要素的综合，半岛城市群的发育程度取决于这些要素在山东半岛城市群空间范围的集聚状况。

从政府推动的角度看，山东省自 2003 年就开始谋划山东半岛城市群的整体发展规划，委托北京大学编制了《山东半岛城市群总体规划》，成为一时发展的重点。2007 年，山东省政府正式批准建设半岛城市群，明确了城市群的地理范围，包括济南、青岛、淄博、潍坊、东营、烟台、威海、滨州、日照辖区及邹平县。下面在山东省城镇化的背景下分析半岛城市群内城市的发展。

山东省城市发展的主题就表现在山东半岛城市群的发展中。自 1978 年改革开放以来，山东半岛城市群内的城市进入快速发展时期，城市无论在规模还是在人口、结构、功能等方面都发生了巨大的变化，城市数量尤其是小城镇的数量增长迅速。其中，民政部 1984 年调整了设镇标准、1986 年调整了设市标准是主要影响因素。这些标准放宽了城市人口的统计资格，有助于城市化水平的提升。

就半岛城市群来看，迅速增长的城市人口奠定了发展基础。1982 年的城市人口为 370.5 万，1990 年城市总人口达到 732.4 万，2000 年城市人口达到 1475.6 万，以 10 年翻番的速度迅速增加。在这一发展进程中，在 20 世纪 80 年代，小城市的发展成为半岛城市化的特色，城市人口迅速增加到 197.9 万，是 1982 年的 37 倍多。在 20 世纪 90 年代，大城市、中等城市发展迅速成为这一时期的特点，烟台、潍坊在 1998 年成为大城市，中等城市在 1998 年人口达到 204.45 万，是 1990 年的 2.3 倍。城市群 32 个县城中有 22 个发展成为中等城市或者是小城市，占 69%。

就城市规模来看，在地级市层面，1982 年东营设市，1983 年潍坊、烟台改为地级市，1987 年威海设市，1989 年日照设市。在县级市层面，自 1983 年起，通过撤县设市等方式，山东新设县级市 29 个，其中青岛、烟台、威海就有 15 个。1996 年，威海市成为全国第一个无县乡市；到 2000 年，青岛、烟台、威海除了作为海岛县的长岛外，全部无县乡。随着行政区划的调整，山东半岛地区的城市化水平迅速提高，城市体系更加完善，城市结构更加合理，山东半岛城市群的城市体系逐步完善。到 2006 年，山东省共有特大城

---

① 参见方创琳等:《中国城市群可持续发展理论与实践》，科学出版社 2010 年版，第 43 页。

市5个,大城市10个,中等城市23个,小城市10个,城市总数为48个。其中半岛城市群30个,超过山东省总数的60%。参见表3-1。

表3-1 1980～2001年山东省城市规模

年份	特大城市	大城市	中等城市	小城市	总计
1980	2	1	2	2	7
1990	3	0	3	14	20
2000	5	1	8	16	30
2006	5	10	23	10	48
半岛城市群(2009)	5	2	19	4	30

[资料来源:李玉江:《城市群形成动力机制及综合竞争力提升研究》,科学出版社2009年版,第36页,本处有补充。2009年数据引自陈延斌、程钰:《山东半岛城市群城市规模分布演变特征》,载《青岛科技大学学报(社会科学版)》2012年第1期,第20～28页]

就经济总量来看,到2007年,山东半岛城市群GDP总量为14484.52万元,约占山东省总量的2/3。主要经济指标如图3-1所示:

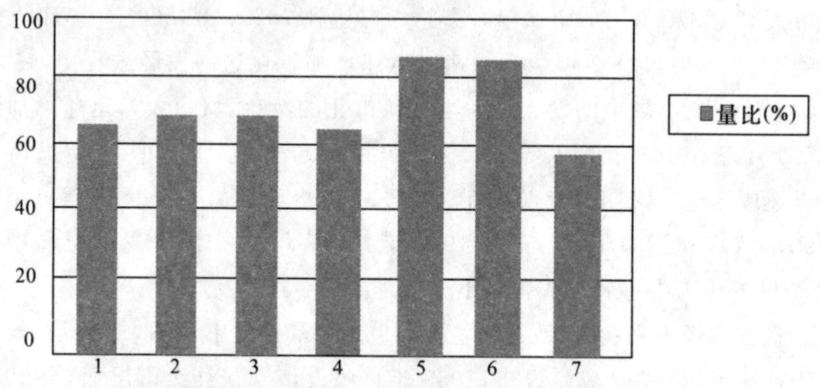

注:1.工业增加值 2.工业主营业务收入 3.工业利税
4.规模以上固定资产投资 5.进出口总额 6.出口总额 7.地方财政收入

图3-1 2007年山东半岛城市群经济指标占全省总量比重

(数据来源:山东省统计月报,2007年12月)

到2008年,山东半岛城市群凭借区位优势和开放政策,经济总量不断增加,工业化和城市化水平迅猛提高。2008年,山东半岛城市群的国内生产总值达到20302亿元,占山东省的65.34%;规模以上工业增加值16718

亿元，占山东省的65.5%；出口总额800.21亿美元，占山东省的85.88%。山东半岛城市群不仅在山东省国民经济发展过程中发挥着极其重要的作用，而且在我国区域经济发展格局中的地位也十分重要。

二、半岛城市群发育的动力机制

城市群的形成与发育的过程是各种要素的集聚，城市群的可持续发展需要依靠行政力量推动、市场机制主导、产业集聚支撑、交通走廊拉动、科学规划引导。[①] 改革开放以来，山东半岛城市群凭借区位优势和开放政策，经济总量不断增加，工业化和城市化水平不断提升。2008年，国内生产总值达到20302亿元，占山东省的65.34%；地方财政收入1142亿元，占山东省的58.39%；出口总额800.21亿美元，占山东省的85.88%。可以说，半岛城市群已经成为区域发展的制高点，带动了山东区域经济的整体发展。从公共管理的角度看，半岛城市群内在的集聚机制既有经济集聚的主导支撑，也有行政力量的推动规划。[②] 具体来说，表现在以下几个方面：

（一）自然区位与区域交通模式的影响

城市群发展是自然地理、人文地理、经济地理共同作用的结果。山东半岛城市群的发展就得益于自然地理位置与经济地理位置组合的优势，优越的区位条件成为半岛城市群发展的前提。

从国际地缘区位来看，山东半岛城市群处在我国以上海为界的北方海岸线的中端，与背面的辽东半岛形成环抱渤海的形势，构成中国北方大陆伸向西太平洋地区的前缘。临海是一种特殊的资源，不仅可以充分利用海洋资源，而且还具有对外开放地理优势。青岛和烟台自改革开放以来的快速发展很大部分得益于全球化后其临海经济地理位置，是中国内地最接近日韩两国的地区。

从国内的区位来看，半岛城市群处于长江三角洲城市群与京津冀城市群之间，是黄河中下游地区重要的出海门户，与这些地区历史上联系密切。胶济铁路沟通东西，津浦铁路（京沪铁路）联系南北，其建成、通车都已逾百年，历史地位早已确立。半岛拥有青岛、烟台、威海、日照等天然良港，不仅促进了这些城市的发展，而且海陆便利更易密切半岛城市群与国内、国际上的

---

① 参见方创琳等：《中国城市群可持续发展理论与实践》，科学出版社2010年版，第43页。

② 参见王佃利：《半岛城市群发展动力与障碍的行政学分析》，载《东岳论丛》2009年第5期。

联系。

综合交通发展奠定了城市群的基础骨架。胶济铁路自1904年开通就成为东西交通的大动脉,成为沿海经济自青岛向内陆拓深的指南。1990年胶济铁路完成双线改造、2006年完成电气化改造,再加上1993年开通的济青高速公路、2007年开通的济青高速南线,纵贯山东半岛的青岛—济南轴线已经成为山东经济发展的带动轴,沿通道各市经济实力不断增强,联系越来越紧密,产业不断积聚,形成了明显的沿胶济线发展的连绵城市群。

在公路建设方面,自20世纪90年代以来,山东实行了以高速公路为主的高等级公路建设的战略转移。2008年底,山东省高速公路通车里程突破4285千米,半岛城市群达到2440千米,占山东省的56.9%;高速公路网密度每平方千米达3.29千米,比山东省平均水平高出0.58千米。在港口建设方面,随着港口大规模新建、改建和扩建,半岛城市群形成了密集的港口群,港口吞吐量不断增加。因港兴市,青岛、烟台、威海和日照等城市对外贸易和出口大大增加,经济快速发展。2009年半岛主要城市海关净出口总值比较如图3-2所示。

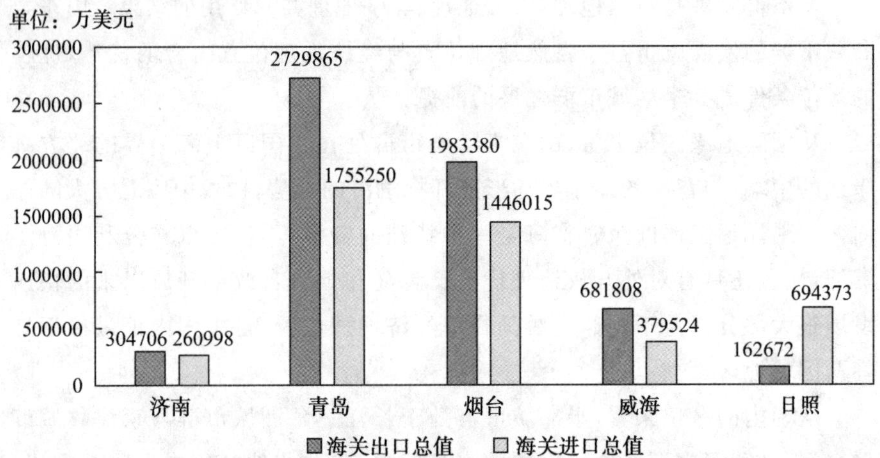

图3-2　2009年半岛主要城市海关进出口总值比较

(资料来源:刘兴慧主编《山东统计年鉴2010》,中国统计出版社2010年版,第177～178页)

随着半岛城市群交通设施的完善,人口、资金和产业等资源沿着交通干线不断集聚和扩散,推动了山东半岛城市群的发展。

(二)产业集聚和对外开放奠定经济基础

工业化和城市化的良性互动,可以有力地推动城市和城市群的形成和发展。半岛城市群地区一直是山东经济发展的核心地区，也是我国重要的经济带，其产生和发展的根本原因是沿线地区产业快速发展，从而带动了要素之间的流动。这种要素之间的流动，进一步促进了该地区基础设施的发展，提供了要素集聚的便利条件，带来城市规模的扩大，带动周边城市的共同发展。20 世纪 90 年代以来，山东经济的快速发展是全国区域经济格局中的一个显著亮点。1995～2001 年，山东 GDP 的增长速度达 11.16%，高于同期广东 10.81%和辽宁 10.31%的速度；同期人均 GDP 年均增长速度达到 10.47%，分别比广东、浙江和辽宁高出 2.14 个、0.02 个和 0.60 个百分点。

从产业发展来看，改革开放以来山东的国有企业发展颇有特色，先后经历了简政放权、转换企业经营机制、建立现代企业制度、实施国际化经营等阶段。在这些改革中，其特点是通过重点支持大型企业来提高山东经济竞争力的努力，一以贯之。自 1993 年开始，山东在全国率先提出并实施“抓大放小”战略，1996 年后，开始从市场中挑选成气候的企业，在生产、信贷、技改流动资金等方面给予政策扶持。1998 年，又确定扶持发展 136 户重点企业集团；2004 年，又将全省重点工业企业集团扩大到 200 户。这样，山东工业逐渐形成了以“大企业、大品牌、大产业”为特征的“大象经济”。2007 年，山东工业近半数增加值、利润、税收来自这些大企业。2008 年上半年，全省工业百强企业累计实现营业收入 10530 亿元，同比增长 35.9%；实现利税 1328 亿元，增长 36.8%；利润 763 亿元，增长 28.8%。收入、利税、利润分别占规模以上工业的 34.7%、36.8%和 36.4%。[①]

从对外开放来看，半岛城市群是我国对外开放较早的地区之一。1984 年，青岛、烟台成为首批开放的 14 个沿海城市之一。1986 年，青岛市在国家计划中实行单列，被赋予了相当于省一级的经济管理权限。1988 年，威海、潍坊、淄博、日照被列为第二批对外开放城市。随后，整个山东半岛被列为经济开发区。1993 年，东营市被国务院批准为沿海开放经济区。

实行对外开放政策以来，半岛城市群充分利用区位优势及有关优惠政策，大力改善基础设施，不断扩大对外贸易和利用外资，提高引进技术的科技含量，促进了经济的快速增长，原有城市规模不断扩大，新建了一批小城

① 参见王爽：《“大象经济”引领山东工业》，载 2008 年 11 月 10 日《大众日报》，http://www.dzwww.com/xinwen/xinwenzhuanti/2008/ggkf30zn/ssnsd/200811/t20081110_4097523.htm.

镇,城市体系不断完善。20世纪90年代以来,山东省外商直接投资增长较快,由1985年的0.059亿美元,增加到2006年的100.01亿美元,其中半岛城市群是其中最主要的承接地区。山东省吸收外商投资区域极不平衡,主要集中在青岛、烟台、威海三地市,以2009年为例,如表3-2所示。

表3-2　　2009年度山东省各市外商直接投资　　单位:万美元

地区	项目数(个)			合同外资			实际使用外资		
	累计	本年	增长(%)	累计	本年	增长(%)	累计	本年	增长(%)
全省总计	60466	1468	－3.9	16406560	871045	－14.2	9247880	801007	－2.3
济南市	3376	74	5.7	978918	115165	－22.2	522710	98062	13.4
青岛市	21459	650	2.2	5523355	196328	－38.0	3288235	218940	－16
淄博市	2533	36	－12.2	595387	41098	－24.0	372406	38759	24
枣庄市	796	24	－14.3	204135	20317	－29.2	124978	21626	22.5
东营市	780	15	－37.5	196623	11135	－35.8	140167	16506	－8.1
烟台市	10698	259	7.0	3547699	167977	1.4	1695789	108503	2.6
潍坊	4309	79	－8.1	1057266	76385	－1.3	625972	6777	39.8
济宁市	1584	61	27.1	589554	44613	51.5	282078	41600	7.3
泰安市	1057	26	－7.1	205015	13111	65.7	106549	8761	－44.5
威海市	6650	99	－38.9	1644512	56203	0.3	956252	55037	4.6
日照市	1034	25	4.2	298445	20339	28.8	216144	37656	－26.6
莱芜市	424	23	－4.2	121129	8489	－7.0	78265	8874	16.9
临沂市	1621	35	6.1	366911	30586	－18.2	226229	30515	0.7
德州市	1068	23		237012	18387	138.1	172892	13877	－15.5
滨州市	718	11	－31.3	227722	13026	57.7	138325	16922	1.9
聊城市	588	9	－25.0	152140	16696	5.5	92440	9076	－23.5
菏泽市	932	19	－36.7	222532	21140	5.8	99722	8516	－21.2

(资料来源:《山东统计年鉴2010年》,中国统计出版社2010年版)

外商直接投资诱发了半岛城市群产业的集聚,2005年,半岛城市群的工业总产值占全省的69.7%,全省工业出现了向城市群倾斜的趋势。从全国范围内，半岛城市群主要优势产业有食品加工业、橡胶制品业、水的生产与供应业。其他的如有色金属矿采选业、非金属矿采选业、造纸及纸制品业、通用设备制造业、纺织业等，在全国都有明显的产业优势。[①] 产业集聚增强了城市效应，引领了城市空间结构的变化，加强了城市间的密切联系，从而促进了城市群的形成与发展。

(三)政府的宏观调控与政策

在计划经济时期，整个山东省经济发展主要是靠国家投资，由于实行了均衡发展战略，半岛城市群地区的优势地位并不突出。改革开放以来，国家实行了向沿海倾斜的发展战略，山东也开始对胶济沿线、沿海区域进行了重点开发。20 世纪 80 年代，山东省提出“东部开放、西部开发，东西结合、共同发展”的方针，在经济基础较好的半岛城市群地区实行重点开发，大力培植经济增长极和隆起带。90 年代初期，山东省调整了外向型经济发展和区域布局，提出了以青岛为龙头，烟台、威海以及济青公路两侧设区布局，全方位招商引资，形成整体对外开放格局。通过实施重点倾斜战略，山东省的要素资源向胶济沿线和沿海地区集聚，促进了山东半岛城市群的发展。

在城镇化建设方面，注重城市体系布局的均衡发展、整体发展。在不同发展阶段注重突出重点，如“九五”计划中提出“城镇体系建设，要强化大城市的中心作用”，“十五”计划中提出“强化济南，起到两个大城市的带动作用”，在“十一五”规划中提出“要继续推进城市化发展战略，加快形成半岛城市群都市连绵带”，在“十二五”规划中则提出“把山东半岛蓝色经济区打造成为我国海洋经济改革发展示范区、东部沿海地区新的经济增长极”。差别化的城镇化发展思路，给半岛城市群的政策带来了更多的发展机会。为此，山东省对半岛城市群的发展，在基础设施建设、土地利用、户籍管理方面都制定了一系列倾斜政策，促使原有基础较好、经济效益较高的半岛地区得以长足发展，资源配置、要素流动面向东部沿海和胶济铁路沿线城市倾斜，区域总体效益不断提高。正是这些倾斜政策，使得半岛城市群地区得到了快速发展。

(四)行政区划调整与城市空间的发展

市管县体制的实施对于我国城市化起到了很大带动作用。在山东，改革开放以来行政区划调整比较频繁，城市群变动幅度也比较大。在 20 世纪

---

① 参见刘兆德、陈素青:《山东半岛城市群可持续发展研究》，科学出版社 2010 年版，第 211 页。

80年代后期主要是在"市管县"体制下,进行了一系列的地级市的调整、县级市的设立等;到21世纪初期,随着国内学者和实践界对"市管县"体制的反思,在"省管县"的思路下又进行了一系列的市、县关系的调整(见表3-3)。

表3-3 山东省市管县的发展

时间	内容
1981年	昌潍地区更名为潍坊地区
1982年	设立地级市东营市
1983年	撤销烟台地区、潍坊地区,设立地级市烟台市、潍坊市
1987年	威海升为地级市
2000年	青岛、烟台(长岛县除外)、威海全部无县乡

(资料来源:本表系根据历年相关政策整理而成)

在市管县体制的带动下,从1983年开始,山东省掀起了撤县设市的热潮,新设县级市31个,其中青岛、烟台、威海就占15个。2006年底,山东半岛城市群有8个地级市、22个县级市,人口密度达到541平方千米,成为山东区域内镇最为密集的地区。行政区划调整配置了大批新城镇,城市体系规模更完善,奠定了半岛城市群的客观基础。

20世纪90年代以来,随着经济的快速发展,半岛城市群的城建投资大大增加,通过改善市政基础设施带动新区发展,从而引起了城市范围扩展,城市建成区面积不断增加。2008年,半岛城市群建成区(市辖区)面积由1993年的497平方千米增加到2008年的1436平方千米,占山东省的比例达到66.95%。其中济南由110平方千米增加到了326平方千米,增加了2.96倍,烟台由52平方千米增加到了211平方千米,增加了4.06倍;而日照由15平方千米增加到了70平方千米,增加了4.67倍。[①] 1993年至2008年,半岛城市群建成区增长速度达到7.32%,其中烟台、威海和日照分别高达9.79%、8.98%和10.77%。

具体到个体城市来说,增建新城成为半岛城市群的城市空间扩展的主要模式。1993年以来,青岛市加大了市区东部的开发建设,以经营城市的

① 参见刘兆德、陈素青:《山东半岛城市群可持续发展研究》,科学出版社2010年版,第194页。

理念引导城市的建设，建立了新的行政、金融、商贸、居住和文化中心，拓展了城市发展空间。日照、东营也通过建设新城区，使得城市空间迅速扩大。

城市群空间扩展的另一种模式就是通过开发区、工业园区、大学城等建设形成新城区。1984 年，青岛、烟台两个开发区起步，目前半岛地区已经形成了青岛、烟台、威海三个国家级经济技术开发区，由于起步早、环境好，已经建成了现代化的新城区。"八五"期间，半岛城市群又创建了威海、济南、青岛、潍坊、淄博五个国家级高新技术产业开发区和烟台省级高新技术开发区。而济南、日照、青岛通过建立大学城的形式，促进了城市空间的拓展。随着基础设施建设的不断完善，企业和人口不断聚集，这些经济技术开发区和高新技术开发区已经发展成为新城区，有的已经具备新城的雏形。青岛开发区、高科技园区已经成为青岛市的东西两翼新城区。威海的高新技术产业开发区、经济技术开发区也已经成为现代化新城区。

第四节　半岛城市群规划的政策推动

山东半岛城市群有两个层面的理解，在自然地理上，半岛城市群是指山东东部胶东半岛上威海、烟台、青岛、潍坊、日照等城市；在政策规划上，半岛城市群将山东省中西部的济南、淄博和东营也包括在内。而这恰恰体现了中国城市群发展当中的一个特点：政策规划出的城市群。批评者认为这是脱离城市化客观情况的政策口号，是决策者追求政绩工程的表现；支持者则认为这是根据城镇化规律的政策规划，是有预见性的科学决策。其实这种争论反映了行政力量在城市群发展中的作用，是着眼于其动机，还是评判其结果。

一、政府在城市群发展中的作用

从管理的角度看，城市群形成了一个多中心的网络结构，意味着各个中心必须在统一的目标下形成合作网络。但是多中心不仅意味着主体的多元，而且还意味着不同性质的公共物品和公共服务通过多种制度选择来实现。[①] 城市群形成和发育的过程，就是不断丰富各种区域公共物品供给的

---

① 参见罗震东：《中国都市区发展：从分权化到多中心治理》，中国建筑工业出版社 2007 年版，第 61 页。

过程,就要充分考虑政府机制和市场机制的作用方式。

城市群表现为城市的空间组织形式,既要实现发展要素的集聚,也要保证资源的公正配置。因此,科学的城市群发展应该是政府引导和市场主导结合的产物。在二者关系上,市场机制在城市群形成中起着基础性的作用,是按照价值规律进行市场调节,是最基本的运行机制;政府机制要积极发挥引导作用,进行宏观调控,平衡发展利益。在城市的发展中,要通过市场调节与政府调控相结合,确保城市群合理的速度、规模和结构,避免市场失灵导致城市群盲目发展,也要避免政府控制得过死导致城市群发育不良。

政府在城市群中的作用,是维护好市场机制发挥作用的环境,对市场失灵进行补充和完善。在跨域治理的视野下,政府既要形成与企业、社会组织良性互动的治理体系,又要在政府内部实现层级、部门的整合,以实现对区域公共物品的多中心供给模式。就城市群的形成和发育来说,政府的作用主要表现在以下几个方面:

首先,要做好规划引领。城市群发展是区域竞争的重要内容,需要有整体性、前瞻性和科学性的规划。因此,政府要根据城市群发展规律,及时制定发展规划,处理好当前与长远、局部与整体、社会发展与生态保护之间的关系。避免因决策失误对城市群发展造成的不利影响,避免城市群建设中出现的恶性竞争问题和资源环境剥夺问题。政府的主导作用还表现在要注重城市文化保护、城市建设特色、历史继承性和可持续性。

其次,要加快市场体系培育。在跨域治理中,只有成熟的市场体系才能够实现城市群人口、资本、土地等重要经济要素的自由流动和优化配置,才能有效地承接来自于政府职能转变所释放的社会功能。在市场体系中,最明显的表现就是优化产业结构和良好的产业成长环境。政府要促进高端产业发展,推进产业聚集区建设,增强产业高效、集约发展。在城市的融资机制上,城市建设投入财政投资和市场融资相结合,积极利用企业的力量,通过发展政府与社会筹资机制(ppp)实现融资途径的改进。

再次,要发展区域基础设施。城市群发展的关键是完善基础设施类区域公共物品供给制度。区域基础设施建设本身具有很大的外部经济性,属于公共物品供给的范围,对城市群的形成与发育有着重要的拉动作用。这类区域公共物品必须由政府介入,有限引导资金投向、优先安排建设、高效配置自然资源。区域基础设施供给面临的主要问题,是无法实现个体理性

(单一城市的利益最大化)与集体理性(整个区域利益的最大化)的统一[①]，因此政府必须引领制度改革，完善基础设施投资机制、监管机制。

最后，是建立城市群协调机制。多数城市群内存在多级行政区和多级政府机构，因此必须建立有效协调不同利益主体的激励和约束机制，打破行政边界的约束。因此，城市群中要创新协调机制：通过政府自身的职能转变，理顺政府、企业、市场三者的关系，通过政府精简行政机构，简政放权，实行小政府、大社会的格局，完善跨域治理的模式、机制，改进治理工具，提升跨域能力。

我国城市群的形成发育具有强烈的政府主导性。当前阶段正掀起一股城市群建设的热潮，无论是中央政府还是地方政府都在积极发挥政策引领的诱导性作用，但市场力量和社会力量发挥的作用仍然不足。如学者所言，城市群作为城镇密集区的高级形式，成为地方政府在进行空间组织规划时所追求的目标，试图通过介于"城市规划"和"区域规划"的规划形式加以发展的规范，于是中国就产生了大量以城市群命名的"行政区组合空间"及包括哪些城市的一个范围，但并没有对其是否符合城市群含义的客观要素进行科学审核。[②] 这既体现了行政力量对于城市群发展的推动，也要求我们必须严谨地探求和界定政府在城市群中所发挥的作用。

二、半岛城市群规划的政策要点

山东半岛城市群，与我国其他一些城市群类似，在相当程度上是政府推动的产物，这首先就表现在政府的规划设计与推动中。在党的"十七大"报告中明确提出"推动区域协调发展，引导生产要素跨区域合理流动""突破行政区划界限，形成若干带动力强、联系紧密的经济圈和经济带"。山东作为位处我国东南沿海的人口大省和经济大省，凭借它优越的自然条件和人文环境以及有利的国内、国际发展环境，将在我国的整体发展中发挥更加重要的作用。为了促进山东省内地市之间的合作，发挥区域整体优势，从而实现全省经济、社会等方面更好的发展，山东省政府提出了山东半岛城市群发展战略。

该战略自提出之日起，经过了山东省政府、山东省建设厅及众多专家学

---

① 参见李培祥：《城市与区域相互作用的理论与实践》，经济管理出版社 2006 年版，第 308 页。

② 参见方创琳等：《中国城市群可持续发展理论与实践》，科学出版社 2010 年版，第 474 页。

者的研究和论证,取得了很多有建设性的研究成果。对山东半岛城市群的研究首先面临的问题就是作为研究对象的“山东半岛城市群”包括山东省的哪些城市?这个问题在山东半岛城市群发展战略的研究、制定和实施过程中一直存在争论,但是一般都比较认同北京大学周一星教授在他的《山东半岛城市群发展战略研究综合报告》中的界定,即山东半岛城市群包括济南、青岛、淄博、威海、烟台、潍坊、日照和东营 8 个城市。周一星教授的这个界定正如他在《综合报告》中所说的是个“左右兼顾”的界定,既考虑了自然地理位置上对山东半岛的划定,也考虑了各个城市的经济发展水平、交通区位条件等相关因素。虽不严密,但求自圆其说。①

(一)半岛城市群的发展阶段规划

山东省委和省政府在 2001 年底作出了开展山东半岛城市群发展战略研究的决策,以周一星教授为首的课题组招标开展了《山东半岛城市群发展战略研究》的课题研究(2013 年通过了山东省政府和建设部联合召开的成果论证会)。山东省建设厅则与北京大学联合编制了《山东半岛城市群总体规划(2006~2020 年)》,于 2005 年 5 月通过了山东省人民政府组织召开的专家论证会,经修改完善后于 2006 年 10 月经省政府常务会讨论通过,2006 年 12 月 31 日由省政府批准实施。山东省希望能够通过此战略实施,引领半岛八城市融入半岛城市群的大发展中,打破彼此分割,加强合作与融合,形成半岛城市群合理分工、优势互补、协调发展的新格局。② 下面依据此报告简述半岛城市群规划的政策要点。③

规划的目的是指导山东半岛城市群空间合理布局和有序发展,完善基础设施建设,保护生态环境,提升山东半岛城市群的综合实力。关于山东半岛城市群的发展目标,是对山东半岛城市群人口、产业、土地等要素的合理布局和统筹安排,将山东半岛城市群发展成为山东省以及黄河中下游地区对外开放的门户,区域综合竞争力强大的国际化都市连绵区和城市空间联系密集区,全国乃至环黄海经济圈重要的先进制造业生产服务基地之一,城

---

① 参见北京大学城市与区域规划系、国家发改委国土开发与地区经济研究所、山东省住房和城乡建设厅:《山东半岛城市群发展战略研究综合报告》,2013 年 11 月。该报告是整个山东省发布半岛城市群规划的基础和决策参考。

② 参见周一星、杨焕彩:《山东半岛城市群发展战略研究》,中国建筑工业出版社 2004 年版,序二。

③ 参见山东省人民政府:《山东半岛城市群总体规划(2006~2020)》(鲁政字〔2006〕318 号),2006 年 12 月 31 日批准,2007 年 5 月发布。

乡统筹发展的示范区，形成人与自然和谐、生态环境良好的城市群体。

按照分期实现的要求，规划不仅描绘了美好前景，还对具体实现的步骤作出了具体规划，分为三个阶段：

第一个发展阶段：从 2004 年到 2010 年为发展整合阶段。主要是针对问题寻找发展途径，完善基础设施建设和各项制度，以青岛、济南为双中心，把重点放在增加大中城市的经济实力、提升中小城市规模等级，以及 8 个地市的一体化整合上，并积极发展小城镇，形成城市体系完善、城市化水平提高、城市空间密集分布的依托于区域空间发展轴线的多条城市带，逐渐带动城市化重点引导区的城市空间集聚过程，都市连绵区形成雏形。

第二个发展阶段：从 2010 年到 2020 年为发展成型阶段，也是全面发展和提高的阶段。在这个阶段中各城市重点引导区的快速城市化过程将得到全面发展，山东半岛城市群城市体系逐步优化完善，城市群网络化程度将大幅提高，山东半岛都市连绵区的实体地域基本形成，半岛城市群地区基本实现现代化，对全省的带动作用明显提高。

第三个发展阶段：从 2020 年到 2050 年为稳定发展阶段。城市化高峰将在一定时期内延续，城市化水平逐渐趋于稳定。区域城市体系在这一时期内将发生结构转型，青岛的龙头地位将逐渐显示出来，区域双中心结构将逐渐转变为以青岛为发展龙头的单中心结构。山东半岛以及山东省其他地区在青岛的辐射带动下，城市经济稳步发展，山东半岛都市连绵区成为现实，并在环黄海地区的核心区域地位日益突出。

（二）半岛城市群的发展战略

为了使山东半岛城市群能够迅速成长为拉动山东省经济增长的决定性力量，《山东半岛城市群总体规划》中提出了促进山东半岛崛起的六大战略，即：

1. 以韩日为主要方向的经济国际化战略

鉴于珠江三角洲的崛起有赖于以港澳为方向，以深圳为门户的对外开放；长江三角洲的崛起离不开以上海为中心的对外开放；山东半岛城市群要想迅速发展也必须走对外开放的经济国际化战略。由于与韩国和日本有着得天独厚的地缘优势，山东半岛城市群要实施以韩日为主要方向的经济国际化战略，构筑半岛城市群面向韩日的“跨国城市走廊”。规划指出：要把青岛培育为山东半岛城市群的“国际城市”，从而带动山东半岛城市群向都市连绵区发展，提升整个半岛经济的国际竞争力。

2.以空间集聚为导向的人口城镇化战略

城镇化进程与社会经济发展相互协调,城镇化水平与社会经济发展水平共同提高,是区域发展应该遵循的客观规律。城镇化水平超越或滞后于区域经济发展水平,都会制约甚至破坏区域经济和社会的健康发展。半岛城市群建设要全面实施开放型城市化战略,引导人口向城镇迁移。要从以下三个层面入手:一是促进本地区内部城镇人口比重的不断提高;二是引导省内跨区流动的人口迁入;三是强化半岛地区往外的辐射影响,促进半岛地区在全国区域发展中地位的提高。

3.以强化区域优势为目的的龙头带动战略

城市群区内总是存在域经济不平衡,“龙头城市”的带动作用是城市群发展演进的必不可少的基本前提,并且“龙头城市”的发达程度直接决定了区域经济的发展水平。但是,目前山东半岛城市群济南、青岛双中心结构,城市的首位度都不高,从而制约了山东半岛城市群乃至山东全省经济的进一步发展。在外向型经济主导的发展区域,龙头城市常常由门户区位的城市来担当,鉴于青岛所处的地理位置、城市功能及其经济的发展潜力,决定了其适合担当山东半岛地区的龙头城市。规划明确了要以青岛作为山东半岛城市群对外开放的龙头,山东半岛城市群作为山东全省的脊梁,逐步推进区域经济的发展。战略核心是培育青岛在山东半岛区域内的龙头地位。通过黄岛开发使青岛港口重心西移,促进青岛由半岛型城市向海湾型组团式城市转型。

4.以提高整体竞争力为核心的经济协同战略

区域经济协同战略的本质是通过产业协同和空间协同来整合区域发展的资源要素,发挥“整体大于部分之和”的效应,提高区域整体竞争力,增强其在更大范围内对资源的利用能力和对市场的占有能力。由于山东省目前在城市间职能定位、城市间产业结构演化及区域空间布局方面存在明显的协同不足问题,规划明确通过城市间的分工协作,以地区产业联盟构造半岛地区八大优势产业,促进城市产业联系,增强城市群的整体竞争力,快速推动山东半岛城市群成为带动山东发展的核心产业地带,进而成为具有国际竞争力的现代制造业基地。在区域空间结构方面,促进山东区域空间结构的优化和区域协同发展;在城市职能分工方面,组建综合性与专业性有机结合的城市体系,改变目前各个城市产业竞争大于协作的尴尬局面,形成各具特色又相互补充的经济整体。

5. 以培育都市连绵区为目标的空间发展战略

都市连绵区是高效率的现代城市经济空间组织形式，是应对区域竞争加强区域合作的空间载体，是国际城市形成的区域基础。山东半岛地区发展走廊上的中心城市数量偏少，城市链条中存在明显的“塌陷”环节。为此要转换中心城市发展思路，变单纯扩大行政区为做实都市区，即由简单扩大市辖行政范围到增强中心城市功能对外围地区直接影响所及的范围；要培养新的城市增长点，填补城市链条中的“塌陷”环节，即选择一些中间区位城市加以重点发展，形成以超大城市、特大城市、大城市、中等城市、小城市协调发展的城市体系；要系统组织基础建设，强化中心城市聚散功能。

6. 以生态建设和环境保护为目标的可持续发展战略

半岛城市群中已经面临着较为严峻的生态环境挑战，水资源污染和浪费严重、土地自然生态比例日渐缩小、水土流失加剧、海洋生态环境严重。规划要求对六个生态敏感区域，即胶济沿线生态敏感区、沿海生态敏感区、莱州湾生态敏感区、胶州湾生态敏感区、黄河三角洲生态敏感区、临淄—桓台—广饶—寿光—寒亭—昌邑生态敏感区，加以保护、利用，限制开发。统筹安排、协调利用各种资源，包括水资源、土地资源、矿藏资源、海洋资源等。

（三）半岛城市群的协调手段

在《山东半岛城市群总体规划》中明确了城市群的整体协调发展目标，就是要在“统一规划、加强联系、优势互补、共同受益”的理念下，建立区域协调平台，推进山东半岛城市群区域的一体化。具体的措施主要有：

首先，加强城乡统筹发展。主要包括各市城市总体规划编制时要对城乡地域进行统一规划。加快破除城乡分割的体制障碍，建立健全与城市化健康发展相适应的财税、征地、行政管理和公共服务等制度。完善行政区划设置和管理模式，改革城乡分割的就业管理制度，深化户籍制度改革，逐步建立城乡统一的人口登记制度。规划建设一体化的城乡基础设施和公共服务设施。

其次，要加强城市区发展引导。做大中心城市，通过政策引导，积极吸引农业剩余劳动力优先向城市区中心城市、副中心城市和优先发展城市集聚，扩大中心城市规模，增强中心城市实力；合理进行产业转移，以中心城市培育各优势行业的产业链，引导中心城市的置换产业向城市区内其他中小城镇转移。统筹城市区内空间协调方面，继续完善城市区内的交通基础设施连接，努力提高通信、金融等在城市区范围内的服务便捷度，促进城市区的整合发展。统筹城市区内城镇发展,促进中小城市在产业布局上的合理分工,统一安排重大基础设施和服务设施,形成发展良好的空间秩序和紧密的空间联系。

再次,加强城市群成长管理。通过一系列制度措施,避免在城市快速扩张过程中出现各种经济、社会、环境问题,防止城市无序蔓延,实现城市发展与区域承载力的平衡,综合区域土地开发政策,促进区域就业、居住和公共设施的平衡。通过城镇建设用地总量控制、设置空间管制分区以及城市成长管理制度,保证山东半岛城市群地区城市、资源和环境的可持续发展。

第五节　小　结

地理自然空间与行政区划边界之间的对立,使得跨域问题的出现成为城市群发展的必然结果。城市群作为城市化发展的高级形态,其跨域问题的复杂性远超单一主体所面临的境况。城市群作为区域内各类城市聚合体,在其发展过程中常伴随着各类区域公共问题,这就成为跨域治理理论应用的良好领域,以建立起各城市间问题解决与协商机制,获得整体发展优势。本章立足于山东半岛城市群发展的客观实践,从山东半岛城市群的客观情形和政策规划两个维度,分析了半岛城市群的形成发育过程。

从经济要素的空间集聚看,山东半岛城市群是山东省高速持续城镇化的结果,良好的区域优势和人文基础是发展的前提,产业布局和交通设施的完善是基本的框架。半岛城市群的发育程度取决于诸多成长要素的空间集聚状况,并在其发育过程中以自然区位、产业集聚、政府宏观调控以及行政区划调整等因素为动力机制。

从政策规划的角度看,山东半岛城市群形成和发育的过程中体现出强烈的政府主导性。政府在城市群发展过程中应进行有效的调控,如政府在规划引领、市场体系培育、区域基础设施完善和城市群协调机制建立等方面发挥作用。山东省通过《山东半岛城市群总体规划》,设定了半岛城市群的阶段规划、发展战略、协调手段等维度,这为观察和分析山东半岛城市群发展中跨域治理提供了分析基础。

第四章　半岛城市群规划与跨域治理推进机制

在公共管理视野中，城市群发展就是不同城市主体联合供给区域公共物品、解决跨域问题、推进跨域治理实现的过程。山东半岛城市群形成既是城市空间结构、经济要素集聚的结果，也与政府推动、行政区划的调整有着密切联系。在客观形态上，它是城市的集群；在治理上，它是政府基于区域发展需求而建立的跨域推进机制。前文已经通过跨域治理的理念、机制分析，提炼出跨域治理的分析框架，力图建构从理论到实践转化的桥梁。本章就按照此跨域治理的发展框架，从区域合作的初始条件、制度设计、组织结构、政策工具等角度来分析半岛城市群的跨域推进机制，以更好地认知半岛城市群的实践历程和检验跨域治理理论在实践中的应用。

第一节　半岛城市群规划发展的初始条件

伴随着我国城市化的快速推进和经济发展形势的转变，城市群正在成为带动我国区域经济发展的主导形式。在山东省的城市群发展战略中，山东半岛城市群成为几大发展战略的交集所在，半岛城市群已经成为山东区域发展的战略支撑点、增长极和核心节点。因此，山东半岛城市群既是城市化高层次演变的结果，又是政府的政策行动规划的目标。不可否认的是，现阶段山东半岛城市群是客观存在的，但是同样存在着优化、发展的空间，这为制定并推行山东半岛城市群的相关规划提供了合理性。在山东半岛城市群规划制定的过程中，半岛城市群自身的社会经济集约化发展，它的历史人文认知和政策共识的形成，构成了半岛城市群规划发展的初始条件。

一、半岛城市群的地理条件

从地理上看,山东半岛有广义狭义之分。狭义的山东半岛指胶莱河以东的胶东半岛,行政区域涵盖山东省的威海、烟台和青岛部分地区,广义的山东半岛是指从寿光小清河口到日照岚山头苏鲁交界的绣针河口一线以东的地区,行政区域涵盖了除上述地区外,又增加了潍坊、日照两个地市。因此,单纯从地理意义上看,济南、淄博和东营并不属于山东半岛。

但从历史发展来看,自 1904 年胶济铁路通车将山东的东部和西部连为一体,形成了以青岛和济南为两个龙头的胶济产业带和城市带,山东一体化发展趋势明显。改革开放后随着我国城市化进程加速,山东省形成了沿蓝烟铁路、胶济铁路的密集城镇区。如前文所述,山东区域内的城市群已成规模。正是在此客观基础上,山东省在制定半岛城市群规划时,将济南、淄博和东营纳入到了山东半岛城市群规划范围内,在更大的范围内寻求城市的集群发展。

在山东半岛城市群规划制定过程中,作为智库的北京大学课题组认为,济南、淄博虽然在自然地理上不属于半岛地区,但属于胶济、兰烟沿线的城镇密集地区。东营和日照虽然不是"城镇密集地区",但它们属于半岛或邻近半岛的沿海地市。在国务院关于扩大沿海经济开放区范围的通知中[①],这 8 个地市均属山东沿海经济开放区,左右兼顾,将这 8 个地市称之为"山东半岛城市群地区"。[②] 从这个角度来看,山东半岛城市群是在自然地理条件上充分考虑了经济地理因素的结果。

二、半岛城市群形成的动力机制

城市群形成机制是指城市群形成、发育、成长的基本因素及其在形成过程中的作用程度和方式。在中国行政主导的城镇化进程中,城市群的形成是一种综合力量推动的结果。就山东半岛城市群来说,它首先是经济集聚和城镇化发展的结果,这在上一章中已经进行了较为详尽的描述。

中国的城市群发展机制与西方城市群的发展机制有明显不同。弗克斯指出,美国、西欧等城市群的形成是基于中心城市的扩散与郊区化的结果,

---

① 参见国务院国发〔1998〕21 号、国函〔1990〕15 号、国函〔1993〕28 号文。

② 参见周一星等:《山东半岛城市群发展战略研究综合报告》,2003 年 11 月。

大的中心城市与其郊区之间的城市力量、机构、观念之间的相互作用促进了都市圈的形成。[①] 城市群的形成主要是中心城市向外扩散的结果，一方面是城市自身强大的的辐射能力，另一方面是城市自身问题集聚也需要向外扩散。在城市群的发展中，集聚效应主要体现在中心城市的扩散和带动作用。

城市群的形成是各种要素在地理空间的集聚与分散的表现，在城市群发展的不同阶段，其发展动力类型也存在着差异（见表 4-1）。

表 4-1　　城市群的发展阶段

空间结构类型	发展动力类型	空间特征		
		产业	功能	结构
单一城市圈层结构	初期：极化式	人口、资本、资源向城市集中，工厂规模逐步扩大，企业数量增多，集聚效益明显	大型公司总部、银行、通信机构向城市集中，城市的服务、中枢功能增强	城市交通呈放射状，城市沿交通线扩展，人口、产业结构呈圈层结构
多城市轴线式结构	中期：极化—分散综合式	资源向城市集聚，部分污染性、运输量大的企业开始外迁，技术、信息、劳动力也随之外迁	居住、商业功能也开始外迁，对周边地区和临近城市的影响力逐步增大	沿交通、通信线路定向轴扩散
群体城市网络式结构	后期：均衡式	城市内部的制造业大多已向城市腹地或其他城市转移，城市经济以第三产业为主	不仅带动城市群自身发展，还承担促进地区、全国乃至更广区域发展的任务	网格式

（资料来源：李玉江《城市群形成动力机制及综合竞争力提升研究》，科学出版社 2009 年版，第 7～8 页）

但分析中国城市群形成的原因，我们可以发现，中国城市群形成的动力机制不同于西方，而且不同地区的城市群发展动力也存在较大的差异。

---

① 参见李廉水等：《都市圈发展——理论演化、国际经验、中国特色》，科学出版社 2006 年版，第 29 页。

京津冀城市群包括北京市、天津市和河北省的石家庄、唐山、保定、秦皇岛、廊坊、沧州、承德、张家口八个地市其所属的通州新城、顺义新城、滨海新区和唐山曹妃甸工业新域。孙胤社早前在研究北京都市圈的形成机制时指出,北京都市圈的形成主要由中心城市工业化和农村非农化两种过程决定。[①] 这两种过程并不是同等地发挥作用,在区域经济发展比较均衡的地区,中心城市的辐射作用相对较小,与外围地区平衡发展,这样所形成的连片的城市化地区,这是以农村非农化为主的过程,是在一种“自下而上”的动力机制推动下形成的。

长江三角洲城市群是我国城市化程度最高、城镇分布最密集、经济发展水平最高的地区。它以上海为中心,以南京、杭州、宁波、苏州、无锡为副中心,包括江苏的扬州、南通、无锡、苏州、常州,徐州、连云港、盐城等,浙江的嘉兴、湖州、绍兴、温州、台州、金华、衢州等,2010 年新加入安徽省的合肥和马鞍山,包括江苏、浙江全境和上海市、安徽部分城市,以沪杭、沪宁高速公路以及多条铁路为纽带,形成一个有机的整体。宁越敏等人在对长江三角洲都市群研究的基础上认为,技术革新与产业结构更新、区位因素条件的改善、各级政府的行为、地产市场对城市空间的调控是城市都市群发展的主要动力。其中上海作为核心城市对周边地区发挥了巨大的带动作用。

珠江三角洲城市群以广州、深圳、香港为核心,包括珠海、惠州、东莞、清远、肇庆、佛山、中山、江门、澳门等城市所形成的珠三角城市群,是我国城市群中经济最有活力、城市化率最高的地区。中山大学的阎小培认为珠江三角洲城市群的形成是多种因素作用的结果[②],优越的环境条件和政策制度的保证是都市区形成的基础,两者的结合导致了资金和人才技术的集聚。临近港台的地理位置和率先对外开放的政策促进了该地区城市群的形成,外资首先涌入导致的工业化是该地区城市群发展的主要动力。

由此可见,中国城市群的发展的动力机制不同于西方,大城市的郊区化作用机制并不明显,即使是已经出现的郊区化也是以工业为先导,不同于国外以居住、环境需求为导向的新城开发模式。[③] 就山东半岛城市群的发展

---

① 参见孙胤社:《都市群的形成机制及其界定——以北京为例》,载《地理学报》1992 年第 6 期。

② 参见李廉水:《都市圈发展——理论演化、国际经验、中国特色》,科学出版社 2006 年版,第 33 页。

③ 参见姚士谋:《中国大都市的空间扩展》,中国科技大学出版社 1998 年版,第 144 页。

来看,首先是受益于山东城市化水平的大幅度提高。改革开放后山东省经济的强劲发展极大地促进了城镇化水平的提升,山东省的城镇化水平从落后于国家平均水平1个百分点左右,到领先于1个百分点,奠定了半岛城市群发展的基础。其次,受限于山东省的较高的县域经济发展水平。根据国家统计局的2005年的全国县域经济百强县的评比,环渤海、长三角、珠三角三大经济圈占有百强县中的82个席位,其中属于长三角的有46个、属于珠三角的有15个、属于环渤海的有21个,在环渤海的城市群中,属于山东省的有20个。可以说,在山东省城市发展中,虽然济南、青岛这样的龙头城市的首位度不高,但是县域经济奠定了山东半岛城市群形成的基础。

山东半岛城市群就是通过实施乡村工业化来促进核心城市外围区域乡村城市化,进而促进以中心城市为核心的城市群形成,乡村城市化成为弱中心型城市群的主导动力机制。而其中政府的政策规划和组织推动又成为重要的力量。

第二节 半岛城市群跨域治理的制度设计

城市群在区域发展中起着关键性的作用,但城市群的形成和发展在国家空间范围内,不仅仅是地理集聚、经济集聚的产物,更是政府的重大决策和发展战略,涉及不同层级政府的制度设计。从政府作用发挥的角度看,政府的制度设计关系到城市间资源的分配、产业的布局和投资、区域性基础设施统一规划的建设等等,在区域性物品的供给过程中,政府力量是城市群协调发展的重要力量。在山东半岛城市群的发展中,这一点有着鲜明的表现,也是城市群快速发展的保障。

一、半岛城市群形成的政策共识

与自然地理意义上的半岛城市群不同,政策层面上的山东半岛城市群有着一个逐步明确的过程,经历了由学者提出到政府认可、由概念规划到政策文件的逐步凝聚成政策共识的过程。

山东半岛城市群的概念最早是由山东省社科院的马传栋先生提出,1986年他在研究城市发展及其内在联系时指出,山东半岛初步形成了独具特色的区域性城市群落,即以济南、青岛、潍坊、淄博、烟台为中心的城市群,这是山东学者第一次提出的山东半岛城市群的概念。[①] 1999 年,以山东省委政研室为核心的"山东省战略课题组"提出了"关于加快山东半岛城市群建设步伐的建议",除了原有的五个城市之外,威海、东营、日照也被加入城市群的行列,此报告被提交中共山东省委、省人大和省政府,进入到正式的政府议程当中。

2001 年底,张高丽出任山东省省长,在提出"解放思想、抢抓机遇"的执政思路时,积极实施半岛城市群战略。在第二年的城市规划建设管理工作会议上,张高丽明确指示要加快山东半岛城市群的规划编制。2003 年的政府工作报告中,时任省长韩寓群正式提出了"促进半岛城市群崛起"战略规划,指出"沿海和胶济沿线的济南、青岛和烟台等 8 个城市,要依靠整体优势,增强集群竞争力,在更高水平上参与国内外竞争与合作,成为全国区域经济中最具发展活力的地区之一"。这表明在政策层面正式确定了山东半岛城市群的范围,也表明了山东省的发展初步达成共识,就是面临国内和国际激烈的区域竞争,推出"半岛城市群"以便让 8 个城市形成合力,发挥整体力量以取得区域发展优势。这也是山东省借鉴长三角和珠三角快速发展城市集群的经验,在加快发展、竞争中谋取"后发优势"所采取的进取型策略。

对于如何确定半岛城市群的整体发展方案的问题,早在 2002 年山东省建设厅在全国范围内发出《山东半岛城市群发展战略研究》邀标文件。北京大学的周一星教授课题组以《山东半岛城镇密集区发展战略研究》为题中标。在确定具体的范围时,他们认为地理意义上的大山东半岛在行政单元上涵盖威海、烟台、青岛、潍坊和日照五个城市,济南、淄博虽然在自然地理上不属于半岛地区,但胶济、兰烟铁路沿线的城市群少不了它们,东营和日照虽然算不上是"城市群"的一部分,但他们属于半岛或邻近半岛的沿海地市,而且它们都属于国务院规定的山东沿海经济开放区,所以课题组将这 8 个地市称为"山东半岛城市群地区",虽然不严密,但求自圆其说。[②] 这一观点契合了山东省政府的发展需求,在研究过程中,课题组多次与山东省有关领导、政府部门沟通,达成了基本的共识。

山东省随后开始了规划编制工作,省建设厅委托北京大学吕斌为首的课题组编制《山东半岛城市群总体规划》,2005 年 5 月,省政府组织召开了

① 参见刘兆德、陈素青:《山东半岛城市群可持续发展研究》,科学出版社 2010 年版,第 64 页。

② 参见北京大学城市与区域规划系:《山东半岛城市群发展战略研究综合报告》,2003 年 11 月。

《山东半岛城市群总体规划》论证，2006 年 12 月山东省政府批准实施，标志着这一战略正式进入实施阶段。规划中明确规定了山东半岛城市群以青岛为区域对外开放的龙头城市，以青岛、济南为区域发展的双中心，此区域构成空间联系紧密的城市区功能地域。在划定具体范围时又有所突破，规划范围包括济南、青岛、淄博、潍坊、东营、烟台、威海、日照市，600 个建制镇，此外将滨州市的邹平市纳入规划区域，主要考虑到邹平虽然在行政上隶属滨州，但因黄河的阻隔，与同在黄河一侧的济南的经济联系更为密切。

山东半岛城市群规划的形成，既是山东省城镇化、工业化发展的结果，也是一个由政府引领逐步获得各界认可的政策共识形成过程。

二、省政府规划引领的诱导型合作

跨域治理的目的就在于形成跨行政区划城市群的合作，以实现区域公共事务和公共物品的有效供给。城市群之间的合作考量是各城市之间借助于彼此认可的准则、共有的信念等产生共同的行动。但由于对于区域共同利益认知的不同，各主体的共有的信念也是一个逐步发展形成的过程。在合作初期共有利益并不明显时，彼此之间的合作就需要有外力的推动。在单一制国家内部，上级的政治动员和规划引导就是重要的合作实现手段。

与国内的京津冀、长三角、珠三角等城市群相比，山东半岛城市群最大的特色就是各个城市都在一省行政区划之内，便于山东省统一安排和推动。在山东半岛城市群形成之初，城市群的合作必要性主要是山东省政府的倡导，各城市并没有很大的动力去寻求合作，合作的形成主要靠自上而下的力量来进行推动，山东省政府就成为最大的推动力量。[①] 在“山东半岛城市群”发展战略确定之后，山东省陆续出台各种规划来推动和拓展这一战略，清楚地表明了山东省的发展意图，这在山东省发展战略的演变中有清楚的体现。

（一）“一体两翼”发展规划

山东半岛城市群规划是典型的省政府自上而下推动城市群合作的战略。因此，山东省领导和省规划就成为引领半岛城市群发展的重要力量，这种力量会受到领导人更迭的影响。2007 年 3 月，强力推动半岛城市群发展

---

① 参见王佃利、史越：《跨域治理理论在中国区域管理中的应用——以山东半岛城市群为例》，载《东岳论丛》2013 年第 10 期。

的山东省委书记张高丽履新天津后,新任山东省委书记李建国继续推动山东区域发展,在表述上提出新的思路是“一体两翼”。

所谓“一体”,指以胶济铁路为轴线形成的横贯东西的中脊隆起带,即从东部沿海沿胶济铁路向西到省会济南,这一带凝聚了山东省主要城市,总体经济发展水平比较高,经济总量约占全省的2/3,构成了山东省区域发展的主体;“两翼”由南翼和北翼组成,北翼为黄河三角洲高效生态经济区及周边,南翼是指鲁南经济带。从山东省总体发展态势来看,在坚持原来的山东半岛城市群发展规划的同时,突出了对于山东省全域整体发展的考量。

从行政区域上看,“一体”主要由山东半岛城市群和省会城市群经济圈两大板块构成,具体包括济南、青岛、淄博、烟台、潍坊、泰安、威海、莱芜、德州、聊城10市。其中,胶济铁路沿线的济南、青岛、淄博、潍坊4市和蓝烟铁路、桃威铁路沿线的烟台、威海2市,构成“一体”发展的紧密层;沿胶济铁路分支或延伸线分布的泰安、莱芜、德州、聊城4市,构成“一体”的外围层。

从发展战略的角度出发,“一体”主要以《山东半岛城市群区域发展规划》《省会城市群经济圈发展规划》和《胶东半岛城市群和省会城市群一体发展规划》等规划为依托,北翼以《黄河三角洲高效生态经济区发展规划》为主体,南翼以《鲁南经济带区域发展规划》的实施为重要契机,在较高层面上总体把握山东省各区域发展规划的实施及推进。这种整体布局的新思路也带来了山东半岛城市群发展的新态势。

(二) 胶东半岛城市群与省会城市群一体化发展规划

2008年10月,山东省印发《胶东半岛城市群和省会城市群一体发展规划》[①]。从山东的区域发展战略看,胶东半岛城市群和省会城市群是全省“一体两翼”整体布局中的“一体”部分,是带动全省经济社会发展的龙头和脊梁。它的规划内容可以看成是对《山东半岛城市群规划》的进一步完善。该规划在城镇建设布局方面,建设内容由“省会城市群”和“胶东半岛城市群”两部分组成。

所谓的省会城市群,是指“以济南为中心的省会城市群”,按照“一个核心、两个圈层”的城镇布局,努力建成南承沪宁、北接京津、东接半岛、西启黄

---

① 参见山东省人民政府:《山东省人民政府关于印发胶东半岛城市群和省会城市群一体发展规划的通知》(鲁政发〔2008〕95号)。http://www.shandong.gov.cn/art/2008/11/26/art_285_4865.html 2008-11-26。

河中下游的枢纽型城市群。在以济南为核心的同时，构建完善“两个圈层”，即以济南城区为中心，70 千米为半径，包括济阳、商河、平阴、章丘、肥城、齐河等周边区域的紧密圈层；以 150 千米为半径，包括淄博、泰安、莱芜、德州、聊城等 5 个设区市为节点的协作圈层。

所谓的胶东半岛城市群，是指以青岛为中心的胶东半岛城市群，是以青岛为龙头、以沿黄省区为腹地、面向亚太地区的发达城市群。一方面，要突出青岛的龙头地位，实施“依托主城、拥湾发展、组团布局、轴向辐射”空间发展战略，统筹规划即墨、胶州、胶南 3 个县级市城市建设，积极构建“青岛、黄岛、红岛、崂山一主三辅”的现代化城市框架；另一方面，统筹规划青岛、烟台、威海、潍坊四市发展，加快构建以沿海高速公路、铁路、港口相连接，多层嵌套、圈点带片相结合的城市经济区，陆海统筹，着力培育自主创新能力强的高新技术产业带，充满生机活力的对外开放带，集人文、自然和海洋景观为一体的休闲度假带，港口优势突出的海洋经济带。

这一规划，将原来的半岛城市群的两个重点分别加以突出，强调了济南和青岛两个龙头城市的各自特点和优势。如在产业布局方面，要求在壮大提升省会城市经济、更好发挥青岛龙头作用的同时，还要构建完善两条产业聚集带(轴)，即沿济青高速通道发展轴和沿黄金海岸产业带，沿济青高速通道发展轴，依托济青高速公路和济青高速铁路等交通要道，沿轴由东向西展开，沿黄金海岸产业带，沿着烟台、威海和青岛的海岸线，沿岸由北向南展开。

(三)济南省会城市群经济圈规划

在山东省的区域发展战略中，“中部突破济南”一直是个重点，2007 年 12 月，山东省人民政府发布《济南都市群规划》，与此同时还提出了“省会城市群经济圈”的概念，并于 2013 年 8 月又发布了《省会城市群经济圈发展规划》[①]。两个规划所涉及的范围相同，规划编制同步。省会城市群经济圈成为山东省继半岛城市群之后又一个新的增长极。

济南都市圈地域范围包括济南、淄博、泰安、莱芜、德州、聊城、滨州 7 个城市，总面积约 5.3 万平方千米，人口 3219.4 万。目的在于突出区域合作与协调意识，突破济南以及周边城市在发展中遇到的空间、交通、资源和环境等方面的瓶颈。在这个规划中，对济南都市圈的集聚范围进行了分析，认

---

① 参见山东省人民政府:《山东省人民政府关于印发省会城市群经济圈发展规划的通知》(鲁政发〔2013〕20 号)。http://www.shandong.gov.cn/art/2013/8/29/art_285_5643.html. 2013-8-29。

为济南与青岛之间的腹地划分以淄博以东为界,青岛主要辐射潍坊及其以东的半岛地区,济南主要辐射淄博及其以西的鲁中、鲁西北、鲁西南地区。

在空间布局上,济南都市圈以济南为核心,构筑聊城—济南—淄博、德州—济南—泰安、滨州—淄博—莱芜三条发展主轴和德州—滨州、聊城—泰安—莱芜、济南—莱芜三条发展副轴。这几条轴线是济南都市圈内城镇密集分布、产业集聚发展的聚合轴带,是济南都市圈与外部区域建立产业关联、扩大都市圈腹地范围的通道,也将是济南都市圈内部城市之间联动发展的轴心。

在山东省的视野中,济南都市群建设是山东区域均衡发展的需求,并且与半岛城市群发展能够进行有机的衔接,使山东省的区域发展构成一个有机的整体。在 2013 年的省会城市群经济圈规划中,再次强调了山东半岛蓝色经济区和黄河三角洲高效生态经济区紧密衔接,以促进区域通和的战略发展意图。

在空间布局上,该规划在按照"一个核心、两个圈层"展开城镇布局。一方面,以扩大城市规模为载体,积极实施济南"北跨"战略,加快推进济莱协作区建设,做大做强省会城市经济;另一方面,按照大都市理念进行统一规划,建设完善"两个圈层",按组团式思路培育卫星城,即以济南为中心,70 千米为半径,包括济阳、商河、平阴、章丘、莱芜市区、齐河、禹城、临邑、肥城、邹平、泰安市泰山区和岱岳区等周边区域的紧密圈层;以 150 千米为半径,淄博、泰安、德州、聊城、滨州 5 市市区为节点的辐射圈层。

在产业布局上,以重要交通干线为依托,中心城市为载体,资源整合为重点,加强分工与协作,提高产业集中度,形成"一个高地、两条产业带"的产业布局,延伸区域产业链和价值链,建设布局合理、错位发展、协作密切的区域产业体系。即:建设城市经济发展高地,并形成滨淄济聊产业带和德济泰莱产业带两条产业聚集带,成为支撑经济圈发展的"十"字形发展轴。

(四) 山东省的"蓝黄战略"发展战略

区域发展战略是涉及国家和区域的重大决策行动,利害关系众多。即使是在山东一省范围之内,也面临着如何实现跨域治理、如何整合内部资源以获取整体发展优势的问题。在单一制国家之内,跨域合作首先表现为上级政府的支持。对于城市政府来讲是省政府,对于省政府来讲就是中央政府。地方政府战略如果能够上升为国家战略,其获取的发展资源和发展空间将会大大增加,这也成为地方政府行动的主要动机之一。

按照山东区域发展规划，黄河三角洲是“一体两翼”北翼的主体，具有极大的拓展发展空间。自20世纪90年代以来，山东就将黄河三加州开发列为全省两大跨世纪工程之一。1999年，江泽民总书记视察黄河三角洲地区时要求“把黄河三角洲建设成为环境优美、经济繁荣的新经济区”，此后该地区发展先后被列入国家“十五”计划和“十一五”规划纲要。2003年，曾培炎、回良玉两位副总理批示国家发改委对黄河三角洲开发进行研究。在2008年11月时任副总理的李克强视察山东工作时，山东省政府提出要把黄河三角洲开发上升为国家战略，并向国务院报送了规划文本。2009年，国家发改委会同国务院25个部委和有关单位赴山东调研以完善黄河三角洲高效生态区规划。2009年12月，国务院通过了《黄河三角洲高效生态经济区发展规划》，黄三角的开发建设正式上升为国家战略。

黄三角经济区主要包括山东省的东营市、滨州市全部及潍坊市、德州市、淄博市、烟台市部分地区，共19个县(市、区)，陆地面积2.65万平方千米，约占山东全省面积的1/6。在产业布局方面，按照产业集聚、城市辐射、园区带动、突出重点、率先突破的发展理念，力主建构“四点、四区、一带”布局。即：加快东营、滨州、潍坊、莱州四个港口建设，重点规划建设四大临港产业区，形成北部沿海经济带。初步规划面积约4400平方千米，建成全省的生态产业基地、新能源基地和全国的循环经济示范基地。四区，即东营、滨州、潍坊、莱州四大临港产业区。依托港口和铁路交通干线，加强基础设施建设，大力发展临港工业、临港物流和现代加工制造业，推动人才、物资、资金、信息等生产要素的高效流动和快速集聚，促进产业集群式发展，成为北部沿海经济带的关键支撑。

半岛蓝色经济区如今已经成为山东区域发展的重要主题，它的提出源于2009年4月胡锦涛总书记视察山东时的讲话：“要大力发展海洋经济，科学开发海洋资源，培育海洋优势产业，打造山东半岛蓝色经济区。”同年10月，胡锦涛总书记再次视察山东时，根据山东海域面积辽阔、海洋资源丰富的特点，强调要建设好山东半岛蓝色经济区。于是，山东省以此为据制定新的发展规划，到2011年1月4日，国务院以国函〔2011〕1号文件批复《山东半岛蓝色经济区发展规划》(以下简称《规划》)，这是“十二五”开局之年第一个获批的国家发展战略，也是我国第一个以海洋经济为主题的区域发展战略。2011年1月14日，山东省召开半岛蓝色经济区建设动员大会，沿海各地市积极开展了各项工作。

从空间范围来看,规划主体区范围包括山东省全部海域和青岛、东营、烟台、潍坊、威海、日照6市及滨州市的无棣、沾化2个沿海县所属陆域,海域面积15.95万平方千米,陆域面积6.4万平方千米。2009年,区内总人口3291.8万,人均地区生产总值50138元。

从布局范围而言,该规划按照以陆促海、以海带陆、海陆统筹的原则,优化海洋产业布局,提升胶东半岛高端海洋产业集聚区核心地位,壮大黄河三角洲高效生态海洋产业集聚区和鲁南临港产业集聚区两个增长极;优化海岸与海洋开发保护格局,构筑海岸、近海和远海三条开发保护带;优化沿海城镇布局,培育青岛—潍坊—日照、烟台—威海、东营—滨州三个城镇组团,形成"一核、两极、三带、三组团"的总体开发框架。

山东省蓝黄两个战略的获批具有重大意义。从全国来看,国务院将一个省级行政区内两个重点地区上升为国家战略层面是比较少见的。它们对于实现"强强联合、优势互补、互促互带"的区域发展模式起到了积极作用。从规划的范围来看,与早期的山东半岛城市群规划具有异曲同工之处,其发展思路是一脉相承的。

在蓝黄战略的带动之下,实现山东半岛蓝色经济区和黄河三角洲高效生态经济区的融合发展又成为新的发展态势。按照两区的规划范围,"蓝区"和"黄区"重叠区域涉及11个县(市、区),具体包括东营市、滨州的无棣、沾化两个县,潍坊市的寒亭区、寿光市和昌邑市,烟台市的莱州市。从县级行政单位的数量看,重叠区域占"蓝区"的1/5强,占"黄区"近60%;从土地面积看,重叠区域占"蓝区"的30%,占"黄区"近70%。此外,在功能定位、基础设施的互联互通性等方面,都显示出两区具有很强的相似性和互补性。从这个角度来看山东半岛城市群的未来发展,在宏观上表现为蓝色经济区与高效生态经济区的融合发展,在微观上则表现为城市之间在跨域问题上的协调与合作。

(五)山东省区域发展规划政策设计的特点

区域发展的主要目标在于解决区域发展不协调、不平衡的问题,跨越行政区划的问题首先需要政府的主导推动。山东省政府积极作为,一直在区域发展采取规划引领的思路。就发展阶段来看:第一阶段,1984～1991年,提出并实施"东部开放,西部开发,东西结合,共同发展"的战略,主要内容是搞好点片开发,实行横向联合。第二阶段,1992～2002年,提出并实施"全面开放,重点突破,梯次推进,东西结合,加快发展"的战略,其基本要点也是自东向西，梯次推进。第三阶段，2003 年到 2007 年 4 月，提出并实施“龙头带动，重点突破，促强扶弱，协调发展”的战略。所有这些都着眼于统筹东中西部发展，是一种横向坐标的思维和布局。第四阶段，自 2008 年至今，以城市群发展为龙头，注重在区域一体化通和发展，半岛城市群规划、济南都市圈规划、鲁南经济带规划等区域规划的出台，越来越注重在区域层面进行统筹。

自 2000 年以来，山东省把城镇化作为全省经济社会发展的四大战略之一，在规划、政策方面积极推动，城镇化水平迅速提高，2000 年为 38.2%，2005 年达到 45.0%，2011 年为 50.95%，进入快速城镇化阶段。从全局的角度，山东省注重建立梯次明显、层级合理的城镇体系。在这个体系中，山东省以城市群发展为引领，在山东半岛城市群规划之外，还先后编制实施了济南都市群规划、鲁南城市带规划等，最终构建出构建“一群（山东半岛城市群）、一带（鲁南城镇发展带）、双核（济南、青岛两大中心城市）、六区（六个城镇密集区）”的省域新型城镇化总体格局。①

总体上看，在城市群发展规划的引领下，注重促进城市之间分工与协作，构建多中心、网络化的空间体系，推动山东半岛城市群空间组织模式由轴带集聚向网络化发展转变。山东在区域经济规划方面也不断改进演进，2003 年单一的“半岛”宏观概念，已经进化为“一蓝一黄一圈一带”复合区域发展态势，标志着山东省在区域发展规划等方面的凝练和统筹达到了一个全新的高度。可以说，目前与国内其他地方的不同在于，山东半岛区域经济已进入板块区域经济发展时代，而这带有鲜明的省政府主导作用。

三、利益共享基础上的城市间自发型合作

从发展历程来看，山东半岛城市群的发展属于省政府规划在前、城市政府执行在后的发展顺序，省政府的科学决策和规划引领是前提，城市政府的合作是主要内容。在城市群规划的引领下，城市群内各城市联系日益紧密，相互依赖性不断增强，区域公共事务和区域公共问题也逐渐增多，这就要求城市之间必须联合提供区域公共物品以满足区域发展需求，城市合作的空

① 参见山东省人民政府：《中共山东省委山东省人民政府关于印发山东省新型城镇化规划（2014～2020 年）的通知》（鲁发〔2014〕16 号），http://www.shandong.gov.cn/art/2014/10/27/art_886_6671.html. 2014-10-27。

间和领域越来越大。在山东半岛城市群的发展中,在省政府的规划明确之后,各个城市政府积极响应,合作的动机也在探索中不断增强。

(一)明确城市群中各城市的发展定位

城市群是一个由各个城市相互作用、相互关联、相互依赖的等级系统组成,城市群的城市具有不同层级的作用。在半岛城市群规划出台之前,尽管各个城市的人口规模、经济规模存在很大差别,但它们都是本地区的经济和政治中心,各个城市之间相对独立,在城市职能方面具有非常大的相似性,产业布局上也具有较强的一致性。山东半岛城市群内这一等级表现得特别明显,具体可以分为四个等级,如表 4-2 所示。

表 4-2　2004 年山东半岛城市群等级体系

等级体系		主要指标	
级别	城市	市辖区非农业人口(万)	市辖区地区生产总值(万元)
核心城市(2 个)	济南	251.69	12413434
	青岛	216.33	11195536
中心城市(6 个)	淄博	156.69	10163561
	东营	60.09	6879734
	烟台	110.23	6218949
	潍坊	79.87	3453900
	威海	44.24	2786623
	日照	40.15	2021200
小城市(22 个)	章丘、胶州、即墨、龙口、海阳、青州等		
建制镇(593 个)	略		

(资料来源:李玉江《城市群形成动力机制及综合竞争力提升研究》,科学出版社 2009 年版,第 3 页)

城市群的发展就是要对区域内的城市进行"优势互补"的功能定位。根据山东半岛城市群的发展规划,通过优化、整合山东半岛城市群人口、产业、生态环境和城镇空间布局,提高半岛城市群综合竞争力,协调区域内各项资源开发与保护,构筑发达的区域基础设施支撑体系和社会公共服务与保障系统,为城市群发展提供具有高度适应性和开放性的空间载体。因此,在城市群中对城市的职能有着明确定位,如表 4-3 所示。

表 4-3　　2004 年山东半岛城市群等级体系

城市名称	城市职能
济南	山东省的政治、文化、教育中心，山东中西部以及省际区域的交通枢纽和经济中心，现代服务业为主导、高新技术产业发达的综合性省会城市
青岛	山东和黄河中下游地区的龙头城市，现代制造业和现代服务业发达的国际性港口城市和国际性海滨旅游城市
烟台	以现代制造业为主导的综合性区域中心，环渤海咽喉地带的海陆交通枢纽，中韩日经贸交流的前沿门户
威海	宜居城市和生态旅游城市，胶东半岛制造业基地的核心之一
淄博	国家新材料产业化基地，以石化和医药为主导的制造业基地
潍坊	以海洋化工、机械、食品加工为主导的综合性制造业基地，是连接山东半岛和山东中西部地区的交通枢纽
日照	独具魅力的海滨生态旅游城市，以临港工业为特色的深水港口城市，鲁南的出海门户和亚欧大陆桥重要的东方桥头堡之一
东营	向多元化方向发展的专业化石油、机械工业城市，黄河三角洲开发基地

[资料来源：山东省人民政府《山东半岛城市群总体规划文本》(2007 年)]

各个城市联结在一起形成了有机的城市群，也是一个经济联系、社会联系及生态联系不断深化的过程，各城市之间彼此紧密配合，相互渗透，一体化的趋势日趋明显。半岛城市群规划通过明确各中心城市在半岛城市群内的服务职能，通过城市间的分工协作，实现城市资源的整合，进而为打破城市行政空间分割、共同提供区域性公共事务和公共物品奠定基础。在山东半岛城市群规划的推动下，各个城市的区域定位日益明确。

青岛作为山东半岛城市群发展战略中具有核心带动作用的“龙头城市”，近年来发展迅速，不论是城市规模还是经济总量都取得了很大的发展，积极朝向建设区域龙头城市、建设现代化国际城市的目标迈进。在自身发展的前提下，积极迎接包括日照、潍坊、威海在内的周边城市的接轨，助推半岛其他城市的发展。

济南积极发挥省会城市的优势，带动济南都市圈的发展。济南作为山东省的政治、文化、教育中心，作为山东中西部及省际区域交通枢纽和经济中心,具有自身的优势产业和大量的高科技人才。近年来,尤其是济南都市圈规划发布以来,济南积极发挥省会城市的带动作用,大力带动周边城市的发展。相关城市也积极配合、回应济南,加快融入"济南都市圈",淄博、泰安、莱芜、德州、聊城、滨州6个城市主管部门和企业都一致采取"早划圈、早进圈"的积极态度,加快融入"济南都市圈"。

日照主动接轨青岛,甘当配角,实现共赢。日照市为了在山东半岛城市群发展战略的大框架下实现日照的跨越式发展,提出了"依托青岛、发展日照"的发展战略,并先后下发了《关于接轨青岛融入半岛城市群的意见》《关于接轨青岛融入半岛城市群的实施方案》及《关于进一步发展两市交流合作关系的框架协议》等相关政策,以加快推进两市交通联网、旅游联手、信息联通、生态联保、经济和社会联动发展的格局。

潍坊加快接轨青岛,实施青岛潍坊两市经济一体化战略。潍坊积极推进立足自身的实际,加快接轨青岛,于2007年7月提出了《关于加快接轨青岛推进改革开放实现科学发展和谐发展率先发展的意见》,意见在农业、先进制造业、旅游业、房地产等行业方面提出了接轨青岛的基本思路和工作重点。为了更好地接轨青岛,增强青、潍两市之间的战略合作,潍坊主动促成了以"合作""创新""发展""共赢"为主题的"(青岛)潍坊周"的系列活动,并在活动期间与青岛市又签署了《潍坊—青岛战略合作协议》。借助"(青岛)潍坊周"这个平台,两市增进了彼此了解,为进一步合作增添了助力。

威海加快接轨青岛,融入半岛城市群。为了积极融入山东半岛城市群并在半岛区域发展中发挥更积极的作用,威海市委、市政府把接轨青岛、融入半岛城市群作为全市的重点工作来抓,成立了由市委书记为组长,市委副书记、市长为副组长,市委、市政府有关部门主要负责人为成员的主动接轨青岛工作领导小组,制定了接轨青岛的工作规划、目标和政策措施,建立了协调推进机制,明确了各部门的工作任务,出台了接轨青岛的考核督察制度。

(二)城市之间的合作协议与行动

半岛城市群作为山东省的区域发展战略,对城市群内的各个城市政府产生了很强的推动作用。各个地方政府积极行动起来,纷纷出台了相关的政策。择其要者主要有:

◆2003年10月,日照市下发了《关于接轨青岛融入半岛城市群的意见》。

◆2004年,日照市在派专人对无锡、苏州、杭州三市接轨上海及上海辐射长三角的相关经验进行考察的基础上，进一步制定下发了《关于接轨青岛融入半岛城市群的实施方案》。

◆2004年4月，青岛与日照两市本着互惠互利合作发展的原则共同签署了《关于进一步发展两市交流合作关系的框架协议》，为两地企业进一步加强拓展与合作构筑了互动的平台。

◆2007年7月，潍坊市为了加快接轨青岛，立足自身的实际主动提出了《关于加快接轨青岛推进改革开放实现科学发展和谐发展率先发展的意见》。

◆2007年10月，在由潍坊市主动推动举办的"（青岛）潍坊周"期间，潍坊与青岛签署了《潍坊—青岛战略合作协议》。

◆2008年5月，为了进一步深化青潍合作、加快区域一体化进程，青岛与潍坊两市联合拟定了《关于加快推进青潍一体化发展的指导意见》《推进青潍一体化发展行动计划》。

◆2008年4月11日，烟台和威海两市的市政府领导人签署了《烟威区域合作关系框架协议书》。

◆2009年9月，国家海洋局、山东省人民政府《关于共同推进山东半岛蓝色经济区建设战略合作框架协议》。

◆2012年，青岛与山东半岛其他6城市签署了《战略合作框架协议》，形成山东半岛城市区域合作交流新格局。

第三节　半岛城市群跨域治理的治理结构

建构良好的治理结构是跨域治理实现的组织基础。在山东半岛城市群的发展过程中，不仅涉及政府、企业、社会组织等多元主体，而且在政府中还涉及中央与地方、城市与城市之间的关系。在跨域治理中尤其关注城市群政府组织之间的关系，但由于山东省政府的主导作用，我们首先分析自上而下的治理结构。

一、自上而下的行政推动机构

根据城市群发展规律，城市群发展初期其内部联系程度并不紧密，合作的动力也不强烈，因此，需要外部的推动力量。在山东半岛城市群建设初期，需要发挥省政府的积极引导作用。在政治动员之外，山东省还通过设立行政机构作为推动合作实现的组织,发挥领导者、制度供给者、监督者和裁判员的角色,推动和引导城市群内的合作和区域公共事务和公共物品的供给。

如在《山东半岛城市群规划》中明确提出:要在"统一规划、加强联系、优势互补、共同受益"的理念下,建立区域协调平台,推进山东半岛城市群区域的一体化。为保证"蓝、黄"国家战略的组织实施,国务院明确要求山东省人民政府要加强对规划的组织领导,明确工作分工,落实工作责任,完善决策、协调和执行机制。

在山东省内,成立了由省委、省政府主要领导同志任组长的黄河三角洲高效生态经济区规划建设领导小组和山东半岛蓝色经济区规划建设领导小组,还成立了工作推进协调小组和相应的办事机构,及先后在省发改委设立"黄办""蓝办"作为具体的办事机构,后来该机构又改为"山东省区域发展战略推进办公室"。在工作原则方面,山东省为加大协调力度、形成工作合力,中共山东省委、省政府于 2011 年 6 月召开山东半岛蓝色经济区和黄河三角洲高效生态经济区建设工作领导小组第一次会议,按照"谁分工、谁负责;谁分管,谁协调"的原则,明确提出建设"蓝、黄"两区重点工作协调推进制度,明确了省政府分管领导、40 个牵头部门和参加部门,设立了 11 个"两区"建设重点工作协调推进组。以此为标志,"蓝、黄"两个经济区在组织管理机制上率先实现了整合,这为两大经济区实现战略对接、产业对接、政策对接奠定了坚实的制度保障体制基础。就具体的推进过程,可以分为如下几个方面。

(一)黄河三角洲高效生态经济区推进机构演变

该规划以专设的黄河三角洲高效生态经济区建设领导小组及其下设办公室为主要的制度依托,由省政府主要领导同志担任组长,分管领导同志担任副组长,以确保其落实状况。在推进的过程中也是机构、职责不断完善明确的过程,其流程大致经历了"国家层面宏观性要求—地方层面相关规划的实践—专题规划报送与批复—实施意见的出台与制度的细化"的过程。如表 4-4 所示。

表 4-4　　黄河三角洲高效生态经济区推进历程

时间	事项
2006 年 3 月	在国家发改委等部委的全力支持下，十届全国人大四次会议再次将“发展黄河三角洲高效生态经济”列入国家“十一五”规划纲要
2007 年	山东省把黄河三角洲开发建设作为“一体两翼”战略中的实施重点，决定从省财政每年安排 500 万元进行财政支持
2008 年 6 月	省政府编制了《山东省黄河三角洲高效生态经济区发展规划》
2008 年 9 月	省政府出台《关于支持黄河三角洲高效生态区又好又快发展的意见》，将其作为“一体两翼”战略中“北翼”产业聚集带的建设重点，加大了对黄河三角洲地区开发建设的支持力度
2009 年 10 月	国家发改委以《关于报送黄河三角洲高效生态经济区发展规划(送审稿)的请示》(发改地区〔2009〕2670 号)，上报国务院
2009 年 11 月 23 日	《国务院关于黄河三角洲高效生态经济区发展规划的批复》(国务院以国函〔2009〕138 号)，批复同意《黄河三角洲高效生态经济区发展规划》
2010 年 5 月 23 日	中共山东省委、省政府发布关于贯彻落实《黄河三角洲高效生态经济区发展规划》的实施意见。成立黄河三角洲高效生态经济区建设领导小组，由省政府主要领导同志担任组长，省直有关部门和黄河三角洲地区 6 市主要负责同志为成员。领导小组下设办公室作为常设机构

(资料来源：根据国家发改委及山东省人民政府相关文件整理)

(二)山东半岛蓝色经济区推进机构

以省级领导直接领导的山东半岛蓝色经济区规划建设领导小组、山东半岛蓝色经济区推进协调小组及其下设办公室为主要的制度支撑，以山东半岛蓝色经济区咨询委员会为辅助，其流程为“国家领导人指示—省级政府下设专门机构推动—出台省级指导意见—全面部署工作—报送与批复—规划实施意见的出台—制度的完善与细化”，如表 4-5 所示。

表 4-5　　山东半岛蓝色经济区推进历程

时间	事项
2009 年 4 月下旬	胡锦涛总书记视察山东时作出打造山东半岛蓝色经济区的重要指示
2009 年 4 月 28 日	中共山东省委召开常委扩大会议和九届七次全会,深入学习贯彻落实胡锦涛总书记的重要指示精神
2009 年 5 月 15 日	山东成立了以省委书记为组长、省长为副组长的山东半岛蓝色经济区规划建设领导小组,同时成立了以省长为组长、常务副省长为副组长的推进协调小组。规划建设工作推进协调小组下设办公室
2009 年 6 月 30 日	中共山东省委、省政府出台《关于打造山东半岛蓝色经济区的指导意见》,提出了山东半岛蓝色经济区建设的总体目标
2009 年 4 月～12 月	中共山东省委、省政府先后召开山东半岛蓝色经济区建设工作会议、规划编制工作会议、规划建设领导小组会议,对蓝色经济区规划建设工作进行全面部署
2009 年 8 月 17 日	山东省编制委员会办公室批准设立山东半岛蓝色经济区建设办公室
2009 年 11 月 3 日	山东半岛蓝色经济区咨询委员会成立,设立 8 个专家组,建立了科学决策咨询机制
2010 年 5 月 22 日	首届半岛市长论坛在青岛举行
2010 年 8 月 27 日	山东省政府以鲁政字〔2010〕210 号文件向国家发改委报送《山东半岛蓝色经济区发展规划》和《山东半岛蓝色经济区改革发展试点工作方案》
2011 年 1 月 4 日	国务院正式批复《山东半岛蓝色经济区发展规划》,标志着山东半岛蓝色经济区建设正式上升为国家发展战略
2011 年 5 月 31 日	中共山东省委、山东省人民政府关于贯彻落实《山东半岛蓝色经济区发展规划》的实施意见出台实施,意见明确和强化了组织领导,其指出省领导小组和领导小组下设的山东半岛蓝色经济区建设办公室的具体职责

(资料来源:根据国家发改委及山东省人民政府网站相关文件整理)

（三）“蓝、黄”两区协调发展机构

“蓝、黄”两区建设领导小组及下设“蓝、黄”两区办公室，是山东半岛蓝色经济区和黄河三角洲高效生态经济区建设工作机构整合的重要步骤。相关机构的成立不单使得“蓝、黄”两区的推进工作成为统一的整体，更使得相关工作在绩效考核等方面日趋规范、严谨。同时，其建立的“省政府分管领导—牵头部门—参加部门”三级推进机制对于日后整合类似机构提供了明确的方向。如表 4-6 所示。

表 4-6　“蓝、黄”两区推进历程

时间	事项
2011 年 4 月 27 日	山东半岛蓝色经济区和黄河三角洲高效生态经济区建设工作领导小组第一次会议决定，将已有的两个领导小组进行整合，成立山东半岛蓝色经济区和黄河三角洲高效生态经济区建设工作领导小组，简称“蓝、黄”两区建设领导小组。下设“蓝、黄”两区办公室作为常设机构
2011 年 6 月 14 日	山东省人民政府办公厅印发《关于建立山东半岛蓝色经济区和黄河三角洲高效生态经济区建设重点工作协调推进制度》的通知，设立 11 个“两区”建设重点工作协调推进组，明确省政府分管领导、牵头部门和参加部门三级推进机制，即：每一组中省委常委成员作为省政府分管领导，一个省厅级部门作为牵头部门，若干部门作为组成部门
2011 年 8 月 23 日	山东省发改委和新华社山东分社共建山东“蓝、黄”两区网
2012 年 2 月 15 日	山东半岛蓝色经济区和黄河三角洲高效生态经济区建设工作领导小组第二次（扩大）会议召开，介绍《山东半岛蓝色经济区和黄河三角洲高效生态经济区建设年度绩效评价及考核暂行办法》
2013 年 4 月 27 日	中共山东省委常委、常务副省长孙伟主持召开会议，安排部署“蓝、黄”两区建设年度绩效评价及考核工作
2013 年 11 月 25 日	山东省区域发展战略推进工作领导小组下发了《关于“蓝、黄”两区建设绩效评价及考核情况的通报》，实现考核结果的反馈

（资料来源：根据山东省人民政府及区域发展战略办公室相关文件整理）

（四）区域发展战略推进办公室

区域发展战略推进办公室作为当前半岛城市群推动过程中发展的最高级别的组织机构，自其成立以来，山东半岛城市群的相关建设工作逐渐步入

体系化、科学化的轨道,各项工作有序展开,极大地推动了包括“蓝、黄”两区、省会城市群经济圈等相关工作的开展。如表 4-7 所示。

表 4-7 “蓝、黄”两区推进历程

时间	事项
2013 年 8 月 28 日	山东省人民政府印发了《省会城市群经济圈发展规划》,要求成立济莱协作区建设领导小组,设立领导小组办公室,统一进行重大决策
2013 年 9 月 2 日	山东成立省区域发展战略推进工作领导小组,统筹“两区一圈一带”推进工作。姜异康书记、郭树清省长为组长,其他 14 位省领导为成员。领导小组日常工作由常务副省长负责,领导小组办公室设在省发改委
2013 年 11 月 4 日	山东省机构编制委员会印发了《关于调整省发展改革委机构编制事项的批复》。在“蓝、黄”两区办现有机构的基础上,整合成立省区域发展战略推进办公室,设在省发改委,为正厅级机构
2013 年 12 月 7 日	山东省发改委召开省会城市群经济圈第一次党政联席会议,通过《省会城市群经济圈联席会议制度》
2014 年 2 月 17 日	山东半岛蓝色经济区第一次党政联席会议在青岛召开,通过《山东半岛蓝色经济区联席会议制度》
2014 年 7 月 29 日	省会城市群经济圈第一届市长磋商会议在济南召开

(资料来源:根据山东省人民政府及区域发展战略办公室相关文件整理)

二、城市群内合作平台的初步建立

随着山东半岛城市群相关工作的展开,有关部门在城市群内部成立了诸多合作平台,为山东半岛各行为主体的交流合作建构了良好的协商平台。其中,山东半岛城市群人才联盟、制造业基地建设领导小组等组织和机制的建立标志着城市群内合作平台的初步建立。

(一)成立山东半岛城市群人才联盟

为了贯彻省委省政府山东半岛城市群发展战略,促进半岛崛起,济南、青岛两市人才交流服务中心发起了“山东半岛城市群人才中心主任联席会”,山东半岛城市群人才联盟正式成立。该联盟不仅有利于半岛各地市及全省对于人才的留用、引进,而且还为个人的职业选择、发展提供了很好的平台,在促进半岛及山东省人才的交流与充分利用上发挥了重要的作用。

(二)成立制造业基地建设领导小组

青岛、烟台、威海三市成立由市领导牵头的制造业基地建设领导小组，出台了加快山东半岛制造业基地建设的意见和措施。青岛市围绕着承接日韩产业的转移，重点抓产业规划布局、重大项目推进、要素支撑、产业集群招商、展会经济促进等六项工作。烟台市提出了“五个并重”的发展思路，着力打造北部沿海经济产业带、创建中国食品名城和北方黄金饰品交易中心等新的思路和规划措施。威海市采取了政府推动、舆论鼓动、招商发动、环境促动、政策拉动的“五动”措施，提出了“公路升级、铁路提速、港口扩张、空港开放”的建设思路。

(三)烟威牵手“烟威联盟”

烟台、威海作为山东半岛城市群中相邻的两个沿海城市，长期以来二者既存在基于各自地区利益的激烈竞争，也存在着为了谋求共赢共荣的合作需求。经过两市的不断尝试、努力，终于在 2008 年 4 月 11 日，两市的市政府领导人签署了《烟威区域合作关系框架协议书》。在这一区域合作框架协议下，烟威两市将在山东半岛城市群大框架下，优先建立两市间全方位、多层次、宽领域的交流合作机制；立足各自的资源条件和产业基础，确定有利于两市错位竞争、配套发展的产业方向，建立重点项目协商对话机制，引导两市企业相互投资、共同研发，实现优势互补、双赢发展；按照整合区域资源、促进协调发展的原则，加强两市间规划衔接，加快推进基础设施特别是交通设施的对接，加强科技、教育、文化、体育等领域的交流与合作。

(四)成立城市间工作协商机制

潍坊与青岛计划逐步建立工作协商机制。潍坊市政府积极推动与青岛接轨，成立由市政府领导任组长，有关负责部门主要负责人参加的接轨青岛领导小组，并计划逐步建立与青岛高层领导定期互访机制，协商解决重大问题，共谋合作发展大计。

青岛与日照建立双方定期交流制度。青岛市人民政府和日照市人民政府签订了《关于进一步发展两市交流合作关系的框架协议》，协议规定建立双方的定期交流制度，两市定期开展党委和政府领导层的互访交流活动，加强沟通和了解。还要成立青岛—日照经济发展合作理事会，两市市长任主席，有关部门任理事，理事会主要负责及时沟通有关情况，协商解决双方合作中的重大问题，推动合作的顺利进行。

青烟威三市建立市长联席会议制度。2005 年初，青岛、烟台、威海三个山东半岛城市群中的重要沿海城市建立市长联席会议制度,三市就城市间的发展规划、产业布局、基础设施、技术人才等方面展开协作沟通。

建立高层互访和联席会议制度。2013年11月底,山东半岛城市经济合作部门的负责人齐聚青岛,参加了山东半岛城市部门战略合作联盟成立大会。由此,青岛、烟台、威海、日照、潍坊、东营、滨州山东半岛7城市,开始走上了抱团发展之路。联盟设立了秘书处,联盟秘书长由7城市政府相关部门领导每年轮值,负责各个城市的推进协调。这种轮值制度,通过联席会议的形式加强沟通协调,可以提高合作效率,加强城市间的区域合作。

第四节 半岛城市群跨域治理的政策工具

自从山东半岛城市群发展战略提出之后,与该发展战略相关联的各个方面根据自身的实际情况不同程度地作出了回应,在地、市之间的沟通、合作及区域内的专项合作方面都采取了相应的政策措施和行动规划。

一、城市群内基础设施建设的合作

为了使得山东半岛城市群各个地市之间的相互联系更为便捷高效,山东省在原有的基础上进一步加快城际交通网络建设,缩短城际时空距离。在公路、铁路、机场及港口设施等方面采取一系列举措,具体内容如下:

(一)以快速通道的建设助推高速公路网络的日渐完善

高速公路作为陆路运输的重要方式,其在当前经济活动中扮演着重要角色。正是出于高速公路在资源流动等方面的重要作用,山东半岛城市群在公路网络建设方面有着较为明确的规划。2006年,潍坊日照高速公路建设方案通过审查论证,并进入具体的建设准备议程。2013年5月,潍坊日照高速公路正式开工建设。潍日高速公路是山东省高等级公路网规划“五纵四横一环八连”中的一条连接线,其建成既成为国家高速公路网的重要补充,还将结束山东半岛城市群中仅潍坊日照不通高速的历史,实现半岛城市群市市通高速。与此同时,威海市在全面加快构建区域连接的快速通道的过程中,积极打造“两小时城际交通圈”。在公路建设方面,围绕打通公路主干线和扩大公路通达深度为目标,构建半岛城市群对外联系的大通道,逐渐实现干线公路高等级化。

(二)以城际铁路为切入点完善区域铁路运输网络

山东半岛城市群积极发展城际铁路运输网络,力图以铁路资源的整合实现山东半岛城市群内部更为高效便捷的联系,并由此制订了若干规划。2011 年 7 月,山东半岛城市群城际轨道交通规划获国家发改委正式批复,规划范围以济南、青岛为中心,包括周边的淄博、东营、烟台、潍坊等 14 市,并计划在 5 年内开建 4 条城际铁路,建设总里程为 182 千米。2014 年 4 月 28 日,国家发改委正式批复了《环渤海地区山东半岛城市群城际铁路规划(2011～2020 年)(调整)方案》(发改办基础[2014]878 号)。该方案是在国家发改委批复的《环渤海地区山东半岛城市群城际轨道交通网规划(2011～2020 年)》(发改基础[2011]1405 号)的基础上,结合山东省"两区一圈一带"区域发展战略,对山东省城际轨道交通网规划进行的修编和扩大,将济青高铁项目正式纳入规划。该规划近期重点建设济南—青岛、潍坊—莱西等 9 条城际铁路,建设总里程 1027 千米。该规划是我国铁路管理体制改革之后批复的第一个区域性城际铁路规划,为半岛城市群的和谐发展创造了条件。

(三)以虚拟机场等方式推动机场资源的优化充足

信息技术的发展为经济活动主体创新管理方式提供了重要的机遇,使其能以技术手段实现运营效率的提高。山东半岛城市群十分注重以技术手段推动产业的创新与增效,推动资源的优化重组。以青岛机场为例,青岛国际机场为了拓展航空腹地市场、增强自身竞争实力,先后在日照、潍坊和淄博等地设立虚拟机场,乘客可以选择在日照、潍坊和淄博开设的虚拟候机楼提前办理值机业务,乘坐各地到青岛国际机场的专设大巴,实现直通机场的无间歇登机。这对于青岛机场利用自身天然的地理优势和强大的航空资源努力打造华东地区仅次于上海、杭州、厦门的重要航空基地的发展目标也起到了重要的促进作用。

(四)以项目为载体整合港口资源,区域强港共建国际航运中心

山东半岛拥有全国大陆 1/6 的海岸线,坐拥青岛、日照等优良港口。但是,山东省沿海港口的吞吐能力仍然存在很大的缺口,大型专业化深水泊位尤其是专用泊位相对短缺,这已成为发挥山东半岛港口资源的重要制约因素。为增强山东半岛城市群海运业的整体实力、使其成为国际航运中心,实现省内沿海港口资源的整合是加快建设国际航运中心的有效途径。为此,山东半岛城市群采取多项举措。2005 年 12 月 8 日,青岛港与威海港合资

经营青威集装箱码头项目在威海隆重签约,青岛港和威海港将投资 1.4 亿元联合经营威海港集装箱码头。威海港通过依托青岛港的信誉和名牌效应,使得其集装箱运输得到快速发展。2007 年 5 月 20 日,最终由青日两港合资经营的日青集装箱码头有限公司正式开业,标志着青日联合整合港口资源迈出了重要步骤。2009 年 2 月 25 日,经山东省交通厅倡议,青岛、日照、烟台三个"亿吨大港"在青岛签订战略联盟框架协议,合力建设东北亚国际航运中心。2011 年 1 月 27 日,"黄区"的潍坊、东营、滨州三港获得交通部批准,由一般性港口提升为区域性重要港口,以适应黄河三角洲高效生态经济区上升为国家战略和山东实施蓝色经济发展战略的需要。

二、半岛城市群内的专项区域合作

为促进山东半岛城市群在人才、信息技术、旅游业、报业等行业的发展,促进各种有益社会资源的充分流动,使其更好地服务山东半岛城市群建设发展,山东半岛城市群各个方面都积极采取各项措施,推动半岛城市群内的各类专项区域合作的开展与深化。具体内容如下:

(一)以建立人才交流会机制等五个方面为突破点,成立半岛城市群人才联盟

2003 年 8 月,济南、青岛等 8 个城市的人才交流服务中心共同建立"山东半岛城市群人才中心主任联席会"制度,标志着山东半岛城市群人才联盟的初步成立。随着相关工作的不断展开,人事制度框架、人才市场和人才服务体系、信息资源共享等问题逐渐达成共识,半岛城市群人才联盟的工作正在稳步推进。山东半岛城市群人才联盟的目标是建立区域内不分你我的人才统一体,实现山东半岛人才一体化。该联盟的成立及运营,在以下五个方面实现了突破:一是建立统一的人才交流会机制;二是开通了山东半岛城市群人才网站;三是"一地委托代理,各城市合作服务"的人才代理制度的施行;四是人才派遣互为代理业务;五是诚信档案联盟的搭建。半岛城市群人才联盟的成立,对提高半岛城市群中人才的供给效率和优化就业格局具有深远的影响。

(二)以联合调查机制和深入研讨机制为依托,建立统计信息交流机制

山东半岛城市群作为一种跨域合作的重要形式,其推进工作需要大量信息的支撑。以往由省政府为主导的统计信息交流制度已不适应当前复杂、繁重的信息统计工作,建立跨区域的统计信息交流机制已势在必行。2005 年 7 月,首届半岛城市群统计信息交流会在青岛圆满召开。与会八市

达成了建立统计信息交流机制的共识，通过了理事会章程，使得区域统计信息交流在制度层面实现了沟通互联。会议奠定了半岛 8 市统计部门的跨区域合作的基础，同时也为区域合作从日常交流机制扩展到联合调查机制和深入研讨机制，进一步加强统计为服务领导决策和服务半岛经济的发展奠定了坚实的基础。该机制的建立，使得原有的以省政府相关单位为主导的统计信息交流制度向多主体过程共同参与、结果共享的多元信息交流机制转变。

（三）以构筑半岛城市群旅游经济圈为目的，成立山东半岛城市群旅游联合体

山东作为旅游大省，有着丰富的旅游资源，但其在旅游资源的整合方面尚有优化、改进的空间。山东省人民政府相关部门为改善此现状，积极采取措施，加强引导。2004 年 9 月，随着青岛、济南等 8 个成员城市共同签署《山东半岛城市群旅游合作宣言》，标志着山东半岛城市群旅游联合体的正式成立。该联合体的成立，以构筑半岛城市群旅游经济圈为目的，力图提升区域旅游经济核心竞争力，形成最有特色、最有发展潜力、最有知名度和最有吸引力的山东旅游经济品牌。该联合体以共同开拓旅游市场为手段，以联席会议制度为载体，以齐鲁金穗旅游卡等为工具，在诸多旅游合作协议框架下整合并优化区域内的各项旅游资源，从而实现各个成员城市的良性竞争和区域旅游行业综合竞争力的提升，将极大改善山东半岛内旅游行业碎片化的局面。

（四）以创造良好的舆论环境为宗旨，成立山东半岛报业联盟

山东半岛城市群的推进工作离不开不同参与主体的相互信任与配合，其崛起需要一个良好的舆论环境。而报纸作为在社会中有着较强影响力的大众媒体，一直以来，其在创造良好的舆论环境等方面发挥的积极作用受到相关部门的重视。2007 年 7 月，在省政府相关单位的引领下，青岛、日照等相关六市的报社代表正式签署协议，宣布成立山东半岛报业联盟，并随后正式创立《今日胶东》专刊，继续在引导公共舆论方面发挥积极作用。山东半岛报业联盟以为半岛城市群的发展创造良好的舆论环境，推动半岛城市群报业的健康发展为宗旨，以整合现有资源和加强行业沟通为手段，在各成员单位中采取合法、正当、有序的竞争，实现合作共赢。

第五节 半岛城市群区域公共物品供给的基本特点

区域公共物品的供给需要多主体的跨域合作才能达成,现实中跨域治理的合作机制难以有既定的、完善的途径,需要经历一个逐步完善的过程。各地需要根据自身发展需求、宏观政策环境、社会条件等确定实现区域公共物品供给的跨域合作运行机制。根据前文所述,在半岛城市群跨域合作的过程中,其基本特点有:

(一)多维度合作平台的搭建

目前,承担山东半岛城市群各项事务的组织机构是山东省区域发展战略办公室,是设在省发改委的正局级单位,其前身为半岛蓝色经济区建设办公室、黄河三角洲高效生态经济区建设办公室。在区域规划范围内的各级政府在发改委系统中也分别设立了相应的蓝色经济区建设办公室、黄河三角洲高效生态经济区建设办公室,重叠区的则为"两区"办公室,负责本辖区内类似的工作。这样的行政机制很好地保证了上级政策意图的贯彻执行。各地市政府通过建立市长联席会议制度和协商合作机制,对城市群范围内的重要工作进行统筹规划和整体运作,并通过打造政策、科技两大支撑平台,健全人才、市场、基础设施等支持体系,为山东区域发展提供了发展动力和支撑。中共山东省委、省政府成立了由主要领导同志任组长的山东半岛蓝色经济区规划建设领导小组,设立相应的协调小组和办事机构来具体执行领导小组的指示,各地市积极跟进,加强各项工作的组织领导和机构完善。

(二)多领域合作协议的达成

半岛城市群发展与城市群跨域治理是一个相互强化的过程。近年来,在区域经济一体化的推动下,区域内各地方政府间的合作也取得了一定的进展,并达成了在诸多领域的合作契约。一方面,山东半岛地区内区域经济合作密切。青岛、烟台、潍坊、威海、日照山东半岛五市已正式建立经济金融合作交流机制;青岛和日照围绕"推进一体发展、共赢同城时代"的目标,签订了《关于加快推进青岛日照区域合作一体化发展备忘录》,在基础设施、生态环境保护、文化建设和传媒、社会管理等多方面共同研究制定了一体化的政策措施,开启了两市一体化发展的进程;潍坊市也推出"积极接轨青岛、加快青潍一体化发展"的战略,建立了两市分管领导和有关部门定期协商制度，在共同举办大型经贸活动、承接青岛产业项目等方面开展了许多实质性的合作，签订《青岛—潍坊物流发展合作规划纲要》，初步建立了工业、农业、教育、交通等方面的合作机制；另一方面，山东半岛地区与区域外各省市间的合作交流日益广泛，如与泛珠三角区域的各地市开展交流与合作会议；与长三角的南京、杭州、苏州等城市签署了加强交流合作、促进共同发展的框架协议；在更大范围内还探索与环渤海经济圈的双边互动，并与 32 个环渤海城市市长共同签署了《天津倡议》等。

(三)多主体互动机制的建立

作为区域发展的主要形式，山东半岛城市群内政府间合作较为密切，在不同层次和领域都有所成效。近年来，在政府部门引导下，企业、社会组织和相关行业协会等非政府部门组织积极与政府间建立起良性互动机制，通过多方面跨地区合作，协同推动区域政府间的合作，打破地区合作发展的藩篱。民间合作交流也日见成效，比如青岛港、日照港和威海港共同出资成立了集装箱合资公司，推动三市跨区域的资源整合；青岛、日照和烟台三大港口签订了区域战略联盟框架协议，通过开展多层面的交流合作，推动区域合作发展新格局；日照印发指导意见，提出发挥社会组织的作用以促进府际合作。成熟广泛的民间组织交流形式，是促进区域政府合作的重要推动力。民间的合作交流是区域政府合作的良好补充和支撑。在半岛蓝色经济区规划通过后成立的蓝色经济区产业投资基金，就是由政府发起，通过企业化运作，捆绑了民间资本和国际资本而成，为区域合作提供资金支持，以整合国内外优质资源、发挥协同效应。

(四)政府主导地位的引导调控

依据跨域治理中各个主体发挥的作用，跨域治理可以分为政府主导型、企业主导和社会组织主导型三种模式。从山东半岛城市群的跨域治理当前的运行模式来看，体现出了明显的行政主导特色。

首先，在区域发展规划中，基本上秉持了自上而下的行政指挥方式。以山东半岛城市群为例，从半岛城市群的范围确定来看，具有明显的行政推动色彩。从该规划的推动来看，也和地方政府主要领导人思路和关注密切关联。[①] 在贯彻最为得力的半岛经济区发展规划中，其实现也主要依赖于国家战略的地位和省委、省政府的强力推动，其落实机制又变成了省政府自上

① 参见王佃利：《半岛城市群发展动力与障碍的行政学分析》，载《东岳论丛》2009 年第 5 期。

而下的行政推动。从如下规划的制定单位来看,可以看到国家和山东省委、省政府在半岛城市群中的主导作用。如表 4-8 所示。

表 4-8　　山东省区域规划制定汇总表

时间	名称	文号	发文
2006 年 12 月 31 日	山东半岛城市群总体规划	—	山东省人民政府
2005 年 3 月 9 日	山东半岛城市群区域发展规划	鲁政发〔2005〕41 号	山东省人民政府
2007 年 6 月 24 日	“一体两翼”	—	山东省委第九次党代会
2014 年 10 月 27 日	山东省新型城镇化规划(2014～2020 年)	鲁发〔2014〕16 号	中共山东省委 山东省人民政府
2008 年 11 月 26 日	胶东半岛城市群与省会城市群一体化发展规划	鲁政发〔2008〕95 号	山东省人民政府
2008 年 2 月 16 日	鲁南经济带区域发展规划	鲁政发〔2008〕42 号	山东省人民政府
2007 年 6 月 18 日	济南都市圈规划	鲁政字〔2007〕100 号	山东省人民政府
2013 年 8 月 28 日	省会城市群经济圈发展规划	鲁政发〔2013〕20 号	山东省人民政府
2008 年 3 月 17 日	黄河三角洲高效生态经济区发展规划	鲁政发〔2008〕46 号	山东省人民政府
2009 年 12 月 2 日	黄河三角洲高效生态经济区发展规划	发改地区〔2009〕3027 号	国家发改委
2011 年 1 月 4 日	山东半岛蓝色经济区发展规划	国函〔2011〕1 号	国务院
2013 年 1 月 24 日	山东省城镇化发展纲要(2012～2020 年)	鲁政发〔2013〕4 号	山东省人民政府
2013 年 8 月 28 日	西部经济隆起带发展规划	鲁政发〔2013〕21 号	山东省人民政府

注:各规划排列顺序是按照规划内容确定的,即半岛城市群、“一体两翼”中的“一体”“北翼”“南翼”的顺序。(资料来源:山东省人民政府网站等相关资料整理)

其次,在横向的合作中,也主要体现为地方政府之间的合作。传统的区域管理是建立在行政区行政的基础上的,地方政府基于行政区划的刚性界限,以行政命令的方式对本地社会公共事务进行垄断管理,具有相当程度的封闭性和机械性。在集权制的体制和科层制的运行模式下,这一思路被运用到区域管理中，城市群中都已经展开了卓有成效的合作，但多数为政府之间的合作，其他各类组织仍然处于缺位状态。即使是政府间的合作，领导的交叉任职也是最有效的方式，如在青岛和潍坊的合作中，原潍坊市委书记出任青岛市长就大大加快了合作的步伐。在省会城市群中为推动济莱协作区的发展，莱芜的市委书记就是由曾经的济南常务副市长担任。这种方式大大降低了双方形成合作共识的难度。

第六节　小　结

从山东半岛城市群的发展看，在实体发展和规划两个层面相互促进和强化，有效地促进了城市群跨域治理的发展。城市群发展就是不同城市在区域公共物品的联合供给、跨域问题的协商解决以及跨域治理的稳步推进等方面不断磨合的过程。本章依据跨域治理的发展框架，从区域合作的初始条件、制度设计、组织结构、政策工具等若干维度来剖析半岛城市群的跨域推进机制。

山东半岛城市群发展的基础有着良好的初始条件，无论是地理区位、交通网络、产业布局都奠定了坚实的物质基础，在政策共识方面也凝聚了省级政府、城市政府和专家的意见，尤其是领导者的战略决策，更使半岛城市群的发展具有明显的政府主导色彩。

导向明确、推进有力的城市群规划，体现了跨域治理中的省政府的诱导性合作。从山东半岛城市群规划到一体两翼战略、蓝黄战略，无不显示出政府积极主导的作用。在城市间自发合作的层面上，当前也主要是通过一些政府间的协议体现出来，尤其是青岛和周围城市的合作更为积极。可见跨域治理中政府主导作用的重要性。在半岛城市群跨域治理的治理结构中，山东省自上而下的机构设置仍然是规划推行的主要手段，而城市群内基础设施的合作及专项合作是当前山东半岛城市群跨域治理的政策工具。

结合具体政策实践和治理经验，半岛城市群跨域合作有着明显的特征，体现在多维度合作平台的搭建、多领域合作协议的达成、多主体互动机制的建立以及政府主导地位的引导调控等方面。

第五章　半岛城市群跨域治理面临的挑战

面对21世纪全球化区域经济发展的趋势以及跨区域、跨部门公共问题给公共管理带来的日益严峻的考验，跨域治理的理念应运而生。跨域治理在本质上不同于传统意义上政府作为单一治理主体的模式，而是倡导一种多元和整体性治理的模式，从而成为今后公共治理发展的新趋势。[①] 在半岛城市群的发展过程中，一直致力于网络一体化的跨域治理体系的构建与完善，然而在现实发展中，半岛城市群依旧面临着区域公共物品供给的困境以及跨域合作过程中的体制机制障碍，从而给半岛城市群跨域治理的推进带来了挑战。

第一节　跨域治理视角下半岛城市群合作的发展

跨域治理是一个动态的管理过程，跨域治理的最终目标是实现区域内多元主体协商合作的网络化治理结构。从这一视角出发，山东半岛城市群的跨域治理，就是一个在城市群内部构建多元主体之间协商合作的治理网络，并且不断完善这一网络体系及其运转机制的过程。

一、跨域治理的发展阶段

根据中外学者的研究，跨域治理网络的形成需要经历若干阶段，在这一过程中，跨域治理网络先后经历网络节点的构建、多元主体间利益关系的规范以及最终形成网络化治理结构。在第一阶段，自上而下的行政命令构建

---

① 参见李长晏：《区域发展与跨域治理理论与实务》，(台北)元照出版有限公司2012年版，第36页。

了跨域治理网络的雏形；随后，区域内各行政主体基于自身利益最大化的考量进行博弈；最后，随着矛盾冲突的识别和规范，跨域治理网络从动荡走向稳定，最终形成一体化的跨域治理网络。①

(一)基于行政命令的跨域治理网络

在这一阶段，一个强有力的政府统筹并控制区域公共事务的治理。在联邦制国家，主要是通过整合都市区内的各地方政府，形成一个统一且强有力的“大都市区政府”来实现自上而下的区域控制。在单一制国家，这一过程主要是通过上级政府的统筹安排和规划实现的。总而言之，这一阶段，跨域治理主要是通过自上而下的行政命令，对区域的发展和政策进行统筹安排。也可以说，这一时期跨域治理的网络，基本上以都市区政府或上级政府为单一的核心节点，区域内各主体与核心节点之间的垂直关系构成，不存在或很少存在各主体之间的横向关系。如图 5-1 所示。

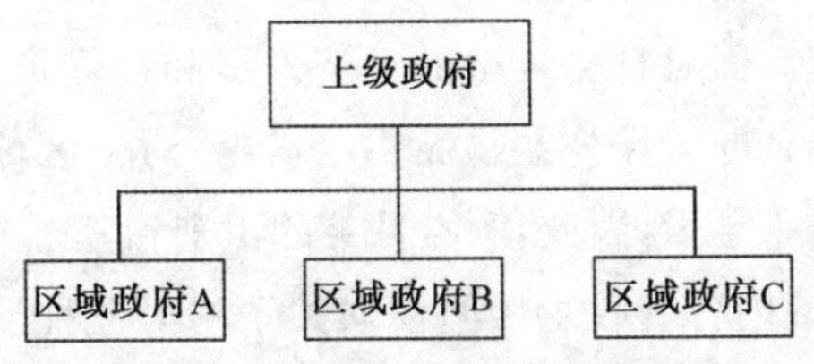

图 5-1　基于行政命令的跨域治理网络示意图

(二)基于竞争关系的跨域治理网络

随着区域公共问题的增加和复杂化，单一的自上而下的政府统筹控制在跨域治理中面临的困境逐渐增加。在这一阶段，市场机制作为有益的治理手段被引入跨域治理，主张在区域内各行政主体之间引入竞争机制，区域内各行政主体通过更加优质的区域公共服务和公共物品的供给，吸引更多的人口迁移，继而争取更多的税收以推动区域的发展。同时，引入市场机制还意味着政府同企业构建公私伙伴关系，通过市场供给弥补政府供给区域公共物品所存在的政府失灵现象。这一时期的跨域治理网络，逐渐形成多中心的网络体系，主体之间的横向关系开始形成。如图 5-2 所示。

① 参见王佃利、梁帅:《跨界问题与半岛蓝色经济区一体化发展探析》,载《山东社会科学》2012 年第 3 期。

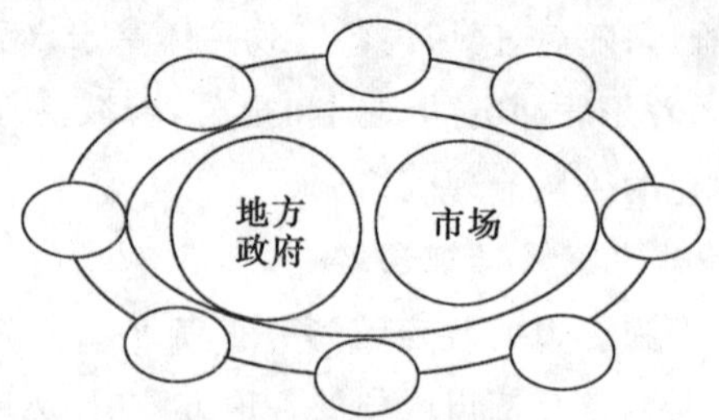

图 5-2 基于竞争关系的跨域治理网络

[资料来源:李长晏《区域发展与跨域治理理论与实务》,(台北)元照出版有限公司 2012 年版,第 2 页]

(三)多主体合作的区域一体化治理网络

基于市场竞争的网络关系中,各行政主体之间存在较强的利益冲突与矛盾,但随着公共问题跨行政区域的特征越来越明显,各主体基于自身利益“各自为政”,导致公共物品供给和区域治理的“碎片化”,严重制约着区域公共问题的有效治理。面对日益复杂的经济发展和社会形势,单一政府越来越难以应付日益复杂的区域公共物品供给需求,对于区域内各行政主体之间的合作依赖性越来越强,因此,利益冲突的识别和基于共同利益基础上的合作,逐渐成为区域内各行政主体间横向关系的另一种形式。通过非正式制度下形成的相互依赖的协调机制,或者是通过正式制度所确认的区域各主体之间的协商合作机制,跨域治理网络逐渐形成涉及各层级政府、各区域政府、市场主体、社会公众等多节点多中心并存,呈现纵横交错网络结构,以合作协商关系为主要特征的一体化跨域治理网络。如图 5-3 所示。

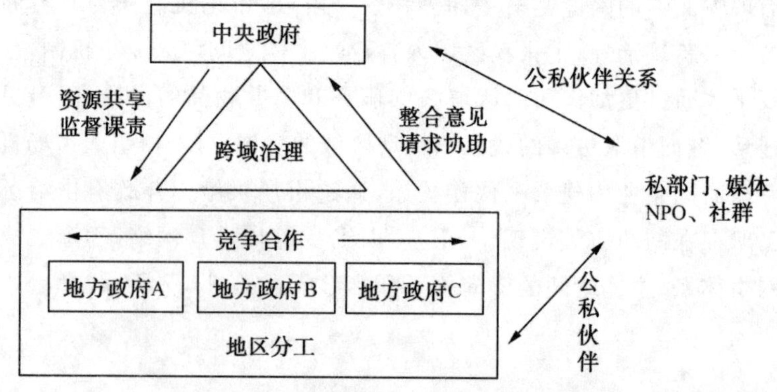

图 5-3 网络化的多元合作治理机制

[资料来源:吴济华、林皆兴主编《跨域治理暨县市合并课题与策略》,(台北)巨流图书股份有限公司 2012 年版,第 11 页]

二、半岛城市群网络化的发展阶段

自2003年起,山东省就开始加快山东半岛城市群建设的步伐,随后又推动并实施了"一体两翼"发展战略,着力促进山东半岛地区的发展。十年来,山东半岛城市群内部的合作机制取得了比较明显的发展,城市群内部各主体之间相互联系、协商合作的网络结构不断发展完善。

(一)半岛城市群网络结构的构建阶段

在半岛城市群发展之初,就重视城市群内部良好的初始网络设计。在这个时期,以通过的区域发展规划为基础,在政府体系内部,各个政府主体按照行政命令被动员起来,初步形成了行动网络。2010年底《山东半岛蓝色经济区发展规划》(以下简称《规划》)获得国务院批准,这一战略进一步强化了山东半岛城市群的区域合作。《规划》明确了山东省政府的规划组织职责,也点明了国务院有关部门的支持和指导,规划中所涉及的城市政府更是积极行动起来,在省发改委的指导下展开了相应的各自的规划编制和规划推进工作。

《规划》中对半岛蓝色经济区的战略定位,是对区域合作的"使命"陈述,回答了"为什么"的问题,如今在各地推进半岛蓝色经济区发展中比较多的还是在于论证"蓝区"的重大意义。《规划》就是行动的号角,沿海城市的具体行动计划纷纷出台,即项目启动之后迅速构建起各种具体工作流程,"网络化政府就是通过这样的方式彻底改变了以往首先关注过程而后才是使命的传统性政府管理"[①]。在这个阶段,山东半岛城市群内各主体之间的合作模式仍然是传统的科层制体制,由中央政府、省政府统一协调规划,在各地方政府自我发展的基础上,尽管已经在涉及"蓝区"整体发展的公务事务上展开横向的沟通与协作,但主要是按照传统的"自上而下"的行政指令模式在展开工作,横向合作还很少,这个阶段我们称之为半岛城市群"网络结构的构建阶段"(如图5-4所示)。

---

① [美]斯蒂芬·戈德史密斯、威廉·D·埃格斯:《网络化治理:公共部门的新形态》,孙迎春译,北京大学出版社2008年版,第52页。

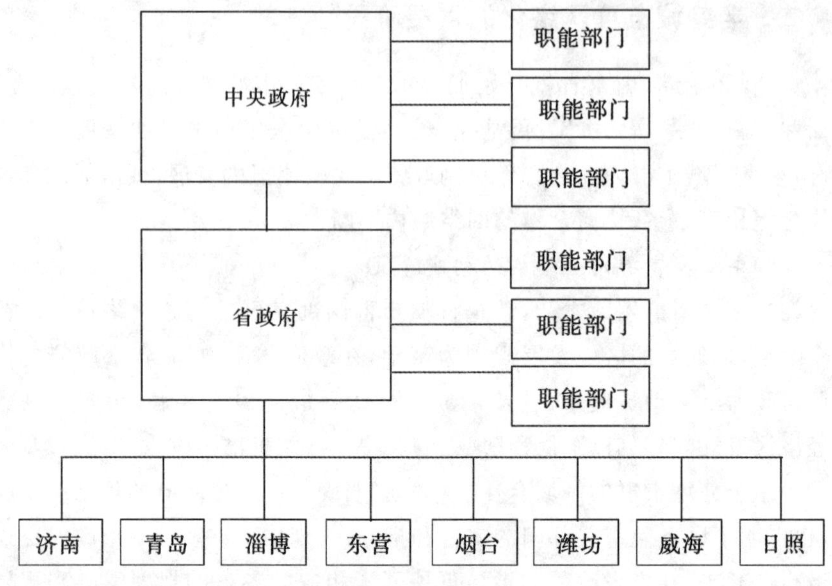

图 5-4　半岛城市群网络结构的构建阶段

(二)半岛城市群冲突与利益识别阶段

这一阶段,山东半岛城市群内部冲突和矛盾凸显,各个主体在统一的行动网络内寻求自身的定位。此时,各个主体已经逐步明确了在一体化过程中的整体追求,承认合作共同体的存在,多元主体已经形成了半岛城市群网络结构中的网络节点。但是对于各个主体之间对各自的权力、责任的界定、对网络主导权的争夺,初步形成的网络内部还存在着冲突,整个网络也就处于震荡阶段,这会持续到直至网络内部出现比较明朗的领导层,各成员在发展方向上达成共识。

在山东半岛城市群发展中,这一阶段是确定网络合作类型、构建连接纽带的关键阶段。各种跨界问题在解决时,部门之间的合作就涉及主导部门的问题,区域之间的合作就涉及龙头带动城市的问题,具体项目合作就会涉及私营企业介入或其他主体介入的问题。从网络化治理的角度就是网络中谁负责集成网络、哪些主体应该被集成进网络的问题,以政府作为集成商和以私营企业作为集成商,会形成截然不同的网络关系运行模式。

观察山东半岛城市群的实际运行状况,我们发现城市之间的合作已经开始呈现,政府主导的合作框架在逐步形成,但是解决超越地方政府管理边界的“跨界”治理问题,主要还停留在政府内部的探讨。虽然会涉及私营企业和非营利组织，相互之间的沟通渠道还很缺乏，彼此之间的政府与企业的伙伴关系并不发达。在这个阶段，网络化治理的多元主体已经初步形成，但主体之间还未建立良好的沟通协作关系，各主体之间可能会出现各种矛盾冲突，这个阶段我们称之为“矛盾冲突的识别阶段”（如图 5-5 所示）。

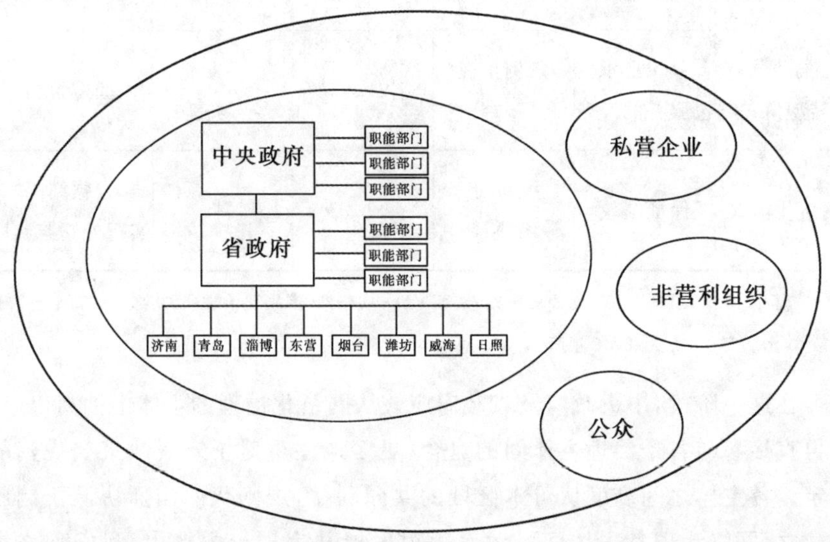

图 5-5　半岛城市群矛盾冲突的识别阶段

（三）半岛城市群网络关系的规范阶段

在此阶段，山东半岛城市群区域合作中的网络沟通协调机制建立，串联节点网络形成，以项目为导向的各种合作网络有效运作，区域内的一体化关系得以发展，区域内的凝聚力上升，出现较强的内聚力。网络化治理到了该阶段，着力进行的是各种沟通协调机制的建立，以实现政府内部、企业、非营利组织之间的良好沟通协调。

此阶段网络化治理的任务是创建一个高度重视责任性的网络，替代原有的政府的官僚性服务运行体制。这时的责任模式与科层制下有较大差别，网络化模式是在分享价值观和信任的基础上，构建起有效的激励机制和绩效测评机制，这样的责任模式能够有效地回应分权化的、灵活的、个性化的公共问题解决要求（见表 5-1）。

表 5-1　　　　　　　　　　　　　　责任模式

责任类型	财政	公平/质量	绩效	信任度	激励机制
科层制模式	标准、惯例、保留记录	服从项目条例	服从投入并保持记录	低	在成本外加一定费用
混合模式/转型模式	只保证承包服务的经费	条例重视公平与公正	各项活动	中	固定价格
网络化模式	保证绩效	服务分级协议	成效	高	根据结果实行处罚与奖励

(资料来源:[美]斯蒂芬·戈德史密斯、威廉·D·埃格斯《网络化治理:公共部门的新形态》,孙迎春译,北京大学出版社 2008 年版,第 106 页)

在这一阶段,中央政府及省政府应该从网络化治理的主体中抽离出来,不再直接参与各个治理主体间的竞合,更多地注重对于宏观政策与规则的制定。各主体之间高度认可本区域的共同利益,规则化的沟通协调机制已经建立,网络治理各主体间的关系得以发展并表现出内聚力,我们称之为"合作机制的规范阶段"(如图 5-6 所示)。

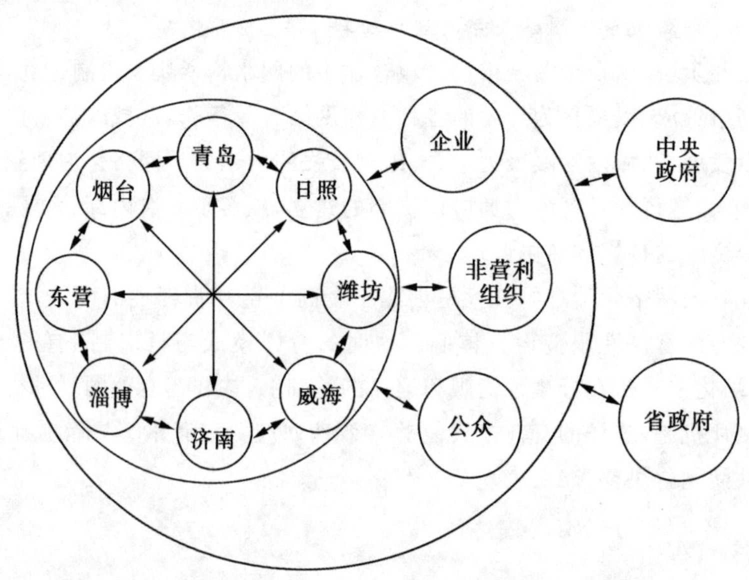

图 5-6　半岛城市群合作机制的规范阶段

(四)半岛城市群网络一体化治理阶段

此跨域治理理念的包容性很大,但核心也很明确,它强调多样化的分层结构、多中心、分权化和公民参与,治理即意味着关注更为普遍的协调,以及多种多样的正式的、非正式的公私互动类型。[①] 因此,跨域治理的理念与多中心治理、网络治理的思想内在契合。网络一体化是半岛城市群网络结构发展和区域合作深化的高级阶段,社会的巨大变化既让基于城市群网络结构的跨域合作治理成为需要,也让基于网络结构的跨域合作治理成为可能;它不仅是提供公共服务的新模式,更是解决问题的必要工具。这时的城市群合作机制将发展为“无边界组织”的组织形态。所谓“无边界组织”,是指其横向的、纵向的或外部的边界不由某种预先设定的结构所限定或定义的组织设计,体现了组织的灵活性和非结构性。[②] 网络化的结构已经消解了组织内的横向边界和纵向等级,只是基于共同的价值观分享形成集体行动。

此阶段组织的最大特征就是学习型组织的驱动。基于对所面临问题的认识,各个主体积极参与到与工作有关问题的学习、识别与解决中,从而使组织形成持续适应与变革的能力。网络管理者必须具备谈判调解、风险分析、信任建立的能力,这些信息共享和任务协作必须通过削弱物理边界才能够实现,跨界合作变成无界合作。

随着半岛城市群网络结构的不断深化以及区域合作机制的不断完善,这一阶段将成为半岛城市群合作发展的未来趋势,行政区划壁垒、部门职能分割不再成为问题,各城市政府、各种企业组织、非营利组织成为一个稳定、高效的问题解决网络,边界被虚化,网络行政者作为一个整体共同推动区域一体化的发展,我们把这个阶段称之为“一体化合作治理阶段”(如图 5-7 所示)。

---

① Perter, B. G. “Governance and Comparative Politics,” In Pierre (eds.), *Debating Governance*. New York: Oxford University Press, 2000, pp. 36-53.

② 参见[美]斯蒂芬·罗宾斯、玛丽·库尔特:《管理学》,孙健敏等译,中国人民大学出版社 2008 年版,第 270 页。

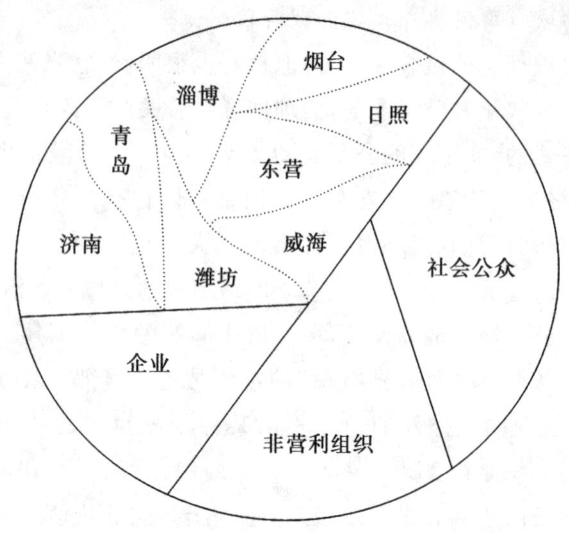

图 5-7 半岛城市群一体化合作治理阶段

第二节 半岛城市群区域公共物品供给的困境

区域公共问题的解决有赖于适当而有效的区域公共物品的提供,“区域公共产品的供给状况及其发展其实从某种意义上讲,反映了对区域公共问题的治理程度及其管理水平”①。在半岛城市群发展过程中,由于区域公共物品供给数量、供给主体、供给机制以及制度设计不完善,导致目前半岛城市群面临区域公共物品供给的困境,制约着半岛城市群的进一步发展。

一、区域公共物品的供给困境

(一)基础设施类区域公共物品供给的困境

基础设施类区域公共物品指的是大型的服务于全区域的对区域经济发展有着重要作用的基础设施,如区域内部的交通干线、防洪工程、灌溉工程等。此类区域物品一般都具有规模大、投资大的特点,其社会效益显著而经济效益难以直接表现出来,或者说在特定的条件下才能表现出来。

第一,区域公共物品的供需结构矛盾。

---

① 陈瑞莲等:《区域公共管理理论与实践研究》,中国社会科学出版社 2008 年版,第 40 页。

基础设施类区域公共物品的供给不足，表现为应当被提供出来的区域公共品没有被提供出来，或者是没有按照区域要求统一提供出来，从而使其不能满足区域经济发展的需要，如交通干线的通车能力不足、灌溉工程缺少、防洪工程失修、防洪能力不足等等。

区域公共物品提供不足的另外一个方面就是对区域公共品的未来需求的估计不足。由于社会经济是向前发展的，按当前的需求提供的区域公共品不一定能够满足未来的需要。许多公共品在提供时都是按其满足当前需要来提供的，没有考虑到未来可能的需要，因而没有留有可供扩展的余地。出现了在提供时能够满足需要，但随着经济的发展，经过一段时间后又不再能满足需要的情况。如许多国道在建设时，由于没有考虑到后续发展，致使修建宽度明显低于现在承载量，导致现在拥堵严重。

基础设施类区域公共品的提供过剩主要是指区域公共物品的无序重复建设。随着地方政府竞争的加剧，各地方政府在辖区利益的趋势下，不顾基础设施的自然垄断性和经济规模性，在各自辖区内开展过度竞争，更多的政府会在相同类型的基础设施建设上投入资金，致使基础设施类区域公共物品在同一区域内的不同地区被重复地提供出来，特别是可能实现赢利的基础设施类区域公共品。典型的案例就是山东沿海地区现在面临的港口大战。山东沿海地区大大小小的港口众多，分工不明确，地方政府为了发展地方经济重复建设严重，条块分割明显，青岛、烟台、威海、日照等大中型港口普遍超负荷运作，如青岛港2010年矿石、煤炭、油品、集装箱的负荷程度分别为459.96％、108.33％、142.55％和136.48％，超负荷运转严重。而同时一些小港口却没有货源而显得能力过剩。[①]

第二，区域公共物品的供给效率矛盾。

在区域治理中，区域内各地方为了赢得相对竞争优势，往往不愿意从区域整体着眼来提供区域公共物品，对于那些区域共享的难以实现赢利的基础设施，通常“无人问津”，存在供给不足的问题，而对于那些可以实现赢利的大型基础设施，如机场、港口、码头等，则容易存在竞相提供，造成供给过剩。但无论是供给不足还是供给过剩都不能实现区域效率最优，都是对区域内资源的极大浪费。区域公共物品的供给不足，往往会使得区域的基础

① 参见黄少安、李增刚：《山东半岛蓝色经济区发展报告：2012》，山东大学山东发展研究院，2012年，第221页。

设施建设落后,从而使得区域内资源得不到充分利用,大大地阻碍区域经济的发展;供给过剩,则会使得区域内基础设施重复建设,存在利用不充分甚至闲置的现象,一样也是对区域资源的极大浪费,损害区域整体利益。

一个典型的例子就是山东省众多港口之间价格的无序竞争。以内贸集装箱为例,沿海港口装载一般货物的集装箱部颁费率标准是:20 英尺箱重箱 220 元/TEU,空箱 110 元/TEU;40 英尺箱重箱 330 元/FEU,空箱 165 元/FEU。而实际上,由于重复投资,许多港口经营者为吸引客源,不得不开展低价竞争,极端情况下,20 英尺重箱比部颁费率低 70 元/TEU,20 英尺空箱低 60 元/TEU,40 英尺重箱低 105 元/FEU,40 英尺空箱低 90 元/FEU,均超出了国家规定的 20%的价格浮动下限。这种恶性的价格竞争不但会打破公平的市场环境,扰乱市场秩序,更会影响到山东港口物流的有序发展。①

(二)制度类区域公共物品供给的困境

制度类区域公共物品指的是与国家的法律、政策等相统一的各项地方性法规或政策以及保证这些法规政策实现的各项措施等。制度类区域公共物品的供给主体是中央政府与地方政府,而目前央地政府在供给权责上的不明确,导致中央政府的制度供给缺少与地方政府制度供给不规范问题突出。

1. 整体性的区域法规和制度缺失

首先,在整个区域范围内没有统一的法规政策。就区域政策框架而言,我国至今没有形成完善的区域政策制度基础。比如区域政策实施机构不是立法的产物,没有专门负责制定区域政策的职能部门;区域政策工具残缺不全,除了扶贫政策外,缺乏针对区域问题的政策。同时,对于政策的实施情况缺乏有效的监控与评估机制。如针对区域共享的水资源、森林资源、矿产资源等,缺乏集中统一的规划政策,没有有效的监督与惩罚措施,在利用过程中就有可能导致这一资源的过度使用甚至破坏性开采。有学者认为,中国迄今为止尚无真正意义上的区域政策,是我国区域发展一直走不出恶性循环的主要根源之一。

此外,区域内各地区的法规政策也存在相互冲突的现象。就具体制度

---

① 参见黄少安、李增刚:《山东半岛蓝色经济区发展报告:2012》,山东大学山东发展研究院,2012 年,第 222 页。

安排而言，从全国经济发展角度看，我国整体发展具有相同的制度环境和基础性制度安排，如宪法、法律、政治制度等，但是在区域发展过程中，包含的单个行政区都有自己特殊的制度环境和具体因素，也都有自己特定的历史文化、传统习俗、价值观念、伦理规范等，这就造成区域内各行政区的正式与非正式制度安排不完全相同，区域经济发展的制度以及制度变迁的起点也就存在较大差异。同时，制度变迁还具有较强的路径依赖特征，这往往使区域内各个行政区的制度差异扩大。具体来说，解决我国普遍存在的地方保护主义和地方政府间恶性竞争的制度安排非常脆弱，成为影响国家和区域整体经济发展绩效的病灶；区域公共协调机制不健全，突出表现之一为黄河、长江、珠江、淮河等大江大河的流域治理制度弊端甚多，其中涉及的水权制度、生态补偿机制、利益协调机制、政府间关系等问题尤其显著；区域公共协调机制不健全，比如市长联席会议制度、区域公共基础设施协调制度、省际区域公共协调制度等；政策制定的随意性和长官意志浓厚，尚未有建基于宪政制度和法制原则的制度约束机制。

2. 区域内各单独行政区的优惠政策过多

在我国由于投资者更愿意选择能够提供更多优惠政策的地区。为了吸引外资和外地投资，地方政府通过向企业提供优惠税收和补贴政策的方式展开竞争，主动减少自己应得的投资收益。如果不考虑综合环境，政策博弈的结果就是各地纷纷出台更为优惠的政策，甚至不惜突破中央政府设定的最低限度，在制度层面造成区域内恶性竞争，这种不计代价的引资竞争就是“扑向底层的竞争”(the race to bottom)，结果导致其财政收入不足以提供最优水平的公共服务。许多地方政府在招商引资活动中，不惜以邻为壑，区域内各个城市政府竞相展开“倾销式”竞争，用“跳楼价”来争夺外资。此外，地方政府对劳动力流动、资本流动、生产和消费的实际规制，也直接或间接存在着地方政府之间的规制竞争。

3. 区域公共物品供给中的交易成本剧增

区域内各地区自行其是、各自进行“地方保护”的后果就是，区域整体不能形成统一的市场格局，极大地阻碍市场经济的发展，相应的也会极大地增加社会交易成本。区域内各地方为了避免优势要素流失给本地带来的损失，往往会采取市场封锁的方式来维护自身的利益。例如有些地方政府会发布一系列地方性的法规、文件，直接或者间接强令本地企业只能销售、购买和使用本地的产品，或者只能接受本地企业提供的服务，禁止或者限制外地产品和服务入境和销售;有些地方政府则出台相关地方性法规或者文件要求外地产品或者服务要办理不同于本地产品和服务的审批手续;有些地方政府则对进入本地的产品和服务采取歧视性的政策,设置关卡,额外多收取费用或者实行不同的税收标准;有些地方政府对外地的产品或服务制定不同的技术、质量标准;等等。这些都人为地破坏了市场的自由性、开放性和公平性,从而扭曲了正常的市场竞争秩序,增加了制度性区域公共物品供给中的社会交易成本。

二、半岛城市群面临的区域公共物品供给困境

对于区域内地方政府来说,跨域问题已经超出了自己的职权、职责和能力的范围,即便是单个地方政府具有单独提供区域公共物品和公共服务的能力,也会因为公共物品效益的外溢性与跨域性缺少单独采取行动的内在动力。因此,解决城市群发展中的跨域问题,需要通过地方政府的集体行动实现区域公共物品的供给。当前,跨域问题已经成为制约山东半岛城市群进一步发展的突出问题,区域公共物品在提高山东半岛城市生活质量、促进一体化发展方面的重要性日益显现,区域公共物品的高效、合理供给,已经成为迫切需要研究的课题。

随着城市群的发展和一体化进程的推动,半岛城市群区域公共产品在各方政府的努力下,得到一定程度的满足,但依然存在一定的问题,呈现"碎片化"状态。尤其是山东半岛城市群区域内地方政府的层次多样,包括省会城市和副省级城市,又有 6 个地级市和一个县,地方政府间在区域公共物品供给中合作的困难较多。

(一)区域公共物品的供给不足与供给过剩并存

区域公共物品的供给不足主要指的是应当被提供出来的区域公共品没有被提供出来或者是没有按照区域的要求统一提供出来,从而使其不能满足区域经济发展的需要。[①] 现阶段半岛城市群区域公共物品供给不足主要体现在制度类区域公共品与基础设施类区域公共物品上。

制度类区域公共品的提供不足指的是在整个区域范围内没有统一的法规政策甚至区域内各地区的法规政策是相互冲突的。城市群内地方政府的合作需要强有力的环境背景,并且是一项涉及政治、经济、社会相融合的综

---

① 参见龙游宇:《论区域公共品的适度提供》,湘潭大学硕士学位论文,2002 年。

合性举措，而我国横向政府关系方面的法律法规几乎空缺。那么对于半岛城市群来说，我国宪法涉及有关区域内部合作的规定和条例也几乎是空白，法律只是单单规范了各级政府管理其辖区范围内的事务，根本没有谈及对于地方政府在横向合作中合作机制的权利与责任分担等问题。而现阶段半岛城市群内在制定各项规划制度、合作条约的时候，既没有保障体系，也没有监督体系，并且大多是以协商和上级命令为主。在具体实施过程中，既没有强制性，也没有约束性。所以很难有效切实地保证合作条约的实施，亦不能很有效地促进半岛城市群的整体发展。

半岛城市群基础设施类的区域公共产品供给不足现象则更为突出。其涉及跨市公交、市际道路、跨区县边界的防洪抗旱、水利灌溉、通信、水务、电力等领域。以道路交通为例，半岛城市群将把构建现代化交通体系作为打造半岛城市群的突破口，力争在不太长的时间内，形成铁路、港口、高等级公路、机场、城际快速轨道交通、管道运输有机衔接的交通网络。其中，将以青岛、济南为中心，建立以高速公路、高速铁路为骨干的城际快速交通体系，并形成以中心城市为依托，环绕沿海、覆盖全区、辐射内陆的路港交通体系。近几年政府对交通运输的建设前所未有地加大力度，一批重大高速公路和铁路项目正如火如荼地进行着，使得区域内交通网络得到不断提升完善。但这些项目更多的是侧重于区域内市与市之间的交通打造，区域内城市与农村、农村与农村之间，交界地区过境交通路线质量差、路线少，“断头路”“羊肠路”依然大量存在。半岛城市群现存的各种运输方式之间没有有效对接，港口航运与疏港铁路、公路建设对接不够紧密，区内交通管理体制相较飞速发展的立体交通网络建设还较为滞后，随着公路、航运的运力和运量急剧攀升，运输市场竞争激烈。在网络通信方面，也未实现“畅通无阻”。目前经济区内各城市分属不同的通信区号段，长途话费、漫游费等使得区域内各主体间彼此通话成本大为增加，尤其不利于各投资主体在区域内的流动。

区域公共品的提供过剩既存在相对的过剩，也存在着绝对的过剩。相对过剩指的是相对于当前的社会经济水平或经济发展的需要来说是过剩的，绝对过剩指的是区域公共物品的供给绝对地超过了当前以及未来的需求，出现了大量的闲置。二者都表现在同一性质的区域公共物品在同一区域内的不同地区被重复地提供出来。半岛城市群内，城市行政区各自为政，基础设施重复建设现象突出，生产资源严重浪费。以机场为例，山东全省有9个机场，其中有7个分布在半岛城市群区域，等级普遍偏高，没有真正的支线机场,设施能力相对过剩,结果是大部分机场亏损严重。“山东经济窝里斗”正是为什么山东半岛8个城市中间真正有竞争力的城市并不多的原因之一,即便是青岛这个山东省公认的龙头城市在全国城市排名中也屈居第二阵营,根本无法和珠三角、长三角的中心城市同日而语。中心城市的极化效应不强,扩散效应也就无从发挥,难以带动周边乃至整个山东半岛的发展。

(二)区域公共物品呈现“运动式”联合供给态势

城市群内的区域公共物品具有受益范围的局限性、供给中较强的“搭便车”行为、供给主体的复杂性和多元化等特征,导致在缺乏协调机制的情况下,地方政府针对区域公共问题而采取的区域公共产品协同供给常常呈现“运动式”联合供给态势,且在环境保护、食品安全、卫生治安等领域尤为突出,以“专项治理”“集中整顿”行动为常见形式。这种“运动式”区域公共产品的供给,要么来自于区域公共问题长期堆积后集中爆发的迫切要求,要么源于重大活动、重要会议等需要而由各市主导的政府间协同行动,是一种短期的、临时的“运动式”协同行动。其短期效果显著,如在治安联防的集中整顿的高压态势下能有效遏制跨地区的违法犯罪行为,在治污突击行动中能有效地解决环保中突出的重难点问题等,然而这种效果却是难以持久的。所谓“运动式”行动,是指行政机关为应对某些突发事件或解决某一领域内突然存在的问题而采取的有组织、规模较大的联合治理过程。之后问题依然可能再度爆发,“治标不治本”。

半岛城市群在体制不完善、资源配置能力薄弱、整合程度低的情况下,对区域公共产品的供给呈现出明显的“运动式”供给特点,虽然是当前解决单独行政困难,整合行政资源,充分发挥各地方职能与技术优势的有效途径,然而,稳健长效机制的缺位,联合执法不可避免地会在执行中有所偏差、公正性不足、效率低下,成为“突击执法、运动性执法”。不仅增加了地方政府协同成本,而且还容易导致各成员在机会主义驱使下采取“搭便车”策略而导致这种协同行动流于形式。这种短期的、临时性的协同供给机制,无助于区域公共问题的彻底解决,其折射出的是地方政府间的协同行动中长效、常态化、制度化和规范化机制的缺失。

(三)区域公共物品供给合作机制的缺乏

区域公共物品的供给是公共物品供给中的一个特殊问题,其关注的不单单是供给主体的多元化、供给模式的多样性问题。区域公共物品的多样性、空间的异质性及多元主体利益的冲突性决定了供给过程中主要关注的是供给主体的合作与利益分配问题。在现实中，因为区域公共物品涉及多个地方政府、多个层级政府甚至国家层面的利益，所以区域公共物品不可能单由私有企业或非营利性组织来运营，企业和非营利性组织可以是区域公共物品的生产者，主要的区域公共物品的决策者和提供者在当前还主要是各级地方政府。山东半岛城市群在加强城市间合作与联动方面进行了多方积极的探索，并取得了一定的城市集群效应。但在实践中，半岛内政府间合作推进缓慢，区域内各城市间的互动合作缺乏相应的协调，并未形成迅速良好的城市群互动机制和资源共享及优势互补的一体化发展态势，具体表现在以下方面。

第一，合作层次不高，制度化程度较低。首先是合作形式上，半岛城市群内各地市间的合作，“项目合作和联合行动式多于战略联盟和全方位整合式，回应性合作多于开发性合作”[①]，如以区域一体化为导向的青岛、日照两市的一体化发展规划合作，仅是停留在规划部门的合作，未上升到市级合作水平，合作的制度化水平较低，甚至只能算是一种非制度化的倡导。城市群是一个相对完整的集合体，应具有较强的整体性。然而目前半岛城市群的整体性还不够强，缺乏城市群一体化发展的相关制度和协调政策，导致空间结构和产业结构的不合理。[②] 因此，在目前的地方管理体制下，这种低层次、被动型、缺乏整体性规划的区域合作势必会影响山东半岛城市群区域一体化的快速和有效发展。

第二，从合作内容来看，半岛城市群内地方政府合作大都停留在表面，如旅游、交通、基础设施建设等领域，而在涉及实质性利益问题时，则难以达成共识。在旅游方面，8 个城市签署了《山东半岛城市群旅游合作宣言》，成立山东半岛城市群旅游合作联合体，协调各市之间的旅游合作。在交通建设方面，2011 年青岛胶州湾海底隧道、胶州湾跨海大桥建成通车，荣乌高速东营段建成通车，滨海高等级公路前期工作加快推进，山东半岛城市群城际轨道交通规划获批，青荣城际铁路建设加快推进。但在作为公共服务核心的义务教育、医疗卫生、社会保障等领域，行政区划仍阻碍着人们更好地享

① 李辉、王学栋:《山东半岛蓝色经济区建设中的地方政府间合作研究》，载《中国石油大学学报(社会科学版)》2011 年第 6 期。

② 参见景建军:《山东半岛城市群的功能联系与结构优化》，载《经济地理》2006 年第 3 期。

受公共服务:针对农民工子女入学难问题,虽然国家早已出台政策,但是面对教育资源短缺、户籍制度限制等现实,有些政策难以有效落实。泛珠三角区域已经实现了医疗保险参保人异地就医即时结算,这为我们提供了新的方向。只有在民生领域实现政府间的深入合作与联合行动,才有可能实现公共服务的有效供给及均等化,这也是实现区域治理的关键所在。

第三,在合作动机上,区域内各地市合作领域的涉及范围和涉及深度不够,且多以自身经济需求为考量,而没有考虑整个区域整体发展的需求。目前的地区发展中,将 GDP 作为衡量政府政绩主要标准的现象依然存在,市县政府间的地方保护和恶性竞争仍比较严重。如何将地方政府间合作的目标定位到区域发展的整体布局上来,增强他们的地方发展潜力和竞争实力,在全局上进行合理分工与投资协调,改变产业结构重复、内耗严重的非良性竞争格局[①]是区域合作机制可能遭受到的最严峻的考验。

第四,在合作推动上,山东半岛蓝色经济区概念的提出和区域合作的开展,是基于中央和省级政府的规划和推动,并不是区域内各地市政府间进行的自发性合作与融合。区域内地方政府间合作的主动性和积极性不强,各地市政府间自发合作的动力有待加强。

(四)区域公共物品供给财政制度不完善

1994 年我国实行了分税制,规范了中央与地方政府间的财政关系,加强和提高了中央政府对经济运行的宏观调控能力,但是也出现了事权划分不科学、不明确,存在着较多的“错位”“缺位”现象。其直接后果是,在区域公共管理过程中,区域内政府依然无法正确处理区域公共产品的财政支出问题,甚至普遍出现“搭便车”心理,把区域公共产品的建设资金作为一项额外负担加以对待,不愿意参与协商和解决。其次,经济体制改革以来,我国的财政体制围绕着“放权让利”进行了几次不同程度的创新,政府收入在这种制度创新中自然而然地被划分为三部分:预算收入、预算外收入和制度外收入。预算收入和预算外收入被称为制度内收入,从理论上来讲,它们应该是公共品供给的主要来源。但是在我国地方政府的收入组成中,制度外收入一直呈不断扩大之势,甚至超过制度内收入,在政府收入中占绝大部分。区域公共产品的制度外供给导致资源配置效率低,关键在于这种筹资方式

---

① 参见孙晋芳、马祖琦、王慧:《山东半岛城市群空间结构分析及其优化研究》,载《城市发展研究》2009 年第 6 期。

的“暗箱操作”和运作的不规范、不透明。因为运作的不规范,各种收费标准极不一致,造成了巨大的效率损失和公平损失,增加了微观主体的经济负担,影响了资源配置效率和区域经济的发展。

第三节　半岛城市群跨域合作的障碍

作为公共管理中的重要主体,政府的组织结构是按照科层制的组织方式进行建构的,其重要特征就是遵循分工和专业化的原则,政府内部形成不同层级和不同职能部门。对于地方政府来说,都有着明确的行政区划边界,地方政府在自己的边界内行使权力、整合资源。但是对于城市群来说,经济要素的流动往往超越单一城市的行政边界,城市群范围内的区域问题随之产生。

一、城市群跨域问题的表现与实质

城市群发展中面临的跨域问题,主要是跨越边界的冲突和矛盾。从具体的领域来看,涉及区域设施建设、区域环境治理以及区域制度衔接等方面。而在区域基础设施建设、区域环境治理、区域制度衔接等问题背后,实质上是一体化过程中跨行政区划、跨行政职能、跨行政层级的区域公共物品高效供给的问题。

(一)城市群跨域问题的表现

第一,区域基础设施建设分散化。区域基础设施是城市群协调发展的基础,主要包括交通运输、能源设施、环境工程和防灾减灾等。区域基础设施的建设、维护、管理等投资巨大,运行环节复杂,涉及面广,往往需要相关城市政府共同投入、共同建设,然而由于各自的利益需求不同,各地方政府在面对区域基础设施建设问题时,往往缺少合作眼光,导致区域基础设施建设成为城市群区域一体化发展的“瓶颈”,具体表现有:重复建设和供给不足现象并存,整体合力难以发挥;区域基础设施缺乏有效规划,资源配置扭曲;区域基础设施管理主体混杂,使用效益差。

第二,区域环境治理局部化。环境治理和生态保护都需要在宏观层面上进行统筹规划,城市群就提供了恰当的范围,但这类区域公共物品的供给恰恰存在很大的难度。我国环境治理中,大气污染、河流污染问题成为最为突出和复杂的问题。这类问题既有环境污染所面临的普遍性难题,又存在自身的特点。如流域治理中,河流穿越两个或两个以上的行政辖区,而各行政辖区的利益往往并不相同,甚至还存在冲突。这种情况下,各地区政府往往把着眼点放在自身利益的维护上,上下游政府之间、各相关部门之间对于流域污染问题的纷争层出不穷,严重影响河流污染的综合整治措施的实施。

第三,区域制度衔接碎片化。在行政分割的背景下,城市政府的法定管理权仅仅在其所辖行政区划范围,不具备跨行政区划的管理协调权。因此,在地方政府各自为政的情况下,就导致了制度设计、政策出台缺乏整体化、一体化的视野,城市之间的制度建设衔接不到位,各有各的规定,统一的城市群内部却存在着各自设定的“制度壁垒”,这严重制约着城市群发展规模以及区域一体化进展。如今,城市群发展逐渐开始重视区域制度衔接的问题。如长三角地区也在联席会议的基础上,在交通、能源、信息、科技、环保、信用、社保、金融、涉外服务、工商管理等10个重点发展领域成立重点合作专题组,作为长三角地区政府层面“三级运作、统分结合、务实高效”区域合作机制的主要执行层。东北东部十二市(州)先后建立了区域合作联席会议和部门衔接落实制度,旨在“加强各区域党委、政府和部门间的横向联系与交流,平等合作、互相协商,发挥各地优势,拓宽合作领域,沟通信息,交流经验,通过建立务实、高效的合作决策机制,切实加强对区域合作工作的指导和协调。”

(二)城市群跨域问题的实质

第一,跨行政区划的问题。在地方政府管理中,行政区经济影响下的辖区竞争向来激烈,各城市间争项目、争招商引资等竞争性举措,都容易导致彼此之间的冲突,这在半岛城市群政府中也是如此。半岛范围内的河流污染治理、生态区保护、重大基础设施建设等,都会跨越各个城市行政区划,进而出现合作中的跨域问题,当前所面临的如河流污染防治、沿海防护林建设、沿海防潮堤建设、德龙铁路建设推进等问题,已经将跨域合作的需求和困难清晰地展现了出来。区域一体化发展要以各个城市为主体,需要城市之间的合作来解决各种跨越行政区的问题。

第二,跨行政职能的问题。传统的行政职能更多地关注陆域行政区划中的问题,但新时期海洋经济也已蓬勃发展。山东半岛城市群随后成为半岛蓝色经济区规划主体区范围,其建设范围不仅包括陆域,还包括山东全部海域,海域面积15.95万平方千米,陆域面积6.4万平方千米。这就涉及海陆统筹发展,不仅要打破行政区域界限,避开各类生态敏感区,还要增加海洋行政管理能力。在统筹的视野下，各政府职能部门应以整体性的视角，打破部门壁垒和边界，按照跨域治理的思路来促进一体化发展。如今诸多问题都需要建立跨部门合作机制，如整治非法采挖海砂工作，就需要海洋与渔业、公安、国土资源、交通运输、工商和海事等部门建立执法协调机制。

第三，跨行政层级的问题。从山东半岛城市群规划范围来看，半岛城市群内既有副省级城市、地级市，还有县级市邹平。从半岛城市群衍生出来的半岛蓝色经济区和黄河三角洲高效生态区后来都上升为国家战略，但它们整体又在山东境内。规划区内还存在地级市、县级市等不同的政府层级，在发展过程中要面临法律法规制定、宏观政策规划、微观政策落实等协调性问题。尽管在单一制国家体制下，政府层级之间具有明晰的命令指挥链条，但是在地方利益分化的现实背景下，一些问题仍然需要以合作的方式来实现。如规划中要建设国家海洋科技成果转化基地，就需要国家、省、市三方力量共建；如国家战略中在财税、体制机制创新和先行先试等方面给予了山东一些方向性的优惠政策，这些政策的具体落实过程，都是国家有关部委、省直有关部门和沿海各市跨域合作的问题。

二、半岛城市群区域合作的障碍分析

尽管山东半岛城市群区位优势明显，综合交通走廊及对内对外联系的空间格局极佳，人口、经济、城市的总量规模极大。但是自 2004 年提出山东半岛城市群发展规划以来，半岛城市群地区并没有出现预想中的城市群迅速联合制定经济发展战略、技术经验快速空间转移、产业结构相互协调、实现要素互补、资源共享的迅速一体化整合发展的态势，迄今为止区域发展一体化的程度仍然较低，实质性融合进展不大。

（一）半岛城市群发展的制约因素分析

半岛城市群凭借着区位优势和开放政策，经济总量不断增加，工业化和城市化水平快速提高，在我国区域经济发展中具有越来越重要的战略地位。半岛城市群的现代加工制造业已经具备了良好的基础，形成了软件产业集群、家电产业集群、医药产业集群、汽车制造业集群、轮胎制造业集群等富有特色的产业链。但是在发展中仍然面临着一系列的障碍。

第一，城市发育程度低，核心城市的拉动作用不强。与我国其他城市相比（见表 5-2），山东半岛城市群虽然人口数量较多，2007 年半岛城市群已经拥有人口 4010 万，人口密度为每平方千米 543 人，已经高于国际上总人口

2500万,人口密度每平方千米250人的城市带标准。但和国内其他城市群相比,山东半岛城市群主要是以中小城市为主,城市平均规模较小,造成了城市化质量的不足。

表5-2　山东半岛城市群与其他城市群城市体系结构比较　单位:个

城市群人口	400万以上	100万～400万	50万～100万	20万～50万	20万以下
山东半岛	0	6	2	9	13
珠江三角洲	1	6	2	3	5
辽中南	1	3	2	4	2
京津冀	2	1	2	1	2
长江三角洲	3	7	6	17	17

[此表根据《中国城市统计年鉴(2004)》以及刘兆德、陈素青《山东半岛城市群可持续发展研究》(科学出版社2010年版,第124页)等相关资料整理得出]

从表5-2可以看出,山东省没有400万以上人口的城市,在城市体系的结构中就缺少了强有力的带动中心。半岛省市群确定了青岛和济南的"双中心"发展战略,这一格局在山东已经维持了50多年,如今一方面提半岛城市群,另一方面又是济南都市圈发展战略。在这种龙头带动战略下,在体制转轨与半岛城市群推进的过程中,山东城市的等级体系和相互关系会发生什么变化,双中心的结构是否会持续下去,需要统一认识。

第二,城市群之间面临产业趋同和优化升级的双重压力。与长三角、珠三角的城市群相比,半岛城市群的产业结构也还存在明显差异。2007年的三次产业产值比例为6.9∶57.8∶35.3,体现出明显的工业化中期或者中后期阶段的产业结构特征,但第一产业产值比例偏高,第三产业产值偏低,有着比较大的差距。

城市群服务业发展滞后,区域产业雷同,互补性差,分工协作、联动发展的难度较大。各个城市在确定未来和产业定位时,都没有跳出自己的小圈子,缺乏全局高度的协调和沟通,存在着一定的盲目性。如济南、青岛等城市在城市总体规划中都提出要大力发展高新技术产业,但实际上并不是都具备大力发展高新技术产业的能力和条件。有研究还发现,烟台、威海、日照、潍坊等城市工业结构的相似性指数在0.8左右,在40个工业行业层次上存在着低水平的工业职能同构现象。[①] 这样的产业构成削弱了城市产业间的横向联系，制约了城市产业经济协作体系的形成，不利于构筑整体的核心产业。

第三，城市群资源整合不到位，区域空间协调发展思路不稳定。半岛城市群汇集了全省主要的优势资源，但是一体化发展理念并没有达到高度一致，各城市在功能定位、相互协作等方面，进行有机结合、协调发展、形成合力的意识和措施都不足，资源整合没有发挥出最大效应。就山东省在促进地区经济协调发展方面，先后有过两种不同的思路，一种是按环渤海、胶济、路桥、京九、沿黄五个经济带的划分，另一个是按照东、中、西三大经济带的划分，前者是以交通轴线为主导思想，后者是以区位和经济发展水平的差异为主导思想。当前在城市群发展中又提出了许多有创意的思路，但仍旧面临着地区差距、行政区经济、山东半岛经济腹地小、区域要素协调流动不畅等问题。

就半岛城市群的发展来看，区域一体化总体上仍处于启动阶段，行政区划束缚和地方政策差异问题依然存在，区域协调机制不健全，生产要素流通渠道不畅，阻碍了劳动力、资金、土地、产权、人才等要素统一市场的形成。创新体系机制的步伐不快，创新发展优势的力度不够。

(二)半岛城市群区域治理中的政府推进困难

政府的宏观调控与政策推进是城市群发展的重要动力，尤其是山东半岛城市群更呈现出行政力量推动这一明显特色。但是根据半岛城市群最近几年的发展，政府半岛城市群发展中还存在一些发展障碍。

第一，省级政府部门存在着缺位现象，整体发展思路不一致。与长三角、珠三角城市群相比，山东半岛城市群最大的特色就是城市群内各个城市都是在一省行政区划之内。自 2002 年省领导提出，到 2007 年总体规划公布，五年时间内在实践层面各城市之间的合作进展缓慢。从负责部门来看，在规划的研制阶段，由省发改委的地区处负责牵头有关部门负责制定城市群的发展规划，但具体规划由省建设厅负责。在省建设厅的工作中，半岛城市群的规划是按照城镇体系和空间布局来进行的，半岛城市群走向区域一体化所应备的丰富内容就难以全面涵盖进去。按照最初的设想，整个半岛城市群的规划包括一个总体规划和六七个分项规划，但是 2007 年由建设厅

① 参见李玉江：《城市群形成动力机制及综合竞争力提升研究》，科学出版社 2009 年版，第 644 页。

出台的总体规划只是城镇发展的总体规划,而非实施半岛城市群走向区域发展一体化的总体规划。

同时,省政府并没有出台具体的关于协调和约束各个城市政府行为的规章,且原拟设在省发改委的秘书处最终也没有成立。从发展思路来看,当半岛城市群发展被赋予极大的期望时,关于山东区域发展具体思路又发生了变化。在山东省的"十一五"规划中,山东省又提出了"一群一圈一带"的发展思路,即:东部加快半岛城市群发展,要把突出青岛龙头地位与加快突破烟台相结合;中部发展济南城市圈,以加快突破济南为着力点;南部加快鲁南城市带建设,包括日照等五地市。从中可看到,这样虽然实现了山东省城市发展的全面开花,但是对于重点的落实却存在难以兼顾的问题,同时"十一五"规划中的半岛城市群在具体范围上也已经缩小。2007 年 7 月,山东省委又提出构建"一体两翼"的经济发展格局,所谓"一体",是指以胶济铁路为轴线形成的横贯东西的中脊隆起带,是对山东半岛城市群、省会城市群经济圈和海洋经济的整合;"两翼"则是黄河三角洲高效生态经济区和鲁南经济带。① 其中所讲的半岛城市群并非原来规划意义上的八市联合。

第二,城市群内各政府主体合作意愿不一,总体上处于消极状态。根据我们现有调研资料,除了潍坊市、日照市明确提出在半岛城市群框架内主动接轨青岛,并已经付诸实施外,我们并没有获知其他城市明确的回应。基本看来,除个别城市外,城市群内各地方政府的合作仅仅停留在观念层面,至今很少有实际举措推动合作。

其中,最主要的表现是半岛城市群区域政府间合作的沟通渠道和协调机制的制度化尚未建立,已有的政府间共识达成大多是靠地方领导人的承诺来保障,导致这种共识缺乏法律效力和稳定性。一旦地方领导职务变动,极易使合作机制丧失效力。尤其是涉及实质性利益问题时,这种形式往往由于分歧太大而无法合作。要想解决这些问题仅仅依靠现行的非制度化方式是远远不够的。另外,区域合作中所需要的功能性组织机构,现在根本没有提上议事日程,导致即使有城市想合作也会由于成本过高和缺乏操作性而搁浅。

第三,城市群内部市场行政性分割严重,无序竞争和市场壁垒阻碍合

---

① 参见王进业、吕福明:《山东经济:从点状带动到区域互动》,载 2007 年 12 月 11 日《经济参考报》。

作。区域合作的本质要求是形成统一的市场,但是现实中往往由于政府不当干涉造成了市场的行政性分割。如在城市群内部,各城市间在招商引资、外贸出口、产业发展等方面都还存在无序竞争。在招商引资上竞相出台优惠政策,在外贸出口上竞相压价,在产业发展上盲目重复建设,导致区域内城市间过度或恶性竞争。虽然各城市之间总体上商品市场的壁垒已经逐步弱化,但劳动力、资金、技术、产权等要素市场的壁垒还未完全消除,比如异地就业、异地贷款、异地票据结算、异地产权交易等,还存在许多障碍。现有的管理体制和机制还不能适应城市群经济快速发展的需要,交易成本依然偏高,制约了内部经济整合和有序发展。

出现这种现象的原因除了山东半岛城市群面临着国际化程度不高、产业结构和所有制结构调整有待时日之外,再有城市群发展表现为无序竞争、缺乏整合,城市之间分工协作的凝聚力还不强。同时,还应从行政学角度更深入地分析区域行政管理体制是如何制约了半岛城市群走向合作的问题。

(三)半岛城市群合作障碍的行政学分析

改革开放以来,我国在中央和地方关系上进行了行政性分权改革,通过决策权和财政权的下放,地方政府的双重身份日益明显。一方面,它是中央政府在一个地区的"代理人",要服从于中央政府的利益;另一方面,它在一定程度上又是一个地区的"所有者",通过组织与运用经济资源可以增进自己的利益,地方政府作为一个相对独立的地区利益主体的角色日益凸显。[①]这一方面为地方政府之间横向合作创造了条件,另一方面由于行政分权后地区利益的膨胀,地方政府在某种程度上更多考虑诸如政绩等本位利益而忽略了整体利益,甚至成为了"谋利型政权经营者"[②]。在此背景下,我国地方政府的行政行为基本都是在单一的地域性政区内进行的"行政区行政"[③],行政区划的刚性约束导致在地方发展过程中出现了与经济一体化相悖的"行政区经济"现象。正是这种行政区经济造成了区域内经济一体化的出现。半岛城市群合作机制难以实现,从根本上看就是这种行政区经济在

---

① 参见陈瑞莲、张紧跟:《试论区域经济发展中政府间关系的协调》,载《中国行政管理》2002年第12期。

② 参见杨善华、苏红:《从"代理型政权经营者"到"谋利型政权经营者"》,载《社会学研究》2002年第1期。

③ 参见杨爱平、陈瑞莲:《从"行政区行政"到"区域公共管理"——政府治理形态嬗变的一种比较分析》,载《江西社会科学》2004年第11期。

山东的体现,这种行政区经济对山东半岛城市群发展的负面影响可从以下方面进行分析。

1. 行政层级和权力运行的影响

从政府观念的角度来看,在我国城市群区域经济发展过程中,完善区域公共管理体制就要转变政府理念和政府职能,使之从此消彼长的封闭式竞争向共赢的开放式合作转变、从权力意识向服务意识转变,这都将是一个长期的过程。

由于当前地方政府考核指标还主要表现为经济发展水平和增长速度,因此对于地方政府,竞争的观念要远远强于区域合作的意识,合作意识没有成为地方政府及其官员的自觉选择。在经济体制转型中,各级地方政府自身的经济职能和干涉经济的愿望还很强烈,地方竞争突出表现为各地方政府以行政区范围为单位的经济竞争。在这样背景下,各级政府更加注重竞争而非合作。受这种观念的影响,尽管在许多场合,各地方政府合作对双方或者多方来说都是有利的,但是合作仍然难以达成。这种中国地方政府普遍存在的合作困境同样存在于山东半岛城市群的城市政府中。

从公共权力运行的向度上看,传统行政体制强调政府管理权力运行的单向性和闭合性,及按照科层制的层级分设和层级节制原则,政府权力在行政单元内部的运作是自上而下单向度的,由此形成单一权威中心的金字塔式闭合结构。特别是在中央集权的单一制国家,由于一贯坚持"下级服从上级,地方服从中央"的政治原则,这使得按行政区划切割下的地方政府,必须严格遵循"中央政府→地方政府"的博弈规则,很难自觉生成一种"地方政府→区域公共管理共同体→地方政府"的谈判协调的制度安排。[①]

2. 行政区域与经济区域之间的矛盾

在城市群内以"行政区行政"为主导的情况下,城市政府纷纷在竞争中采取地方保护主义,这就容易导致城市群整体发展偏离一体化的发展方向,这被称为"诸侯经济"或者"行政区经济"。各地方政府作为本地的"所有者",为了追求本地区的发展或者是出于政绩的需要,在与其他城市进行竞争时一旦本地利益受损,便会采取种种措施进行自我保护,地区封锁和分割便应运而生。王健等人将"行政区经济"的特点概括为以下几点:地方政府企业化、企业竞争寻租化、要素市场分割化、地区产业结构超同化、资源配置

① 参见陈瑞莲:《区域公共管理导论》,中国社会科学出版社2006年版,第20页。

等级化、邻域效应内部化。[①] 区域竞争的结果不仅使直接参与竞争的地方政府出现“外部不经济”现象，而且使省级行政区内部区域分化问题日益暴露出来。

行政区域如何更好地促进经济发展，重点在于行政区域能否最大限度地为实现区域经济的合作做出让步。山东半岛城市群规划首先是基于区域经济的考虑，但是由于传统行政管理体制根深蒂固，半岛城市群内各城市的行政区划范围内财税、市场、土地等管理体制均有所不同，打破行政区划的限制将山东半岛作为一个经济板块统一规划和建设，不仅涉及调整城市群体系的空间结构、城市的专业化分工和相互协作关系，而且还会面临如何打破行政区域相互封锁、排斥和内耗等许多困难。

具体说来，由于省政府与下级地方政府在发展区域经济中的关系尚未完全理顺，各级政府也没有实现由行政性分权向经济性分权的顺利过渡。各地方经济利益在某种程度上被独立化和强化，这使得地方政府与上级政府之间往往产生利益博弈，地方政府会积极游说上级政府在本区域经济发展中给予优惠政策，吸引上级政府投资，这样做的结果往往是在地区产业结构调整和经济一体化发展过程中，地方政府制定并导致了与整体利益不一致甚至矛盾的地方政策，从而导致整体利益受损，阻碍了区域经济一体化的进程。

3.政府绩效评估体系与财税制度的缺陷

行政区经济出现的根源之一在于以经济为中心的政府绩效评估体系，唯地方经济增长的考核体系难以让城市群区域内各政府有真正的合作动力。地方政府为了完成上级政府下达的经济指标，创造与地方官员升迁直接挂钩的考核政绩指标，大量官员都将追求 GDP 高速增长作为自己工作的目标和动力。另外，注重改善当地经济条件、提高当地生活水平，得到当地百姓认同和爱戴的为官之道，也强化了地方干部谋求地方经济利益最大化的动机。

现行的国民经济核算体系和财政税收制度客观上也加强了“行政区经济”现象。目前通行的 GDP 核算方法以产值发生地为单位统计经济增长并实施财政税收政策，因此，各城市政府尽可能地将经济增长点控制在自己的

---

① 参见王健：《论“复合行政”——解决当代中国区域经济一体化与行政区划冲突的新思路》，载《中国行政管理》2004 年第 3 期。

行政区域内,由此便导致了城市之间项目的重复建设、重复引进、重复投资,极力追求“自成体系,门类齐全”的封闭式经济体系,从而引发“重复建设→原料大战→市场封锁→价格大战的地区大战”[①],不仅浪费大量资源,还使得城市发展动力出现了同质性。在山东半岛城市群内,在纺织服装业方面青岛与潍坊不相上下,在汽车工业方面青岛与烟台几乎相当,在船舶制造业方面威海与烟台不分伯仲,在省经贸委重点圈定的汽车、船舶、石化、化工橡胶、新材料、电子信息、家电、纺织服装、食品、医药等10大产业中,青岛、烟台、威海、潍坊、济南的布局也是相互交织的[②],这使得各城市之间的差别只是在于规模,在产业结构上失去了差异与分工,无法形成梯度层次,这又导致城市之间互补性不足,打破了城市合作的基础。

4.区域性公共物品供给不足和公共事务治理失灵

真正考验政府间合作关系的问题是区域性公共物品的供给。城市群建设必然涉及基础设施供给、环境保护等区域性公共物品。由于这些资源具有一般公共物品非竞争性、非排他性的特征,所以即使是地方政府也会有“搭便车”的心理,没有动力甚至采取规避心态去对待这些问题。[③] 在区域经济发展中,不同城市之间有时会共享诸如水资源、森林资源、矿产资源等,当各个城市政府单独行动时,由于缺乏集中统一的规划,同时没有有效的监督与惩罚措施,在利用过程中就有可能导致这一资源的过度使用甚至破坏性开采。同样,在诸如环境保护与治理、区域基础设施建设等问题中,由于一个城市付出努力并不能排除其他城市享受边际正效应,有可能各个城市政府都对这种区域公共物品供给持规避态度。随着社会开放性、流动性、信息化程度的加强,区域性问题甚至危机都会超越行政区划的界限,但由于政府部门之间缺乏合作机制,由此将导致更大的危害。

在我国现行的区域经济宏观调控体系中,只有省级政府才有区域间经济关系调整的管理权限,城市政府只负责其所辖行政区域的管理体制。这在事实上形成了区域性利益主体和管理主体缺位的问题,导致区域经济发展中的整体利益无人主张,区域内争端解决的协调机构缺失等现实问题,这对半岛城市群的建设和发展是一个不小的制约。

---

① 参见张可云:《区域大战与区域经济关系》,民主与建设出版社2001年版,第18页。

② 参见陈玉河、吴士健:《区域经济可持续发展的差异互补与协同——山东半岛城市群合作与发展的一种思路》,载《青岛科技大学学报(社会科学版)》2006年第6期。

③ 参见陈瑞莲:《论区域公共管理研究的缘起与发展》,载《政治学研究》2003年第4期。

第四节 小 结

跨域治理理念的提出是在全球化背景下对于区域公共物品供给问题的有力回应,其所倡导的多中心、整体性、多维度的治理模式已成为当前公共治理发展的新趋势。山东半岛城市群在跨域治理的推进过程中面临着诸如区域公共物品供给困境以及跨域合作的体制机制障碍等诸多挑战,在一定程度上已制约着半岛城市群的发展进程。本章从跨域治理视角分析半岛城市群合作的发展阶段,从理论和实践两个维度剖析半岛城市群区域公共物品供给的困境,并由此指出半岛城市群跨域合作的问题与障碍。

跨域治理理论的发展大致经历了基于行政命令的跨域治理网络、基于竞争关系的跨域治理网络以及区域一体化治理网络三个阶段,而半岛城市群网络化的四个发展阶段在本质上也具有一致性。从学理角度分析,由于地方政府在区域公共物品供给能力和内在动力上的缺失,区域公共物品的供给面临着基础设施类和制度类区域公共物品供给的两类困境;从实践角度出发,山东半岛城市群的形成发育过程中也存在着合作机制的缺乏、财政制度不完善等诸多区域公共物品供给障碍。

城市群面临的跨域问题实质是一体化过程中跨区划、跨职能和跨层级的区域公共物品的供给问题,其表现为区域基础设施建设分散化、区域环境治理局部化和区域制度衔接碎片化等方面。基于上述分析,本章从发展制约因素、政府层面和行政学分析等三个维度指出半岛城市区域合作的障碍因素,这为剖析半岛城市群跨域治理的公共物品供给问题提供了分析视角。

第六章　跨域治理与城市群合作机制构建

跨域治理的本质就是在面对跨域问题时的多主体合作，在多主体之间构建起互信共赢的合作机制是其所追求的终极目标。从理论分析上看，埃莉诺·奥斯特罗姆等人所提出的制度分析框架充实了合作机制构建的具体内容，为我们分析区域公共物品多中心供给合作提供了思考的线索。随着中国的区域发展模式与政府职能的转型，加之区域发展的复杂性，使区域公共管理呈现出中国特色。由于我国特殊的政治环境，在山东半岛城市群的治理和发展中，跨域治理的运用显示出自己的特征。因此，我们通过反思山东省城市群区域发展战略，探讨促进当前半岛蓝色经济区一体化发展的策略选择，进而思考中国式区域治理的发展方向。

第一节　理论基础：区域公共物品的多中心供给模式

区域公共物品的供给和一般公共物品一样，都要回答有关供给主体、生产主体、供给数量以及供给结构等问题。公共选择学派认为，公共物品是通过“政治市场”来解决供给和需求的。陈瑞莲按照这一思路，分析了区域公共物品需求的特点就在于其整治市场的参与主体更多，涉及更为复杂的博弈关系，区域公共物品的需求表达很少受“货币选票”的影响。[1] 这些困难决定了必须要重新认识和把握区域公共物品的供给模式。

---

① 参见陈瑞莲等：《区域公共管理理论与实践研究》，中国社会科学出版社 2008 年版，第 73～75 页。

一、公共服务的多中心合作框架

“多中心”概念源自经济学，当代社会治理中的“多中心”主要是从公共政治角度理解，超越了经济学的话语，是与单一的政府全能说、市场万能论相对立的，重视社会自治，提倡政府、市场和社会力量相应配合管理社会事务、提供公共服务的多个力量中心的政治行政学概念。

“多中心治理”是继新公共管理、新公共行政、新公共服务之后全球兴起的治理理论这一潮流而广为人知的。治理网络模式体现了资源交换、相互依赖、信任、协商和交互作用的风格。[①] 目前在公共政治领域研究“多中心治理”产生重大影响的是美国著名的行政学家、美国印第安纳大学政治理论与政策分析研究所的文森特和埃莉诺·奥斯特罗姆夫妇及其同事。其对于公共选择与制度分析的理论和方法的发展，尤其是对警察服务和水资源等公共池塘资源等公共服务制度结构的研究，做出了杰出贡献。总的来看，多中心治理是一种直接对立于一元或单中心权威秩序的思维，它意味着地方组织为了有效地进行公共事务管理和提供公共服务，实现持续扩张的绩效目标，由社会中多元的独立行为主体（个人、商业组织、公民组织、政党组织、利益团体、政府组织），基于一定的集体行动规则，通过相互博弈、相互调适、共同参与合作等互动关系，形成多样化的公共事务管理制度或组织模式。[②] 这一思想充分地表达在他们所创建的制度分析与发展框架中。

用不同的理论视角看同一现象会得出不同甚至完全相反的结论，因此应用理论框架的解释力是慎之又慎的步骤。他们提出的制度分析与发展框架的理论贡献在于：发现了除国家和市场之外的第三条道路，突出地方社群的自主治理能力，建立起了以此为基础的多中心治理的多层次的制度框架。[③]

制度分析与发展框架界定了行动舞台（由行动情境和行动者构成），并通过界定自然/物质条件、共同体属性、规则这三个外部变量，而建构起了一个关于规则、自然和物质条件以及共同体属性如何影响行动舞台结构、个体所面临的激励以及其结果产出的通用框架（如图 6-1 所示）。

---

① 参见孔繁斌：《公共性的再生产——多中心治理的合作机制建构》，江苏人民出版社 2008 年版，第 20 页。

② 参见[美]迈克尔·麦金尼斯主编：《多中心体制与地方公共经济》，毛寿龙译，三联出版社 2000 年版，第 69～75 页。

③ 参见申敏：《公共服务提供中的多主体合作机制研究》，山东大学硕士学位论文，2010 年。

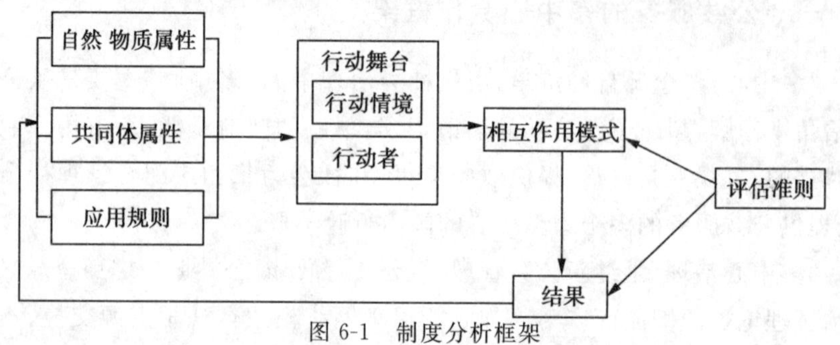

图 6-1 制度分析框架

(资料来源:[美]保罗·A·萨巴蒂尔编《政策过程理论》,彭宗超、钟开斌等译,三联书店 2004 年版,第 56 页)

图 6-1 从宏观上分析制度决策,侧重于决策主体和外部环境的相互作用模式。具体来说,行动舞台是制度分析与发展框架的基础概念,它可以用来分析、预测和解释制度安排下的行为。行动舞台是行动者在不同情境下作出不同反应,如相互作用、交换商品和服务、解决问题相互支配或斗争的社会空间。这个舞台不是真空存在的,而是在大环境的影响下进行,这种大环境既包括自然/物质属性,也包括行动者的共同体属性和应用规则。规则能规范行动者在行动舞台内的相互关系。自然/物质属性和共同体属性也会影响行动情境的结构。这种内外因素的相互作用最终产生了政策决策的结果。

在微观上分析制度决策,侧重于对应用规则的内部的结构层次的分析,着眼于操作层次、集体选择层次、立宪选择层次这三个层次。操作层次、集体选择层次、立宪选择层次由低到高,由微观上更接近社群参与、实施者和具体情境到宏观上更接近政府决策、政策环境,由制定具体实施方案到制定元政策。将复杂的规则产生过程分解成层次清晰、逻辑紧密的三个层次。

在这三个层次中,一个层次的行动规则的变更,是在较之更高层次上的一套"固定规则"中发生的;更高层次上规则的变更通常更难以完成,成本也更高,因此提高了根据规则行事的个人之间相互预期的稳定性。在许多具体情形下,这些分析性的领域并不能划分的如此清晰。① 对小范围的公共池塘资源来说,参与者会同时决定分配给谁、如何分配,但是这种有层次的分析不失为解析复杂多主体的合作机制的有力工具(如图 6-2 所示)。

① 参见[美]迈克尔·麦金尼斯主编:《多中心治道与发展》,王文章、毛寿龙等译,上海三联书店 2000 年版,第 8 页。

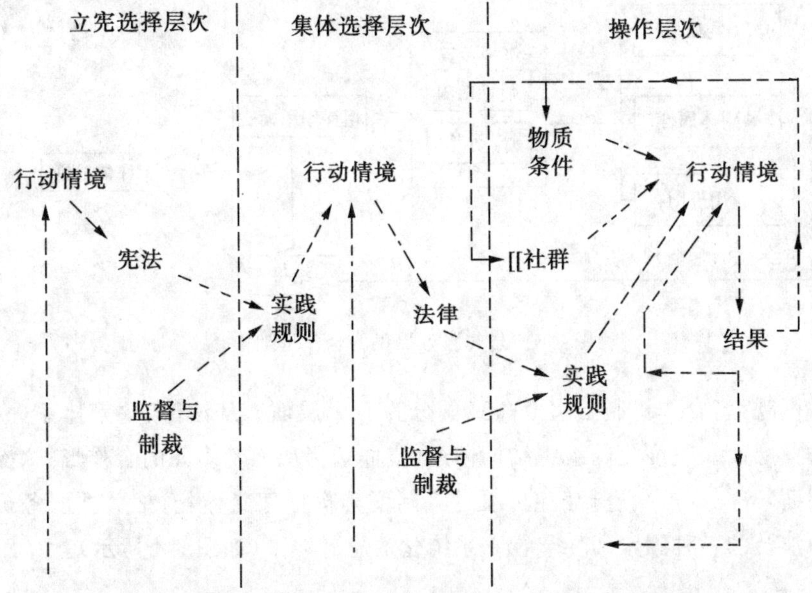

图 6-2　分析层次的关系

（资料来源：[美]迈克尔·麦金尼斯主编《多中心治道与发展》，
王文章、毛寿龙等译，上海三联书店 2000 年版，第 7 页）

二、区域公共物品供给的合作框架

制度分析与发展框架是目前在政策过程研究中发展最完善的框架，也是最有发展潜力的框架之一。我们尝试着将这一框架应用于对区域公共物品供给的分析当中。区域公共物品自身特性的复杂性决定了这一任务的困难。我们首先是从公共服务提供的分析框架开始，建构了一个公共服务提供的合作框架（见图 6-3）。

在这个框架中，我们不把某个因素理所当然地看作常量，而是都视为变量，随环境变化而变化的变量。分析问题的第一步是确认一个概念单位，本研究将合作机制即应用规则作为分析的概念单位，其他因素作为影响因素。宏观上，在公共服务提供的行动舞台上，行动情境通过各主体定位来体现，行动者侧重分析各主体关系；在外部环境的影响因素中，自然/物质属性侧重分析公共服务属性，共同属性侧重分析组织文化。

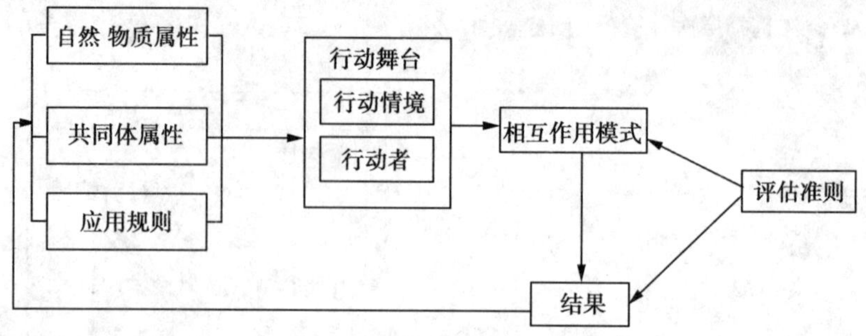

图 6-3 公共服务提供的合作框架

微观上,合作机制层次由高到低分为三个层面。从法律、政策体系(立宪选择层面)、制度化的组织结构体系(集体选择层面)、多元的合作形式(操作层面)等三个层次进行解剖,通过将制度分析框架具体化,把公共服务提供中涉及的各种因素和环节置于系统化的思考之下(如图 6-4 所示)。

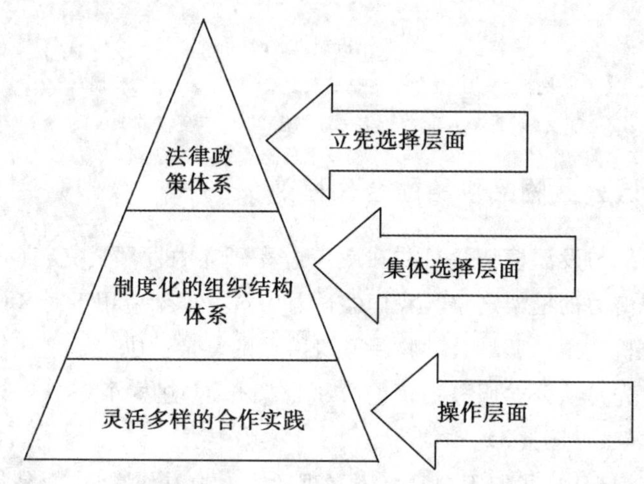

图 6-4 合作机制的具体层面

整个框架的建立是基于这样一种思考:将政府的网络治理纳入合作主义的话语之中,将跨域治理中的合作纳入制度性安排之中。

对公共物品属性的分析,就是对区域公共物品属性的分析,我们已经在第一章中进行了分析;对于组织文化的分析,主要涉及地域文化、官僚组织文化、公共精神的分析,我们将之作为合作机制的配套措施,不是关注的要点。本研究的重点就是要分析在微观层面上合作机制的具体内容。

第二节 框架构建:跨域治理的制度设计

一、区域治理转型与跨域治理模式

(一)中国区域治理的转型

在传统的政府主导行政区行政模式下,行政区划对区域经济产生刚性约束和影响,地方政府在追求自身利益最大化的动机驱动下,地方政府之间的恶性竞争频发,又被称为“行政区经济”。在“行政区经济”下,地方政府对经济的不合理干预十分严重,区域经济发展带有强烈的政府行为色彩,同时在产生地方与中央、地方之间的利益冲突时,地方政府追求自身利益最大化的动机很容易使这种政府行为演变为区域保护主义,制约着区域整体经济效益的实现。①

而随着城市化的快速推进,城市之间的联系日益密切,区域问题的边界性更加模糊,单一的地方政府主体力量已经难以应对日趋复杂的区域问题和经济增长的需求。合作逐渐取代竞争成为地方政府实现自身利益的基本途径,城市群的合作经济逐渐取代行政区经济成为区域经济发展的主要形态。中国的区域发展从以城市带动乡村的发展模式转向城市群带动区域一体化。同时,随着行政改革的推进和公共管理的转型,中国的区域管理从政府主导的行政区行政模式向治理式的政府合作模式转型。我国区域治理的转型是在城市化背景下,为了实现区域整体利益提升,实现跨行政区公共服务,在治理理念和工具手段指引下,在政府主导下形成多中心、合作治理的区域发展机制。其核心思想包括:第一,多中心。充分发挥中央政府、地方政府、非政府组织等不同主体的积极性。第二,跨域合作。跳出传统的囿于行政区划和行政领导体制的思维框框。第三,政府主导。概念并不包含一个如何解决经济一体化过程中的行政管理体制问题的一揽子方案,但其着眼于政府管理体系创新。

可见,区域治理的转型对多元、合作的跨域治理模式提出了要求。跨域治理涵盖了组织单位中的跨部门、地理空间中的跨区域、超越公司分野的伙

---

① 参见陶希东:《转型期中国跨省都市圈区域治理》,上海社会科学院出版社 2007 年版,第 60～61 页。

伴关系,以及横跨个政策领域的专业合作,是一种同心协力和互助合作方式的跨领域、跨区域及跨部门的治理模式。[①] 因此,跨域治理的理念不仅与多中心治理、网络治理的思想相契合,而且将制度决策的分析进一步具体化。

(二)跨域治理的基本模式

根据台湾学者的研究,跨域治理的模式根据整合程度的高低,可以分为协调联系式(coordination and liaison)、策略性伙伴(strategic partnerships)、行政协力式(administration collaboration)与结构功能式(structural function)等四种跨域治理模式。其中每一种模式都有其相对应的通用策略(strategic),如表 6-1 所示:

表 6-1 跨域治理的模式与可用策略

整合程度光谱	高 ⟷ 低			
区域协力治理的类型	协调联系式(coordination and liaison)	策略性伙伴(strategic partnerships)	行政协力式(administration collaboration)	结构功能式(structural function)
未来可用策略	区域协商论坛 协调联系会议 专案工作汇报	协力伙伴 区域公民论坛	地方行政契约 资源共享	行政区合并 核心都会区 区域机构

[资料来源:参见李长晏《区域发展与跨域治理理论与实务》,(台北)元照出版有限公司 2012 年版,第 426~430 页]

协调联系模式是最基本的一种跨域治理模式。其实施的目的在于增进区域各行政主体之间的对话机会,减少因区域公共议题所引发的区域各行政主体之间的利益冲突与矛盾争端。借由业务协调与对话联系的方式,增进区域内各行政主体之间的合作机会。

策略性伙伴模式的合作与整合程度较高,但需要通过公共服务协定的签订,将区域内的公部门、企业团体、非营利性组织与社区公民团体纳入整合的框架之内。经由前述行动者间的对话协商达成共识,以共同参与的形态提供区域的公共服务。其主要目的在于,设置区域公民参与的途径,以及公私部门的对话窗口,达成区域公共政策的共识并增进区域公共政策的正当性。

① 参见李长晏:《区域发展与跨域治理理论与实务》,(台北)元照出版有限公司 2012 年版,第 347 页。

行政协力模式相较于协调联系式而言,行政机关之间的合作与整合程度较高,除透过地方行政契约联合提供公共服务之外,另有资源共享的措施使资源、预算配置能够发挥总体效应,建立组织间的合作伙伴关系(inter-organizational collaborative partnerships)。

结构功能模式相对于前三种跨域治理模式,其变动幅度最大,影响的层面也最广。结构功能模式通过行政措施直接达成区域整合的目标。对行政机关而言,只需修改法令,同时进行行政部门的整合;但对区域公民而言,却可能会缺少意见表达的渠道,导致公众的利益诉求受到行政机关的忽视,以致公众合法权益无法获得有效的保障。

(三)跨域治理的具体策略选择

不同的跨域治理模式在实现过程中有赖于不同的策略选择,根据国内外的实践,我国台湾学者总结了十种跨域治理中可以选择的具体策略。基于我国单一制的行政管理结构以及目前区域发展的主要特征,本研究认为,在跨域治理中,区域协商论坛、协调联席会议、公私伙伴关系、地方行政协议以及行政区合并是目前在我国跨域治理中可以采用且行之有效的策略选择。

1. 区域协商论坛

区域协商论坛是以区域内各行政主体的领导为主要对象,希望通过类似高峰论坛的方式,将区域内各行政主体的领导齐聚一堂讨论区域性事务、合作事项并共同交换意见,以凝聚区域的合作共识与基础。在我国,这种合作形式主要表现为市长联席会议以及市长论坛的开展。如成立于 1986 年的环渤海区域合作市长联席会,是国内最早成立的地方政府间的区域性合作组织。截至目前,成员市达到 40 余个,是国内成员规模最大、覆盖范围最广的区域合作组织之一,致力于构建多元化、多层次、多领域的区域合作机制,努力推动形式多样、内容丰富、作用显著、影响广泛的区域交流与合作,对促进环渤海区域发展发挥了重要作用。

2. 协调联席会议

协调联席会议主要是指由县市首长与所属机关局处首长共同参与为主,此一方式的整合度与落实程度高于论坛。针对区域内各行政主体共同合作的具体事项进行规划拟定实际执行办法,所指涉层面的范围比较大,是从论坛的基础上扩大而来,并属于综合性的业务会议。这一形式的典型代表是成立于 1996 年的长江三角洲城市经济协调会,该协调会是由成立于

1992年的长江三角洲15个城市协作办主任联席会议制度发展而来,是长三角地区城市间的一种合作机制,致力于长三角地区城市之间合作共识的达成以及采取共同行动。

3.公私伙伴关系

传统上公私伙伴关系主要应用于社会保障领域,如老人照护、儿童及青少年辅导、社会辅助等,致力于通过公私伙伴关系提供社会公共服务,满足区域内公众在社会保障领域的特定需求。随着公共事务日益复杂化且跨边界的特征越来越突出,单凭地方政府一己之力难以满足区域社会保障领域的公共需求,若是能通过区域内的非营利组织、社区团体的参与,不仅能够增强公共服务的供给能力,同时也可以让公共服务的内容愈加贴近民众的需求,提升公共服务的品质和质量。

4.地方行政协议

地方行政协议所涵盖的行动者,主要以区域内的政府和企业团体为主。在涉及跨行政区且对整个区域整体的公共效益产生影响的特定事项,如灾害防救、废弃物处理、水土保持等,地方政府的相关部门通过行政契约的签订,建立合作互助的措施,以利于有效解决区域性公共议题。行政协议是我国长江三角洲和珠江三角洲区域合作的一种重要形式。长江三角洲区域政府在《长江三角洲城市经济协调会章程》这一原则性的基本协作章程的基础上,区域政府及其职能部门在重要的合作领域陆续缔结各种行政协议;同样,珠江三角洲区域政府及各职能部门也是在缔结的原则性的合作协议《泛珠三角区域合作框架协议》的基础上,再分别针对各具体合作领域缔结专门、具体的行政协议。[①]

5.行政区合并

行政区合并是将两个或两个以上邻近的行政区域,考虑其人口规模、财政资源等方面予以合并。一方面,通过行政区合并简化政府的数目,减少资源、预算的重复配置。另一方面,则是修正因行政区划过于零碎,以致管辖权无法有效解决区域性公共议题的缺失。行政区划的调整及合并,也是我国目前跨域治理中所采用的主要措施之一,主要有撤县设市、撤县设区,以及处于探索中的省直管县等举措。目前,我国县的数量呈下降趋势,而地级市与市辖区的数量呈较明显的上升趋势,这种行政区划的调整及合并也对

① 参见叶必丰等:《行政协议:区域政府间合作机制研究》,法律出版社2010年版,第9~10页。

目前跨域治理的形势产生了比较明显的影响。图 6-5 为 1995～2013 年我国行政区划的变化情况。

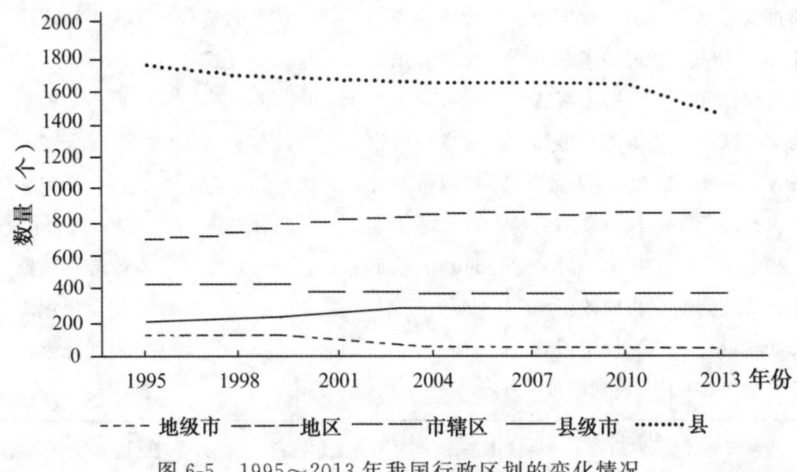

图 6-5　1995～2013 年我国行政区划的变化情况

（注:本研究根据历年国家统计年鉴相关数据整理而成。由于历年统计年鉴中对于地级行政区和县级行政区的统计口径特征,在地区和县的统计口径中未将盟和旗进行特别区分,特此说明）

二、区域治理议题发展与跨域治理机制

从微观层面看,跨域治理视角下的区域合作集中体现在政府和政府之间、政府与企业之间、政府和社会组织之间,具体议题包括:寻求信息、寻求调整方案、政策制定、资源互补和基于具体项目的合作等(见表 6-2),合作具体策略也由此产生。因此,跨域治理下的区域合作既包括辖区间和部门间的纵向协作,也包括辖区间和部门间的横向协作,更贴合城市群区域合作的现实要求。

跨域治理的机制设计应包括以下四个层面:在决策层面,解决跨域性的公共事务的管理问题,要求通过谈判和协商促成一定的制度化协议,建立合作的规则和行动的程序,使协作行为合法化。在组织层面,跨域治理的实现需要一定的实体机构组织相应的沟通、交流渠道,建立统筹兼顾的组织协调机制,组织层面上的管理和协调机构是合作治理的保障。在操作层面,通过具体的政策工具选择和政策实施,将跨域治理理论合理应用到具体的公共事务管理之中。在结果层面,将合作结果纳入政府绩效考核体系,建立奖罚分明的激励约束机制,使合作机制更有约束力。

表 6-2 跨域治理的议题发展

寻求信息	寻求调整方案	政策制定	资源互补	基于项目的合作
通过政府之间、政府和其他组织之间的交流获取各方的基本组织和运行事务的信息,地方官员为公共项目提供信息支持	地方政府通过要求获得一些上级管理的标准和规定,从而寻找行动的自由,以要求终止或改变项目规定或者规章制度	合作治理的参与者正式或者非正式地参与协作性政策制定的规划、目标选择和政策制定	从众多的参与者中寻找并获取资源,以及与不同级别的参与者联合并调控资源	为了达成一致的目标、完成一定的项目,政府之间进行横向和纵向的合作,政府和其他社会组织之间展开合作

(资料来源:[美]罗伯特·阿格拉诺夫、迈克尔·麦圭尔《协作性公共管理:地方政府新战略》,李玲玲、鄞益奋译,北京大学出版社 2007 年版。根据第 62～92 页的相关内容整理)

(一)决策层面:利益分享与调节

跨域治理内涵的假设有二:一是民主、协作和相对妥协的合作精神,二是成熟且多元的公共问题治理的主体(政府、非政府组织和公民等)。跨域治理的促成条件首先包括管理者思想观念的转变,具备一定的合作意识是关键,同时,由于政治、经济和社会等各方面的发展和改变以及各种动力机制的形成,充分促进跨域合作的产生;无论是高度地方性的问题还是区域性问题,都需要规模适度的集体行动。在资源有限和现有行政体制下,我国区域的良性发展依赖于城市群内地方政府之间的有效协调以降低政策决策和执行的成本,减少合作过程中搭便车现象。因此,这一层面的目标是建立利益分享与调节机制。

1. 建立平等互信的政治对话、制定合理的规则及行动程序

"跨域治理是一种基于信任的互动,是平等基础上的双向博弈,正是通过互动实现了跨域治理主体的沟通、谈判与协商,进而促进合作治理的实现。"[①]在城市群政府之间进行平等互信的政治对话是跨域合作机制得以实现的重要条件。这种平等的政治对话体现在三个方面:一是要求法律地位

① 参见张成福、李昊城、边晓慧:《跨域治理:模式、机制与困境》,载《中国行政管理》2012 年第 3 期。

和政治地位的平等，二是需要对称的信息资源；三是合作各方都认可所谓的“公共精神”。合作机制的规则是规范合作体内外部成员行为的共享行为规范，它既可以是正式的法律文本也可以是合作成员在长期互动过程中形成的行为习惯，其作用主要是增强成员行为的可预期性，减少成员交往过程中的机会主义行为和交易成本。合作规则同样通过平等互信的政治对话建立。具体而言，在项目实施前需要对公共资源的产权、公共服务提供者的权利义务及资源分配情况进行明确的界定，围绕合作目标以一种多方协商的方式进行合理的谈判，并达成互惠的协议和承诺，制定规范的行动程序。

2.完善地方政府的利益表达机制，将地方战略上升到国家的战略层面

地方战略是实现城市群政府间合作机制的一个纲领，在一定程度上能够推动城市群地方政府间的合作。但现有的城市群地方战略大多以城市群区域整体利益为出发点，很少从国家发展的角度去看待自身的发展，没有将城市群区域公共物品供给、城市群地方政府间的合作从国家战略的角度去考虑。如果不能将区域利益与国家利益很好地统一起来，就很少能够获得中央层面的政策支持。因此，地方政府在利益表达途径上应进一步拓宽，谋求将地方战略上升为国家战略，使其获取宏观政策的支持，将地区利益取代单个城市的利益放在突出的位置上，使整个国家战略关注单个城市不可能解决的问题，并建立自下而上的利益表达机制，形成制度性的保障，从而为区域公共物品供给提供强有力的支持。一些城市群意识到这一点并取得了有效的进展。如长三角城市群的《长三角区域规划发展纲要》和由国家发改委及国务院研究室牵头的《进一步推动长三角改革开放和经济社会协调发展的指导意见》即为国家战略级文件，对长三角一体化产生巨大的推力和指导作用。在2007年国家发改委《关于批准武汉城市圈和长株潭城市群为全国资源节约型和环境友好型社会建设综合改革配套实验区的通知》将武汉城市群、长株潭城市群地区发展纳入国家战略层面。以山东半岛城市群为基础的《山东半岛蓝色经济区发展规划》，2011年获得国务院批复，标志着山东半岛蓝色经济区建设正式上升为国家战略。

3.建立多主体之间的长效协作机制，加强和完善合作过程中的利益分享、利益补偿和冲突调解的制度化建设

利益分享一般是在市场机制的基础上，按照多元主体的激励因素和利益指向不同进行分享。如在特许经营中企业按照合同的要求在一定时间内分享基础设施的经济收益。非营利组织通过积极参与合作机制获得了政治

的认可和社会的宣传,能够吸引更多志愿者和社会支援。因此,利益分享机制不仅建立在区域地方政府之间,还应加强政府与企业间的联系,努力发展跨区域企业合作,厘清区域基础设施建设外包过程中的竞标、合同制定、财政分担、监督管理等方面各地方政府之间、政府与企业之间的关系;加大非营利组织的发展力度,完善其财力来源、组织机构建设,在区域合作供给区域公共物品的效果、效率方面引入非营利组织进行监管评估,有利于公正原则的体现。以多主体的网络来促进稳健的不同主体的长效合作机制。

利益调节包括利益补偿和冲突解决。在我国的治理实践中,区域生态补偿机制和财政收入补偿机制是常见的两种形式。如在环境领域建立区域生态补偿机制,保证区域内各地区间长效的利益机制,根据经济社会发展状况及生态效益的受益和受损情况,按资源和环境容量有偿使用的原则逐步建立生态补偿体制。①

建立合理的财政收入补偿机制。区域合作需要统筹区域资源,重新定位地方发展方向。合作结构中总有优势一方,有些地区可能必须从某些产业中退出或甘愿作为配角,去重新定位自己的优势产业,而另一些地区则可以乘机扩大市场和规模,进一步壮大自身的产业优势,于是发生了地区利益从劣势一方流向优势一方的问题。这就需要合作优势一方给予劣势一方以必要的补偿,让区域内所有的地区都共享合作的收益,否则,合作关系就会破坏,彼此利益都会受损。因此,要建立合理的财政收入补偿机制,协调合作关系。比如:加快推进产业分工合作和产业转移,使利益受损一方建立新的产业增长点;受益方通过财政转移支付投入其财政税收的一定比例协助对方改善基础设施建设,推进地区间经济一体化,使两地都能在产业项目建设的未来发展中获益。②

建立冲突协调机制。冲突协调机制需要组织层面的支撑,应由多元主体作出决策,并有畅通的信息渠道。消除因信息不对称、沟通误会产生的冲突;在利益有损参与者时,能通过磋商和谈判形成的行政契约得到多方妥协,达成共识。

---

① 参见杨妍、孙涛:《跨区域环境治理与地方政府合作机制研究》,载《中国行政管理》2009年第1期。

② 参见张汉飞:《释放区域制度红利破解产能过剩》,载2014年9月22日《学习时报》。

4.制定和完善配套的区域合作法律法规

在层级制政府合作中，地方政府通过要求获得一些上级管理的标准和规定，从而寻找行动的自由，以要求终止或改变项目规定或者规章制度。显然，合作规则的制定受政治权力的支配。因此还需将合作协议合法化，取得法律规范的支持。

以山东半岛城市群为例，《山东半岛城市群总体规划》属于区域性规划，不是法定规划，从国内的现状来看，区域性规划的实施措施和手段比较薄弱。“政府合作的制度短缺引发大量的短期行为和盲目举措。”区域合作也应该有相应的法律和法规，如制定《区域合作章程》《区域合作法规》《区域经济合作条例》等等，使其成为区域协作和区际交往的原则，也使地方政府在处理行政区际关系时有法可依。通过制定区域合作的法律法规来保持区域政策的一贯性和持续性，这也是国外市场经济国家通行的做法。山东半岛城市群区域合作也应该加快制定合作的章程，并且赋予其相应的行政效力，这是作为一省之内城市群发展应该并且能够实现的要求，出台诸如《山东半岛城市群区域合作章程》《山东半岛城市群区域合作法规》《山东半岛城市群区域经济合作条例》等法律法规，使其成为山东半岛城市群区域协作和区域交往的基本原则，也使各地方政府在处理区际关系时有法可依。同时，相关部门还应当对山东半岛城市群以往的地方性法规和规章进行一次清理，背离或阻碍区域协同发展的应当依法予以修改或废止。

（二）组织层面：组织机构与部门协调

跨域治理网络是一个包括各种互动作用的网络，良好的合作要求各个主体间形成良好的治理结构，以组织的形式推动合作的发展。城市群之间的合作，在组织层面上主要涉及治理结构，包括决策机构、管理机构、执行机构等。

1.建立城市群层面跨区域合作协调机构，强化政府的协调作用，并建立合理的权责机制

利益协调机制是以实现各方利益最大化为目标建立的机制，意在通过制度化的手段实现多方共赢，以互惠制度为微观基础。在衡量合作行为各方的成本和收益之后，发挥各自的比较优势，达成协议、契约、合同等，实现利益的最大化。当收益和成本不是同样分配时，就会出现意见不一、收益不均等现象，这时需要借助政府的权威来组织协调，按照合作体的法律法规进行处理。

在具体的城市群发展过程中,现有的合作机制缺少一种常设的区域合作协调机构,没有组织机构的合作机制是不完整的。即使合作程度最高的长三角城市经济协调会,其常设联络处也只是下设于上海市人民政府的协作办公室,后联络员改任办公室成员,办公室下设联络、财务、专题等工作部门,机构在实际的运作中并没有实质性的权力,且现有的协调机制往往存在议而不决、决而不行的问题,这种情况往往是由于协调机构的行政级别较低所导致的。在现有区域合作机制不完善及中国现实国情影响下,横向政府或部门的利益协调,往往需要上级行政部门来引导。所以,在制定全国区域性规划、设立国家级区域协调机构、从法律上赋予区域性协调机构相应职权的前提下,要在跨省城市群区域协调机构中,加强国务院或国务院各部委在协调机构中的参与力度;在省级以内的城市群区域协调机构中,则应加强省级政府在其中的地位和参与力度。

山东半岛城市群具有建立区域合作协商机制的优势:群内城市同处一省之内,相对来说便于跨市域的制度整合与城市间合作。在省里建立权威性的综合协调部门,这是当前体制下的可行与有力措施。强调省政府的协调作用,是因为省政府可以作为超脱于群内各城市政府间利益争端的公正裁判,从而在地方政府的博弈结构中充当信息沟通与冲突裁判的作用,这就需要不断强化省政府的宏观调控能力,加强省政府的政治权威、财政能力和宏观政策的执行监督,集中管理具有全省性影响的公共事务。从弥补市场失灵的角度,在地方事务公共化的基础上强化省政府在全局性公共事务方面的制度化权威,加强对地方政府的法律约束、风险约束和组织约束,规范地方政府行为,建立一种规范的地方政府间利益分享和调节机制。

关于区域城市群协调机构的职责,具体而言,包括:协调制定区域整体发展战略,整合各种会议制度和单项合作机制及组织,全面负责城市群内部跨越行政边界的基础设施(城际轨道交通、高速公路、港口、机场、传染病防治、污水处理、防洪减灾等),统一规划和公共服务(大型文化体育设施、场馆建设等)的联合生产,追求规模效益,避免区域内的重复建设;负责为区域内各成员城市政府的科学决策提供准确、平等的咨询服务,提高整体决策水平;协调解决区域内成员城市政府间基础设施建设、城市规划、城际贸易、要素流动、产业调整、空间开发、生态重建等重大区域问题;同时可以构建统一的区域政治体系,尤其注重财政、税收、金融、产业、招商引资、土地批租、人才流动、技术开发、信息共享等制度、政策的统一，制定统一的实施细则和竞争规则。①

2. 推动各地市政府自发组织的执行机制，协调横向利益关系

单纯寄希望于上级政府的宏观调控，成本太高，也难以完全达到目标。省政府在促进区域经济一体化中发挥着重要作用，但地方政府毕竟是区域经济发展的主要推动者和执行者，因此，如何发挥各地方政府的积极性，建立一个反映各地方政府意愿、能获得区域内各政府普遍认同的、具有民主的治理结构的跨行政区的协调管理机构，则是区域政府合作机制能够真正建立的关键。

在相互尊重各行政区利益的前提下，以规范约束每个成员政府行为为目标，设立多层次组织机构。一是建立跨行政区的政府间磋商机制，诸如市长联席会议、各对口部门间横向协调和通报等，将沟通协商制度化，通过经常性的接触，了解相互的利益诉求，平衡利益关系。二是建立跨行政区的制度性组织协调常设机构，诸如区域经济协调管理委员会等，组织协调实施跨行政区的重大基础设施建设、重大战略资源开发、生态环境保护和建设、生产要素的跨行政区流动等问题。三是建立专业委员会和工作小组，负责具体项目的规划和实施。如规划与产业协调委员会、环境保护与治理委员会、区重大基础设施开发管理委员会等。

3. 建立冲突调解部门，完善冲突解决机制

当不同层次之间的冲突出现时，需要有解决那些冲突的建设性的安排。② 由于当前对地方政府工作绩效的种种考核指标仍然主要局限于地方经济增长，因此，一旦各个地方之间利益产生冲突，而面对这种冲突如果缺乏各地方政府间进行对话和调解的平台，那么各个行政区极有可能采取地区封锁和分割的办法来保证利益不受损失，从而放弃采取行动以实现他们的共同或集体利益，出现典型的“集体行动难题”。因此，应建立冲突调解部门，为地方间利益冲突的解决搭建平台，可以设立专门的冲突协调机制或者由合作体的统一管理机构委托专门机构来执行，如区域协调管理机构、专业委员会或工作小组。冲突协调机构由政府、企业、非营利组织和公民个人等涉及自身利益者的代表组成，有能力代表合作主体作出决策。

---

① 参见陶希东：《转型期跨省都市圈政府间关系重建策略研究——组织体制与政策保障》，载《城市规划》2007 年第 9 期。

② 参见[美]罗纳德·J·奥克森：《治理地方公共经济》，万鹏飞译，北京大学出版社 2005 年版，第 176 页。

（三）操作层面:政策体系与合作支撑

跨域治理主体的互动包括了沟通、谈判、协商以及协作四个基本阶段，互动是跨域治理的前提和基础并且贯穿于跨域治理的全过程。[①] 此外，规划是区域合作的先导，规划的过程是多元合作主体沟通协商及利益表达的过程，也是合作政策设计的载体。在城市群跨区域合作治理过程中，需要建立一系列规划、沟通、协商、信息、资金等合作政策体系，并采取多种政策工具支撑运行流程。

规划机制。城市群区域合作规划要从整体着眼，找准在国家的战略地位和作用，正确处理区域发展与环境保护、资源利用、社会服务等方面的关系。产业是区域经济发展的支撑，形成有竞争力的产业集群是城市群区域合作的重要目标，合理规划区域产业结构，通过产业升级和转移促进结构优化，实现区域资源整合，减少重复建设和恶性竞争。通过整体规划区域公共物品提供，统一调配区域基本公共服务，如构筑区域交通圈、统筹基本养老及医疗保险服务；集中人力、财力和物力应对公共安全、突发事件、危机管理等跨域公共问题。

沟通协商机制。跨域治理的过程是多元主体通过充分表达、谈判协商的互动并实现协作治理的过程。治理主体之间通畅和有效的沟通是合作的前提和基础。在沟通协商机制的构建中，政府仍是关键责任人，政府要承担起搭建沟通平台，创造公平、平等、开放的协商环境及氛围的职能。在组织形式上，可以成立官方或非官方形式的协商委员会，与利益协调机构不同，协商委员会可以是其下设的一个部门，也可以是非官方的便于合作主体联系的中介组织。通过定期召开联系会议，对城市群区域发展中的各种议题进行探讨交流。

信息共享机制。建立良好的信息共享机制是推动城市群实现跨域合作治理的重要动力和主要政策工具。信息共享机制主要包括信息的支撑、整合、服务及文化传播等四个方面。信息支撑，是指通过对区域经济和社会发展数据的收集、统计和分析，建立关于跨区域治理的数据信息系统，并以此为支持建立信息通报、突发事件应急协作、区域发展论坛等互动网络，如区域大气环境质量监测网；将城市群合作规划、政策体系和法律文件保障等通

---

① 参见张成福、李昊城、边晓慧:《跨域治理:模式、机制与困境》，载《中国行政管理》2012年第3期。

过网络平台共享。除了构建信息网络平台，在组织形式上还可以设立新闻发言人制度，定期召开新闻发布会，及时通报区域内相关合作动态；开辟相关论坛，鼓励社会组织和公民个人参与区域发展。信息整合，信息共享和畅通目标的实现，都是建立在统一信息资源规划、统一数据标准建设的基础之上的。将区域内重要和优先合作的事项归类整合起来构建区域重大信息化项目，如区域规划、土地利用、基础设施、交通运输、环境保护等方面，分领域、有重点地进行信息化建设。信息服务，主要是将区域政务、规划、经济商贸、投资项目、合作成果等，通过互联网平台进行展示及宣传并提供在线咨询帮助，为企业和社会公众获取相关信息提供服务。文化传播，是指公共精神及互信共赢合作意识的宣扬。以人际关系和组织文化为基础的非正式制度在跨域合作中的作用不可忽视。在当代我国地方政府间合作很多都是运用非正式机制，通过领导人之间的私人关系交流，进行地区性的发展与建设。虽然这种靠领导人推动的方式会随着领导变更而使合作机制架空，但却是一种最简单易行的合作方式，关键在于建立长效合作的制度基础。非正式机制易受组织文化的影响，在合作成员间倡导和发扬公共精神，有利于成员间互信互助、承诺监督。

资金筹集、支出及监管机制。城市群的发展需要巨大的资金支持，仅靠政府投资是远远不足的，要构筑多元化财政资金来源体系。城市群发展的资金来源主要有：一是政府公共财政投资，以上级政府和各地方政府的拨款为主，上级政府的拨款主要是为鼓励区域发展与合作，当地政府的区域资金则主要为区域合作项目而拨付；二是企业合资，可以是国内几个大型企业合资项目或中外合资；三是外商直接投资，需要有吸引力的合作项目；四是私营部门筹资，由政府或非营利机构通过倡议、项目合作的方式向企业或私人筹资；第五，通过股权、债券、产业投资基金、私募基金、社会保险基金以及其他融资渠道募集流动资金。“对于资金支出，借鉴国外经验，可以采取以下几种方式：一是聚合基金，用于鼓励落后区域、问题区域的治理；二是结构基金，主要用于区域产业结构的优化调整，促进经济发展；三是专项基金，用于较为长期的区域专项发展项目；四是创新基金，鼓励政府、企业、非政府组织创新能力的提升和改善；五是奖励资金，主要用来奖励区域合作行为。”[①]同时，要建立和完善区域发展资金的筹集与利用监管机制，使资金筹集和利用

---

① 张成福、李昊城、边晓慧：《跨域治理：模式、机制与困境》，载《中国行政管理》2012 年第 3 期。

科学、合理、合法,如2014年5月山东省发展改革委、财政厅出台了《山东省区域战略推进专项资金管理办法》。此外,如何调动区域中相对欠发达地区参与合作的积极性是实现跨域合作的难题之一,可在基础设施、公共服务、人才培训等方面,建立旨在缩小合作成员之间发展差距的专项发展基金,同时欠发达地区应按区域合作规划出台相应的配套政策,为合作提供土地、资源、人力等方面的便利条件,激励发达地区的帮扶,实现共同发展。

(四)结果层面:合作绩效评价与激励约束

"无评估则无管理",对区域合作过程及结果进行绩效考核评价,是提高区域公共物品合作供给能力的重要途径。从目前的情况看,以经济为中心的政府绩效评估方式是进行跨域合作治理绩效评估的最大阻碍。以地方经济增长为中心的考核体系难以使城市群内各个政府产生真正的合作动力。地方政府为完成上级政府下达的经济指标,创造与地方官员升迁直接挂钩的考核政绩指标,大量官员都将追求GDP高速增长作为工作的目标和动力。此外,注重改善经济条件、提高当地生活水平,得到当地百姓认同和爱戴的为官之道,也强化了地方干部谋求地方经济利益最大化的动机。城市群合作治理绩效评估应着重体现跨区域特性,既要评价合作结果,也要考察多元主体的互动合作过程。可将区域公共物品合作供给的成效纳入地方政府绩效评价指标体系,统筹考虑区域经济、社会发展的综合指标,转变唯地方经济增长的考核方式。

基于项目合作的评价。项目合作是城市群区域之间整合各自优势资源的主要方式。由于项目合作内容及目的的不同,评价指标因事而异。对项目结果的考察,一般包括项目合作是否达成、项目合作收益及成果分享、对项目合作前景的评估等方面。基于项目合作的评价应由参与合作的主体在合作协议的规则下共同完成。

建立区域经济社会发展的综合评价指标体系。把产业发展及结构转型、环境保护及污染治理、资源集约节约、人民生活和社会保障等方面的指标纳入考评体系,扭转以GDP增速和财政收入为核心的绩效评价方式。结合区域发展战略定位,考察区域内各个地方的发展情况和地方之间的发展差距。同时,由于区域经济发展不均衡始终存在,对区域内各个地方的考核要注意因地制宜,防止一刀切。有的地方可能还是要以经济发展为主,但也要兼顾环境资源的发展;有的地方发展已上升到区域经济龙头的地位,提升发展质量是关键,但也要发挥其引擎作用,从区域发展战略出发,在项目投资、产业帮扶、人才培养等方面发挥作用,引领相对落后地方的发展。因此,各地方在制定自身绩效考核指标时,评价的方向应与区域合作绩效指标体系相结合,从区域发展的整体来考虑。

激励约束与绩效改进。外部激励是地方合作的催化剂。[①] 激励约束作用既体现在合作结果层面,也体现在合作过程中。在结果层面,由区域合作机构公布合作评估的结果,通过设置区域奖励基金,鼓励区域地方之间的合作。根据评估结果,总结合作经验及教训,对于合作绩效较差的地区,政府应当适当干预并给予扶持。在合作过程中,充分利用层级政府的行政权威,上级政府通过制定政策性的绩效标准或质量要求,可以引导地方政府合作提供公共物品。监督约束需要在规范的制度框架下多元主体的共同参与。以区域环境合作治理为例,如表 6-3 所示,建立地方政府间环境合作治理监督约束机制,需要法律、制度和体制的约束、经济手段、舆论宣传和社会参与的共同作用。但是,多元主体的参与会导致信息的不对称和监督成本的升高。因此,要通过法律约束和组织管理,完善公众参与和问责机制,保障评估过程的民主、公开、透明。

表 6-3　　地方政府间环境合作治理监督约束机制

法律、制度	制定标准,规定责任
体制	区域环境治理机构,横向政府间环保职能部门协调
经济	排污收费,市场准入,生态补偿
舆论宣传	媒体介入,信息公开
公众参与	非政府组织,个人参与

(资料来源:杨妍、孙涛《跨区域环境治理与地方政府合作机制研究》,载《中国行政管理》2009年第1期)

第三节　实践应用:半岛城市群合作机制的完善

以跨域治理理论思路反思山东省城市群区域发展战略这一中国式区域治理的典型实践可知,城市群合作发展主要是一种政府干预式的发展模式,突破区域公共物品合作供给困境关键在于如何建立政府干预与市场协调的

① 参见余锦海:《美国地方政府在公共物品供给中的合作及启示》,载《国家行政学院学报》2012年第2期。

平衡关系,实现“市场主导、优势互补、互利共赢”。市场主导,即加快市场制度创新,优化区域之间资源竞争;优势互补,即加快地方政府制度创新,从宏观上看,要实现政府职能及其政绩考核制度的规范化,建立均衡型的公共财政制度,提高公共服务均等化水平;从微观上看,要建立可持续发展的组织结构,明确的合作机制和配套的法规政策。然而,跨域治理无论在理论上和实践上都还属于一个新兴事物,尚缺乏可供参考和借鉴的理论依据和实践经验,尤其是在山东半岛蓝色经济区建设过程中,更是如此。各种区域公共管理问题还处在摸索阶段,因此合作的开展首先需要权威的推进组织、良好的运行机制和明确的政策条文,只有这样才能规范和引导半岛蓝色经济区一体化的顺利发展。

一、加快区域公共物品有效供给的组织建设

在具体的城市群发展过程中,现有的合作机制缺少一种常设的区域合作协调机构,没有组织机构的合作机制是不完整的。现有的协调机制往往存在“议而不决、决而不行”的问题,这种情况往往是由于协调机构的行政级别不够所导致。所以要明确在跨域治理中组织建设的不同类型和作用。

(一)建立区域合作的整体性推进组织

城市群合作是一种跨区域的政府行为,不同的利益主体具有不同甚至相悖的利益目标,只有充分整合利益主体的相关利益诉求,才能推动城市群地方政府间的有序合作,进而促进整个区域的合理发展。所以,通过建立政府间的平等对话机制和集体性的协商制度,如构建城市群市长高峰论坛、区长联席会等常规化、制度化的对话平台,针对当前城市群发展的市场秩序、公共产品提供、合作机制等进行协商,可以有效地推动城市群地方政府的深入合作。

(二)建立专业的区域协调(协作)委员会(工作小组)

为解决政府间业已形成的利益冲突,可根据实际情况考虑下设区域产业与规划协调委员会、专业或综合冲突管理机构等部门,作为城市群政府机构的冲突解决中介。在山东半岛城市群的建设过程中,为地方之间利益冲突的解决搭建平台,建立冲突调解部门是加快推进半岛城市群一体化进程,形成城市间合作的内生动力的重要环节。此外,还可建立如环境保护与治理委员会、跨行政区重大基础设施开发管理委员会等专业或综合职能管理机构。各种专业委员会和工作小组可针对某种具体的区域内公共问题展开

工作，推进合作，减少内耗。

（三）建立冲突协调和利益救济部门

区域公共利益的实现并不意味着最大化的地方利益的实现，各个地方从区域发展和公共利益的实现中所能够分得的收益并不是均等的，甚至有时候需要牺牲某些地方的利益来保证公共利益，在这种背景下，地方政府之间的冲突不可避免。当区域冲突发生时，可由区域协调管理机构、专业委员会和工作小组或者地方政府向冲突调解部门提出，由冲突调解部门发起由地方政府相关负责人员参加的磋商会议；如果磋商会议不能解决实质性的利益问题或者分歧过大磋商不能解决时，冲突调解部门还可以采用谈判机制，同时强化和完善行政契约制度，使各地方在为区域整体发展作出让步的同时，其利益在一定程度上也能够得到保证或者在其他方面形成利益补偿，实现"双赢"乃至"多赢"。在谈判的基础上形成的冲突解决方法，或者通过磋商和谈判形成的行政契约，有利于保证各个城市在执行时的高动力，对各方的约束力也较强。

（四）建立民间组织的合作机制

跨域公共事务有着多样性和复杂性、变动性甚至突发性，这给政府部门的管理和应变能力提出了更高的要求，显然，单纯依靠政府的力量难以完成跨域公共事务的管理任务。为此，在城市群跨域公共事务的管理中引入多元主体是必然趋势，即在发挥政府部门职能的同时，引入非政府组织参与治理，充分发挥其社会效应与影响力，提高社会对跨区域公共事务治理的回应性与效率。[①] 以民间组织推动经济合作具有成本低、见效快的优势，组建跨地区的民间组织，以民间的力量自下而上地推进区域政府合作，可以突破行政区划的限制，进而推动区域经济一体化。半岛城市群发展过程中，各级政府应积极推进体制改革，为民间组织的发展创造良好的制度环境。民间组织的主要职责是研究区域发展战略和推进地区协作，具体形式可以由不同的层次构成：一是参谋咨询机构。可以建立以这些学术代表和专家学者为主体的咨询委员会等类似机构，为半岛一体化发展中的各种合作问题的解决提供科学论证的方案。二是充分发挥行业组织、贸促会等在政府发挥作用受地区利益限制的领域中的作用。这些非政府组织可以发起商务洽谈、

① 参见罗晓敏、李花、温桂珍：《复合行政：跨区域公共事务治理新视角》，载《法制与经济》（下旬刊）2009年第5期。

商品展销等各类活动,可以向区域协调管理部门、专业委员会或者各地方政府反映合作过程中的新问题和新动向,并提出建议,成为政府与社会经济部门之间的桥梁。

二、推进半岛城市群合作的机制建设

一个统一协调的市场竞争规则,对推动半岛城市群的一体化合作治理机制至关重要。如何通过规则进行治理,是一个需要智慧的问题。由规则造成的问题,还是要从规则自身寻找解决方案。

(一)增订有效的法律法规,规范城市群主体的合作行为

由于受各自利益的影响,地方政府之间很难达成一致的意见,在层级鲜明的行政权力体制下,有更高层的政府参与是强有力的协调因素。但是,对上级政府权力及其运行过程的过分依赖,明显增大区域治理的成本。政府通过法令、规章的透明化和执行的程序化去明确和规范人们的行为方向,一旦违犯,行为人将会受到严厉的惩罚。跨域治理理论主张形成区域的多元主体合作机制,参与公共事务治理的主体增多,必然要求相应的法律法规的出台来规范行动者的行为和责任归属问题。首先,要重新修订地方制度法律,增订相关法律条文,将跨域合作制度法律化、规范化和体制化;其次,制定跨域合作的专门性法律,将多元主体之间权力分配问题和资源利用问题以法律的形式确定下来,使地方政府间、政府和其他社会组织之间的合作合法化;再次,制定相应的司法救济文件和冲突解决规范文件,当区域间的合作出现规划内的问题时,可以根据相应的文件进行审查和裁定。为了进一步推动山东半岛城市群的合作,应当重视制定配套的区域合作法律法规,规范城市群治理主体的行为,为城市群的合作治理和发展创造良好的法制环境。

(二)创建高效的合作模式

以一项城市群合作发展的项目为例,审议、决策和生产的各个环节,都需要城市群成员政府的自觉行动和共同参与。如何突破行政层级障碍,克服因各方资本不等带来的地位差序困境,是实现城市群区域合作治理的首要难题。

在组织架构上,建立统一的跨行政区区域协调管理机构,通过建立合作协议及制度,并配备有约束力的政策法规,明确共同的利益目标。在合作规则上,按照非歧视性、市场准入、透明、公平贸易的原则,清理各类法规文件,

逐步取消妨碍商品、资本、技术、人力等市场要素自由流动的区域壁垒和歧视性规定，促进市场的发育与完善，优化区域之间的资源竞争，为合作创立良好基础。在非正式合作上，要充分发挥社会组织的桥梁作用，尤其是培育和扶持专业性的社会组织，并提供相应的鼓励和支持政策。

(三)制定具有约束效力的强制性合作契约

强制性合作契约是层级制在跨域合作中具有正向推动作用的体现。跨域治理成本过大，是地方政府不主动参与的主要障碍，也是互惠策略难以实行的主要原因。如在淮河治污中的安徽省，淮河流域涉及该省 26 个县，其中，有 8 个国家级和 5 个省级贫困县，安徽省“十五”计划建设的 29 个城市污水处理项目，仅落实资金 6.61 亿元，占总投资的 21.2%，其中，23 个县的污水处理厂仅落实资金 2.1 亿元，占总投资的 14.2 %。[①] 资金不足使得该省地方政府合作治污“心有余而力不足”。此外，在层级鲜明的行政权力体制下，地方政府自身合作契约的签订，仍然需要得到中央政府的足够重视。如在“十一五”期间的淮河治理规划中，地方政府与中央政府签订了“责任状”后，各地方政府合作治理行为得到了有效的约束，不合作即“惩罚”。

(四)完善合作中的吸纳与退出机制

可持续发展的区域合作需要建立制度性的合作规制来保障。这种区域合作规制基本要求有二:激励和惩罚，为合作行为提供足够的激励;对违反合作规制的行为给予充分的惩罚。然而，即使签订了军令状式的“责任书”，区域合作并不是强制行为，我们需要选择有利于公共物品提供的合作资源。具体地说，区域合作之间出现分分合合也是其发展规律，合作成员、合作领域并非一成不变。在合作中完善吸纳和退出机制，有利于及时剔除影响合作达成的不良因素，并吸纳新成员。例如，目前长三角的区域规划限定为 16 个城市，而实际在这些城市的周边还有不少地理位置接近、经济发展程度相似、产业结构相近的城市，这些城市在条件成熟之后，完全可能成为长三角一体化的接纳对象。半岛蓝色经济区规定了 6 个地级市和 2 个县为主体区域，其他地方是联动区域，从这个意义上讲，联动区域在条件具备的时候一样可以参与到具体的合作中。

---

① 参见《安徽淮河探清浊十年治淮再论喜忧》，2004-10-25，http://www.people.com.cn/GB/huanbao/1073/2940985.html.

(五)调整府际关系,推动地方政府由竞争转向合作

推动政府间的纵向和横向合作,实现协作管理,是跨域治理模式之一。所以,调整政府间关系是关键。首先,中央和地方关系的调整。提供优质的公共服务,是中央和地方政府的共同目标。山东半岛城市群的每一次规划,都得到了中央政府的规范性认可,中央政府也顺势提出了很多指导性的意见,半岛城市群在具体的发展实践中,应该遵循中央政府的宏观指导,结合本地区的具体问题和区域特殊性,推动区域的合理发展。其次,地方政府间关系调整。伴随着全球化政府治理的进行,无论是我国的分权化改革还是西方国家的"竞争型政府"改革和"企业家精神政府"改革,都试图把地方政府塑造成极具竞争力的行政单位,导致地方政府间关系脆弱,严重影响了跨域公共事务的管理。在跨域治理视角下,有必要调整地方政府间的竞争性关系,推动地方政府间的合作。地方政府之间可以通过非正式的政策型伙伴关系、行政契约、共同行动协议等政策工具由竞争隔绝走向相互合作。如山东半岛蓝黄战略,涵盖六市(青岛、东营、烟台、潍坊、威海、日照)、两县(无棣、沾化)的地方政府,通过建立城市机构联盟和相关协调机构等,可以有效地推动城市群政府间合作机制的形成。

三、推进半岛城市群合作的政策工具

推动城市群的健康发展,宏观的制度和合作机制是前提和保障,但是,城市政府政策的制定和执行同样重要。围绕财政、投资、土地和环境等区域合作的四个典型的资源性要素政策,我们可以分析微观层面的城市群合作发展机制。

(一)财政政策的选择

均衡型的公共财政制度是区域城市群合作发展的财力保障。首先,中央财政应继续推动并完善财政激励和约束机制,加大地方财政补贴,帮助地方政府增强区域内基层政府提供公共服务、进行公共管理和保证民生需求的能力。其次,中央政府在均衡性转移支付标准财政支出预算中,应先考虑城市群区域的重点发展项目,通过明显提高转移支付数的方式,推动区域城市群的快速发展,加大对区域地方发展的支付力度。同时,省级财政也要进一步完善对省以下城市政府的转移支付体制,建立完善的奖惩机制。最重要的是,地方政府之间建立起良好的横向援助机制,实现城市群区域内各地方政府的优势互补,并分清各个层级政府的财政责任,推动城市群区域经济的高速发展。

(二)投资政策的选择

政府要进一步明确城市发展的定位和方向,逐步加大对城市交通、能源和公共服务设施建设等方面的投资比例,在中央层面,适当提高对城市地方政府的补贴,省级政府、市(地)级政府和县(市)级政府也要适当提高对城市基础设施建设的投资比例,保证城市公共物品的供给和需求。我们必须意识到,单纯依赖政府的投资,是十分有限的,所以,鼓励和引导民间资本按照不同的投资领域,通过各种合法的金融手段,确定其投资方向。加大政府资金的重点扶持,保证民间资本投资渠道的畅通,可以有效地缓解地方政府财政紧缺的现象,对于区域内某些公用行业和领域的发展具有重要意义。

(三)土地政策的选择

城市政府应当按照不同城市在区域发展中的定位,实行不同的土地利用和管理政策,实现用地规模的差别化。地方政府要严控工业用地数量及规模,适当拓宽城镇居民居住及社区服务用地,合理控制交通用地的增长。具体而言,实行城乡建设用地增减挂钩,即城市建设用地的增加要和本地区农村建设用地的减少规模挂钩;尝试城乡之间人地挂钩政策,即城镇建设用地的增加规模要与吸纳农村人口进入城市定居的规模挂钩;探索地区之间人地挂钩的政策,即城市化地区建设用地的增加规模要与吸纳外来人口定居的规模挂钩。例如,目前河南省已经展开城乡之间、地区之间人地挂钩的政策试点,虽然成果尚不明显,但这不失为合理使用城市、农村土地的一个较好的政策选择。

(四)环境政策的选择

推动城市群区域的协调发展,环境保护是关键。所以,城市群区域的重点开发地区要制定严格的环境保护机制:首先,实行严格的污染物排放标准和总量控制指标,最大限度地减少污染物的排放量;治理或者关闭污染物排放量较大的企业,保证区域环境质量达标;制定国际化的、严格的产业准入环境标准,从源头确保低排放、零污染。其次,城市开发区要严格限制排污许可证的颁发,完善排污权交易制度,制定较高的排污权有偿取得价格,鼓励新建项目通过排污权交易获得排污权;同时,保护城市区域发展环境的关键是加强环境影响评价制度和风险防范机制,城市重点发展区域要按照发展循环经济的要求,坚持“谁污染、谁治理”的原则,建立城市区域环境保护的合作机制;最后,借鉴国外发达国家的经验,开征适用于各类企业的环境税,积极推行绿色保险、绿色信贷、绿色证券等。

第四节 小 结

探求城市群区域物品的供给,就是致力于城市群跨域问题的解决。跨域治理的实现有赖于科学、高效的城市间合作机制的构建。究其本质而言,跨域治理就是面对跨域问题时的多主体合作,其终极目标为在多主体之间构建起互信共赢的合作机制。城市群合作机制的构建,应在理论特性与现实需求等方面充分考量,以求实现效率与效益的共赢。

本部分以区域公共物品的多中心供给模式为理论基础,在框架建构方面充分考虑区域公共管理的中国式特色,提出跨域治理模式与治理机制。并通过反思山东省城市群区域发展战略,探讨进一步促进当前半岛城市群发展的策略选择,进而思考中国式区域治理的发展方向。

公共服务的多中心合作,是公共管理理论研究的热点。埃莉诺·奥斯特罗姆关于制度分析的理论完善了区域公共物品的多中心供给模式的分析框架。制度分析与发展框架通过界定行动舞台、行动情境及行动者等概念单元,在充分考量自然/物质条件、共同体属性、规则等外部变量的基础之上建构起通用型的分析框架,并在微观层面上将其划分为操作层次、集体选择层次、立宪选择层次这三个层次。区域公共物品供给同样就是多主体合作决策的过程,区域公共物品供给中也应考虑空间特点和政府的层级,将政府的网络治理纳入合作主义的话语之中,将跨域治理中的合作纳入制度性安排之中。

伴随着中国区域治理的转型,跨域治理模式将成为重要的方法路径。跨域治理的机制设计应由决策、组织、操作和结果等层面共同构成。以跨域治理理论思路反思山东省城市群区域发展战略可知,突破区域公共物品合作供给困境关键在于如何建立政府干预与市场协调的平衡关系,实现“市场主导、优势互补、互利共赢”。为回应现实,跨域治理在基于组织建设、机制建设和政策工具等维度,可以有效地促进半岛城市群合作机制的完善。

第七章　结语：迈向跨域治理的未来

在全球化和信息化日新月异的情境下，治理成为学术界理论思考的强音，成为解决各种现实问题的思想线索。自 20 世纪 90 年代，区域治理、跨域治理等成为公共管理、城市规划、政治学等领域的聚焦话题，一时繁盛；尽管在概念内涵上还存在某些差异，但都反映了将治理理念应用于区域公共物品供给的复杂性问题的思路，期待能够用整合的理念、合作式机制，化解由于空间分割、部门分割造成的碎片化所带来的管理难题。本研究所承载的任务就是直面空间层次上的区域问题，通过建构理论的分析框架，提出区域公共物品供给与跨域合作的理论解释，寻求区域内的各种主体合作的思路，并以山东半岛城市群所实现的跨域合作治理的实践来加以论证。

第一节　研究回顾：问题与结论

地方政府间跨域治理与城市间合作安排的制度设计，一直是区域治理研究的核心问题。这主要源于在全球化背景下，区域竞争的空间形式发生了巨大变化，单一的行政区划范围不足以形成足够的竞争力应对全球化背景下的竞争格局。区域问题就成为必须直接面对的问题。如何认识区域问题的本质？区域问题解决的理论框架如何？现实中区域合作的实践路径又是什么样的？这是本研究之初所思考的起点。

本研究按照三个层面来设计研究的进程：在理念层面，探究从区域公共物品供给到跨域治理的内在逻辑，主要是理论建构；在实践层面，梳理山东省城市群发展战略从点到面的过程，主要是建构实施；在机制层面，探寻城市群跨域治理所面临的趋势和问题所在，致力于解决问题。

(一)跨域理论及其分析框架

如何为城市群的合作寻求到恰当的分析框架?这是第一章和第二章所设定的问题。全球化使得城市的集群发展成为提升区域竞争力的重要手段,这就要求建构城市彼此之间密切的合作关系;同时城市自身发展也会面临诸多类似“邻避物品”供给的问题。这些内在和外在的要求导致城市群内的跨越行政边界的问题日益突出,这些问题表现出的“外溢化”和“无界化”,实质上就是区域公共物品和公共服务在空间层面上所表现出来的供给、配置和协调问题。城市群本身就是典型的空间多中心,其面临的合作问题就是可以解释为区域公共物品的多中心供给问题。正是在这一点上,公共物品供给理论具有很强的解释力。同时由于城市群的空间特性,使得多中心的理解超越了传统的按照组织性质区分的多中心(政府、企业和非营利组织),同时也体现为地理空间上多中心(基于行政区划的多个城市)和城市层级所带来的多层级的多中心(基于行政层级的多级政府),因此区域公共物品的供给就体现为组织上的多中心、地域上的多中心、层级上的多中心。这种内涵上的拓展使得城市群的合作就变成了多个层面跨越边界,因此跨域治理理论的应用和发展具有很大的空间。

如何把握跨域治理理论的内容?理论建构首先在于进行理论渊源梳理。我们发现中西学者都对此问题非常感兴趣,并且他们的理论创作呈现出异曲同工之妙。美国学者的理论首先是阵营鲜明的对立的传统区域主义和公共选择理论。传统区域主义主张以科层制的组织结构建立单一的区域大政府,而公共选择主义则主张在自由竞争的基础上形成多中心治理结构;于是新近出现的区域主义只好折中,主张在分权化的市场竞争基础上的网络化合作。国内学者的理论探究也指向了治理理念下的网络合作,针对传统模式下行政分割造成的恶性竞争、甚至以邻为壑的“行政区经济”。无论是复合行政理论还是区域公共管理理论,都是在强调跨域行政边界的合作,都呈现出鲜明的治理理论色彩。可以说,跨域理论正是在这些观点的基础上,对跨域合作的议题、跨域合作的发展过程、实现模式都进行了阐述,这些理论可以作为分析城市群发展与合作机制构建的理论框架。

(二)山东省城市群战略的本质

为什么把山东半岛城市群作为应用跨域治理理论分析的对象?半岛城市群既是城镇化和经济要素自由流动形成的高度城镇化区域,又是政府发展战略强力推动的结果。认真剖析其中的发展机制和影响因素,可以把握我国区域发展的特色。从经济要素的空间集聚看,半岛城市群是山东省高速持续城镇化的结果,良好的区域优势和人文基础是发展的前提,产业布局和交通设施的完善是基本的框架。

能够从山东半岛城市群发展中领悟到什么?半岛城市群,既是政策规划起点,又是政策规划目标。在尚不完全具备城市群的区域,一纸规划就确定了城市群;在未来发展目标设定上,紧密联系、优势互补的城市群又是目标。政府规划在半岛城市群形成和发育的过程中体现出了强烈的政府主导性。按照跨域治理的发展阶段来对应分析半岛城市群规划,省政府接连推出的半岛城市群规划、一体两翼战略、省会城市群规划、鲁南城市带规划、蓝黄战略等等,可以看出政府半岛城市群实现跨域治理的制度设计、治理结构和治理工具。从分析中可以看出,政府在解决跨域问题、提供区域公共物品、促进城市合作方面所起到的重要性,也表明了中国式的区域治理中的行政主导色彩。

(三)跨域治理的运行模式和实现机制

跨域治理面临什么挑战?尽管有山东半岛城市群的实践可以观察,跨域治理理念所倡导的多中心、整体性、多维度的合作已经得到体现,但仍需要在理论上进一步提炼和归纳,对现实中所面临的问题和挑战进行回应。城市群面临的跨域问题实质是一体化过程中跨区划、跨职能和跨层级的区域公共物品的供给问题,其表现为区域基础设施建设分散化、区域环境治理局部化和区域制度衔接碎片化等方面。在行政主导的跨域治理模式中,政府的积极作为也挤压了企业和社会组织的空间,上级政府在如何激励下级政府方面也面临挑战。

如何促进跨域治理的实现?城市群合作机制的构建,应在理论特性与现实需求等方面充分考量,以求实现效率与效益的共赢。埃莉诺·奥斯特罗姆关于制度分析的理论完善了区域公共物品的多中心供给模式的分析框架,将其划分为操作层次、集体选择层次、立宪选择层次这三个层次。区域公共物品供给同样就是多主体合作决策的过程,区域公共物品供给中也应考虑空间特点和政府的层级,将政府的网络治理纳入合作主义的话语之中,将跨域治理中的合作纳入制度性安排之中。跨域治理的机制设计应由决策、组织、操作和结果等层面共同构成。以跨域治理理论思路反思山东省城市群区域发展战略可知,突破区域公共物品合作供给困境关键在于如何建立政府干预与市场协调的平衡关系,要实现“市场主导、优势互补、互利共赢”。在具体的合作模式上,应注重构建空间规划、组织平台、运行经费、法规支持组合的合作模式,注重区域协商平台、联席会议、行政协议等柔性手段的使用,对于构建跨区域的组织层级、行政区划合并等刚性手段要有限制性地使用,致力于跨域问题可持续发展与治理能力的提升。

本研究通过论述山东半岛城市群的发展历程和发展中的问题,检视了城市群发展中面临的内、外困境和合作路径的选择,说明了跨域合作治理的必要意义。总结以上论述,对于城市现实发展而言,可以透过跨域治理的方式,提高地方政府的治理能力;关注区域内的伙伴关系和网络治理,注重主体之间利益、责任和权力的关系梳理,通过价值和文化的塑造,用整体观念消解地方利益歧视,增进中央与地方、地方与地方区域之间的合作;结合私营部门、非营利组织整合资源的技术,规范公民参与的正当性,提升城市政府区域一体化的管理和服务能力。

第二节　未来面向:不足与展望

从本研究的角度看,由于侧重于山东半岛城市群自身发展规律的分析,没有在更广的范围内进行总结和提炼,对跨域治理的具体运行过程描述较少。随着我国城镇化加速和城市群重要性凸显,城市群的跨域问题越来越普遍,区域公共物品供给的要求越来越多,也就需要对跨域治理的理论进一步完善。

从跨域治理的理论来看,如何协调政府和企业、社会组织的关系是个不变的话题,三者之间作用发挥程度的差异会形成不同的合作模式。从我国实践来看,诸多城市群发展都带有强烈的行政主导色彩,并且中央政府、地方政府在规划、促进城市群发展方面都具有极大的积极性,而且企业和社会组织也已经被广泛地动员起来了。但是企业和社会组织参与程度和发挥的作用还欠缺,表现出明显的被动性,这就构成了中国式的跨域治理,及在治理的基础上仍旧以政府推动作为主要动力。

跨域治理的内涵假设在于民主、协作和相对妥协的合作精神,以及成熟且多元的公共问题治理主体(包括政府、非政府组织和公民等)。思考现实,我国城市群的合作往往成为上级政府主导、地方政府贯彻的行政命令的执行。在中国区域治理发展的语境中审视跨域治理,我们发现:虽然中国式层级鲜明的政治体制远无法满足跨域治理中所提倡的“平等主体”的条件,但是当地方战略上升为国家战略之后,层级制在跨域合作中却显示出强大的推动作用;目前我国社会组织的自主性和公民的参与性还远不能满足跨域治理中对成熟的公民社会的要求;反思跨域治理的发展过程和实现层次,跨域治理的网络化和伙伴关系的形成需要经历长期的过程,任何寻求立竿见影发展效果的"运动式"跨域合作都无法实现真正的跨域治理。因此,跨域治理在中国式区域发展中是有限度的,跨域治理模式的选择与政治制度、经济体制、社会发展状况以及城市的发展阶段密切相关,跨域治理和外在的环境相互影响、相互依存。因此在治理结构上,将中央政府、地方政府、学者专家级、民间机构等利害关系人之复杂且多元的意见,如何进行合理的形式设计来实现平等、实效参与,仍是跨域治理的重要议题。

从跨域治理的合作方式来看,如何具体细化、做实合作协议的要求,注重实效是跨域治理下一步努力的方向。治理要更多地发挥"作为工具的治理",注重治理微观机制的实现,将会更好地促进治理理论的应用。如在法制层面上,如何建立跨行政区划的合作机制,要涉及单一制、官僚制的组织变革,应该将相关的合作制度法制化,并将区域合作中重要的区域公共物品的具体要求纳入具体的规划当中。以往的诸多协议缺少对财政预算的重视,应将跨域治理的预算保障、融资方式作为跨域合作的重要方式,如在预算编制时如何设立相应的预算、如何编制、执行,使合作经费预算不受官员执政思路的变更及年度预算的影响,并将预算审计过程透明化,以便逐渐改变跨域合作协议的随意性。

从跨域治理的效果来看,合作的收益和成本一方面难以具体衡量,另一方面又是促进跨域合作的重要影响因素。如何衡量跨域治理的效果,急需有效的理论指导和框架设计。同时,参与跨域治理的各方的治理能力的提升、跨域治理的网络如何管理也将逐渐成为研究的重点。

从传统公共行政到新公共管理,再到今天地方政府的跨域治理,可以看出,没有一种理论具有永恒不变的实践价值,不同的时代面临着不同的挑战,但是公共行政的目的始终是实现社会公平、正义,满足公民的基本价值需求。在这一最终目标的指引下,我们必须在丰富的理论知识和实践经验中不断探索,以寻求和改善政府公共事务的治理之道,实现区域合作发展的美好愿景。

参考文献

1.[美]埃莉诺·奥斯特罗姆:《公共事务的治理之道:集体行动制度的演进》,余逊达、陈旭东等译,上海:上海三联书店,2000年。

2.[瑞典]埃里克·阿姆那、斯蒂格·蒙丁主编:《趋向地方自治的新理念?——比较视角下的新近地方政府立法》,北京:北京大学出版社,2005年。

3.[西]安东尼·埃斯特瓦多道尔等:《区域性公共产品:从理论到实践》,张建新译,上海:上海人民出版社,2010年。

4.[美]奥迪特罗姆、帕克斯和惠特克:《公共服务的制度建构——都市警察服务的制度结构》,宋全喜、任睿译,上海:上海三联书店,2000年。

5.[美]B·盖伊·彼得斯:《政府未来的治理模式》,吴爱明、夏宏图译,北京:中国人民大学出版社,2001年。

6.[美]保罗·诺克斯、史蒂文·平奇:《城市社会地理学导论》,柴彦威等译,商务印书馆,2005年。

7.[英]彼得·罗伯茨、塞克斯主编:《城市更新手册》,叶齐茂、倪晓晖译,北京:中国建筑工业出版社,2009年。

8.[美]E.S.萨瓦斯:《民营化与公私部门的伙伴关系》,周志忍等译,北京:中国人民大学出版社,2002年。

9.[美]菲利普·库珀:《合同制治理——公共管理者面临的挑战与机遇》,竺乾威等译,上海:复旦大学出版社,2007年。

10.[美]弗雷德·E·弗尔德瓦里:《公共物品与私人社区——社会服务的市场供给》,郑秉文译,北京:经济管理出版社,2007年。

11.[加]爱德华·李孟、张如飞:《应对城市化:中国城市管理与财政的战略选择》,邹立文等译,北京:中国财政经济出版社,2003年。

12.[美]刘易斯·芒福德:《城市发展史——起源、演变和前景》,宋俊岭、倪文彦译,北京:中国建筑工业出版社,2005年。

13.[美]罗纳德·J·奥克森:《治理地方公共经济》,万鹏飞译,北京:北京大学出版社,2005年。

14.[加]简·雅各布斯:《美国大城市的死与生》,金衡山译,南京:译林出版社,2005年。

15.[美]迈克尔·麦金尼斯主编:《多中心体制与地方公共经济》,毛寿龙、李梅译,上海:上海三联书店,2000年。

16.[美]迈克尔·麦金尼斯:《多中心治道与发展》,毛寿龙译,上海:上海三联书店,2000年。

17.[美]曼瑟尔·奥尔森:《集体行动的逻辑》,陈郁等译,上海:格致出版社、上海三联书店、上海人民出版社,1995年。

18.[荷]曼纳·彼得·范德克:《新兴经济中的城市管理》,姚永玲译,北京:中国人民大学出版社,2006年。

19.[英]诺南·帕迪森编:《城市研究手册》,郭爱军等译,上海:格致出版社、上海人民出版社,2009年。

20.[澳]欧文·E·休斯:《公共管理导论》,张成福、王学栋等译,北京:中国人民大学出版社,2007年。

21.[美]罗伯特·阿格拉诺夫、迈克尔·麦圭尔:《协作性公共管理:地方政府新战略》,李玲玲、鄞益奋译,北京:北京大学出版社,2007年。

22.[美]斯蒂芬·戈德史密斯、威廉·D·埃格斯:《网络化治理:公共部门的新形态》,孙迎春译,北京:北京大学出版社,2008年。

23.[美]文森特·奥斯特罗姆等:《美国地方政府》,井敏等译,北京:北京大学出版社,2004年。

24.[韩]郑焕庸:《城市管理学》,杨开忠等译,北京:科学出版社,2015年。

25.傅兰妮编著:《全球化世界中的城市、治理、绩效与可持续发展》,胡光宇译,北京:清华大学出版社,2006年。

26.北京国际城市发展研究院编:《中国城市"十一五"核心问题报告》,北京:中国时代经济出版社,2004年。

27.仇保兴、王俊豪:《中国市政公用事业监管体制研究》,北京:中国社会科学出版社,2006年。

28.陈瑞莲、蔡立辉等:《珠江三角洲公共管理模式研究》,北京:中国社会科学出版社,2004 年。

29.陈瑞莲等:《区域公共管理理论与实践研究》,北京:中国社会科学出版社,2008 年。

30.陈平:《网格化——城市管理新模式》,北京:北京大学出版社,2006 年。

31.樊勇明、薄思胜:《区域公共产品理论与实践:解读区域合作新视点》,上海:上海人民出版社,2011 年。

32.方创琳等:《中国城市群可持续发展理论与实践》,北京:科学出版社,2010 年。

33.冯云廷:《城市公共服务体制:理论探索与实践》,北京:中国财政经济出版社,2004 年。

34.傅承伟:《大都市经济区内政府间竞争与合作研究:以京津冀为例》,南京:东南大学出版社,2012 年。

35.顾朝林等编著:《城市管制:概念·理论·方法·实证》,南京:东南大学出版社,2003 年。

36.谷荣:《中国城市化公共政策研究》,南京:东南大学出版社,2007 年。

37.洪世键:《大都市区治理——理论演进与运作模式》,南京:东南大学出版社,2009 年。

38.侯景新等编著:《行政区划与区域管理》,北京:中国人民大学出版社,2006 年。

39.黄珊:《国外大都市区治理模式》,南京:东南大学出版社,2003 年。

40.纪俊臣:《都市及区域治理》,台北:五南图书出版股份有限公司,2007 年。

41.句华:《公共服务中的市场机制:理论、方式与技术》,北京:北京大学出版社,2006 年。

42.孔繁斌:《公共性的再生产:多中心治理的合作机制建构》,南京:江苏人民出版社,2008 年。

43.李祎:《中国区域管治的演变:以长江三角洲地区为例》,南京:南京大学出版社,2013 年。

44.李玉江:《城市群形成动力机制及综合竞争力提升研究:以山东半岛

城市群为例》,北京:科学出版社,2009年。

45.李廉水、[美]Roger. R. Stough等:《都市圈发展——理论演化·国际经验·中国特色》,北京:科学出版社,2007年。

46.连玉明主编:《城市管理的理论与实践》,北京:中国时代经济出版社,2009年。

47.连玉明主编:《中国城市"十二五"核心问题研究报告》,北京:中国时代经济出版社,2010年。

48.刘君德、汪宇明:《制度与创新——中国城市制度的发展与改革新论》,南京:东南大学出版社,2000年。

49.刘兆德、陈素青:《山东半岛城市群可持续发展研究》,北京:科学出版社,2010年。

50.刘志彪等:《长三角区域经济一体化》,北京:中国人民大学出版社,2010年。

51.罗震东:《中国都市区发展:从分权化到多中心治理》,北京:中国建筑工业出版社,2007年。

52.马骏、刘亚平主编:《美国进步时代的政府改革及其对中国的启示》,上海:格致出版社,2010年。

53.牛文元主编:《中国新型城市化报告2012》,北京:科学出版社,2012年。

54.彭翀、顾朝林:《城市化进程下中国城市群空间运行及其机理》,南京:东南大学出版社,2011年。

55.饶会林主编:《中国城市管理新论》,北京:经济科学出版社,2003年。

56.任维德主编:《公共治理视域:当代中国区域发展研究》,呼和浩特:内蒙古大学出版社,2009年。

57.任维德等:《地方政府竞争视野下的区域发展研究》,呼和浩特:内蒙古大学出版社,2011年。

58.山东省发展和改革委员会编:《山东省区域经济发展研究》,济南:山东大学出版社,2009年。

59.山东省住房和城乡建设厅、山东省统计局编:《山东省城镇化发展报告》(2006~2011年系列报告),济南:黄河出版社,2006~2011年。

60.山东省行政管理学会编:《东方行政论坛》(第一辑),济南:山东人民出版社,2011 年。

61. 宋军继主编:《2011 年山东半岛蓝色经济区与黄河三角洲高效生态经济区建设理论研究》,济南:山东大学出版社,2012 年。

62. 陶希东:《转型期中国跨省市都市圈区域治理——以“行政区经济”为视角》,上海:上海社会科学院出版社,2007 年。

63. 唐华:《美国城市管理:以凤凰城为例》,中国人民大学出版社,2006 年。

64. 孙柏瑛:《当代地方治理——面向 21 世纪的挑战》,北京:中国人民大学出版社,2004 年。

65. 孙兵:《区域协调组织与区域治理》,上海:上海人民出版社,2007 年。

66. 王川兰:《竞争与依存中的区域合作行政——基于长江三角洲都市圈的实证研究》,上海:复旦大学出版社,2008 年。

67. 王佃利:《城市治理中的利益主体行为机制》,北京:中国人民大学出版社,2009 年。

68. 王佃利等主编:《现代市政学》(第三版),北京:中国人民大学出版社,2011 年。

69. 王方华等主编:《2008 中外都市圈发展报告(上、下)》,上海:格致出版社:上海人民出版社,2009 年。

70. 王枫云:《和谐共进中的政府协调:长三角城市群的实证研究》,广州:中山大学出版社,2009 年。

71. 王乃静等:《山东半岛城市群发展战略新探》,北京:经济科学出版社,2005 年。

72. 王诗宗:《治理理论及其中国适用性》,杭州:浙江大学出版社,2009 年。

73. 王旭:《美国城市发展模式:从城市化到大都市区化》,北京:清华大学出版社,2006 年。

74. 王旭、罗思东:《美国新城市化时期的地方政府:区域统筹与地方自治的博弈》,厦门:厦门大学出版社,2010 年。

75. 王勇:《政府间横向协调机制研究:跨省流域治理的公共管理视界》,北京:中国社会科学出版社,2010 年。

76. 王志锋:《城市治理的经济学分析》,北京:北京大学出版社,2010 年。

77. 汪明生:《公共价值与跨域治理》,台北:智胜文化事业有限公司,2013 年。

78. 魏建、李少星等:《黄河三角洲高效生态经济区发展报告:2012》,中国人民大学出版社,2012 年。

79. 吴缚龙等主编:《转型与重构——中国城市发展多维透视》,南京:东南大学出版社,2007 年。

80. 吴济华、林皆兴主编:《跨域治理暨县市合并课题与策略》,高雄:巨流图书股份有限公司,2012 年。

81. 吴强:《政府行为与区域经济协调发展》,北京:经济科学出版社,2006 年。

82. 徐晓林:《数字城市政府管理》,北京:科学出版社,2006 年。

83. 姚尚建:《流动的公共性——区域政府研究》,北京:北京大学出版社,2012 年。

84. 叶必丰等:《行政协议:区域政府间合作机制研究》,北京:法律出版社,2010 年。

85. 叶裕民:《中国城市化之路:经济支持与制度创新》,北京:商务印书馆,2001 年。

86. 俞可平等编:《治理与善治》,北京:社会科学文献出版社,2000 年。

87. 袁奇峰等:《改革开放的空间响应:广东城市发展 30 年》,广州:广东人民出版社,2008 年。

88. 曾令发:《探寻政府合作之路——英国布莱尔政府改革研究(1997~2007)》,北京:人民出版社,2010 年。

89. 曾文慧:《越界水污染规制——对中国跨行政区流域污染的考察》,上海:复旦大学出版社,2007 年。

90. 张建新主编:《国际公共产品与地区合作》,上海:上海人民出版社,2009 年。

91. 张紧跟:《当代中国政府间关系导论》,北京:社会科学文献出版社,2009 年。

92. 张京祥等:《体制转型与中国城市空间重构》,南京:东南大学出版社,2007 年。

93.张军扩、侯永志主编:《协调区域发展:30年区域政策与发展回顾》,北京:中国发展出版社,2008年。

94.张军涛、刘建国:《区域经济发展与区域公共管理》,北京:北京师范大学出版社,2011年。

95.赵来军:《我国流域跨界水污染纠纷协调机制研究——以淮河流域为例》,上海:复旦大学出版社,2007年。

96.赵来军:《我国湖泊流域跨行政区水环境协同管理研究——以太湖流域为例》,上海:复旦大学出版社,2009年。

97.赵永茂等主编:《府际关系:新兴研究议题与治理策略》,北京:社会科学文献出版社,2012年。

98.周黎安:《转型中的地方政府:官员激励与治理》,上海:格致出版社、上海人民出版社,2008年。

99.周伟林:《中国地方政府经济行为分析》,上海:复旦大学出版社,1997年。

100.周义程:《公共产品民主型供给模式的理论建构》,北京:中国社会科学出版社,2009年。

101.诸大建:《管理城市发展:探讨可持续发展的城市管理模式》,上海:同济大学出版社,2004年。

102.朱国云:《多中心治理与多元供给——对新农村建设中公共物品供给的思考》,北京:中国劳动社会保障出版社,2007年。

103.朱介鸣:《市场经济下的中国城市规划》,北京:中国建筑工业出版社,2009年。

104.朱英明、童毛弟:《中国城市群整体竞争力研究》,北京:经济管理出版社,2010年。

105.踪家峰主编:《城市与区域治理》,北京:经济科学出版社,2008年。

106.左学金主编:《长江三角洲城市群发展研究》,上海:学林出版社,2006年。

后　记

本书的书稿贯穿了我多年来的几个研究课题，当力求整合并寻求出版时，不由得反思自己这些研究的认识进程，并以此作为思考自己观察和研究的线索。

生活在这个时代的人，都经历了中国社会生活的巨大变化，而这种变化的基本背景之一就是中国的城市化。在这个宏大的命题之下，山东大地上的城镇化，给我们带来了观察和思考的巨大空间。而我的观察，就是从山东半岛城市群的发展开始的。

刘易斯·芒福德曾经说过，要研究城市就应该把它放在区域中去看。正是从这个角度，在进入新世纪之初，城市群的概念在中国开始流行起来。作为经济发展趋势的表征，城市群与城市化的快速进展联系在一起，与区域发展的崛起联系在一起。关注城市群，就是关注这个区域的未来。我认为，从规划的角度看，半岛城市群的发展经历了三个阶段：

第一，经济潜力驱动阶段。山东半岛城市群的概念自2003年开始成为政策话语，这时国内关于城市群的实践也仅是处于起步阶段，区域性的城市群发展规划更是少有。当时的认识是，除了京津冀、长三角、珠三角这三个率先发展的城市群，山东半岛城镇密集区将成为下一波率先出现的城市群。《山东半岛城市群总体规划》2005年就已编制完成，其范围突破了自然地理概念和行政区划概念，将山东半岛沿海和胶济铁路沿线的8座城市组成了城市群，包括济南、青岛、烟台、威海、日照、东营、潍坊和淄博。这8个城市GDP总量超过京津唐三市之和，呈现出很大的经济总量和发展潜力。这时期的城市群发展主要以经济带动为主，山东省适时提出的半岛城市群发展战略，带动了城市群的发展。后来山东省又辅之以“一体两翼”山东省整体发展战略,表现了山东经济发展的整体良好趋势。

第二,功能区建设引领阶段。自2009年山东的战略重点开始转移,其标志就是作为国家发展战略的“蓝黄”战略。2009年年底山东省呈报给国务院的《黄河三角洲高效生态经济区发展规划》获批,规划致力于发展高效生态经济、拓展发展空间、实现区域可持续发展,划定的“黄区”包括东营、滨州2市和潍坊、德州、淄博、烟台部分地区。2011年年初获批的《山东半岛蓝色经济区发展规划》,以发展海洋经济、转变经济发展方式和促进区域协调发展为目标,规划划定的“蓝区”范围包括了沿海的青岛、东营、烟台、潍坊、威海、日照6个地级市和滨州部分地区。这两个规划具有鲜明的特色,分别以海洋经济和生态保护为主要目标,具有鲜明的主体功能区发展特色。两个规划划定的范围不同,但又有重叠之处,主要又都处于原来的半岛城市群范围之内。由于《山东半岛城市群总体规划》仅属于区域性规划,其实施措施和手段都比不上作为国家战略的“蓝黄”规划,可以说,“蓝黄”规划在一定程度上实现了对半岛城市群发展规划的升级。在一省范围之内能有两个国家战略规划,这也体现了山东在区域发展中的重要地位。

第三,新旧动能转换突破阶段。2017年年初山东区域发展规划升级,《山东半岛城市群发展规划(2016～2030)》发布,意味着山东正在寻求新的突破。背景首先来自于国内城市群的蓬勃发展,国家“十三五”规划提出以城市群为主体形态推进新型城镇化发展,并在国家层面上提出建设19个城市群;山东半岛城市群仅仅是其中之一,从最早提出到现在泯然于众,在全国范围内的“存在感”并不明显。更直接的压力来于国家陆续批准了长江中游、哈长、成渝、中原、北部湾、关中等跨省的城市群,山东需要有新的相应举措。由于山东半岛城市群属于省内城市群,其发展规划可由省级人民政府直接编制,因此新版的半岛城市群规划了“两圈四区、网络发展”的总体格局,把山东省的17个城市全部纳入,其规模已经达到全国第四位,其目标就是建成核心竞争力强的现代化国家级城市群。新的规划表明了山东半岛城市群发展的目标和压力所在,也指出了发展路径就是坚持创新驱动战略。2018年新年伊始,山东呈报的《山东新旧动能转换综合试验区建设总体方案》得到国务院批复,就指明了山东新的发展方向和动力所在，也是山东半岛城市群的新发展样态。

在山东半岛城市群规划发展的过程中，我们可以看到政策规划和政府引导的力量，但另一个方面也看到市场的力量和城市竞争的加剧。未来城市群的发展，不应是竞争带来的对立、分割和损害，而是区域内的协商、合作和共赢。关键在于如何把握城市和区域发展的规律，协调政府管制和市场力量，在有效分工的基础上，打破资源配置的误区，达成优良的城市治理，实现城市群的可持续共赢发展。

城市群发展中的各种规划，不应仅仅看作是发展蓝图的描绘，更是公共治理中的顶层设计和政策制定。审视各个发展阶段的规划，既可以认知城市群发展中的各种挑战和发展措施，也可以思考政策制定中的政策议程设置和政策效果分析。正是依据于山东半岛城市群发展中的这些丰富而生动的政策实践，才给我以厚实的知识基础和有趣的启发。从我个人的研究来说，以城市群的研究为例，也经历了不同的研究重点。

首先，关注了城市群内政府间合作及效果。城市群的形成在中国最明显的特点就是行政驱动，其发展和合作最主要的实现措施就是城市政府间的合作。基于对王建老师、鲍静社长、刘小康师兄关于“复合行政”理念的认识，解决“行政区经济”难题的出路就在于合作机制的建立。这时的研究就是以复合行政的思路来思考山东半岛城市群的合作。这时所完成的山东省社科规划项目“城市治理与半岛城市群公共管理体制创新”，就体现了这方面的努力。致力于以行政学的视角探讨城市管理体制、政府作用机制等，在城市治理体系、城市政府创新和城市治理中的利益整合机制等方面提出了自己的见解。

其次，探求了城市群合作的基础。城市群发展的动力之一就在于破解单一城市无法解决的区域问题，以集体行动应对跨越行政区划分割所带来的问题。基于樊丽明老师的指引，开始从公共物品供给的角度来思考，选择了以区域公共物品作为研究的切入点分析城市群合作。以此为主线完成的国家社科基金项目“区域公共产品供给与城市群管理体制研究”，力求形成区域公共物品在城市群合作中的基础理论视角，在供给和需求、利益补偿机制等方面分析城市群的合作。这期间所探讨的区域公共物品供给视角、区域公共管理制度、网络化治理等都给我带来了许多新的知识增长，以此来分析城市群的同城化、半岛经济区一体化等问题。

最后,思考了城市群合作的理念。城市群在实践中已经成为中国的主体空间形态,城市与城市之间联系日密的情况也变得更加多元和微妙,城市的抱团趋势和城市政府之间的博弈同时存在。跨越边界、实现共赢需要可行的策略,也需要引领的智慧,明确和深化城市群合作发展理念的需求也就日增。结合自己的思考,尝试以跨域治理总结自己对城市群发展的认识,并结合山东半岛城市群规划的实践,寻求在区域治理问题上的中国式区域治理思路,本书也就是这些努力的一点体现。

城市研究中区域和城市密不可分,城市群发展是个合作问题,城市治理也是个合作问题。也正是基于对合作的思考,在 2015 年之后把思考的重点回顾到城市内部的治理,以公共问题和公共服务作为合作的引领,不仅关注在城市差异背景下城市的空间生产,也关注基层社区的权力结构和公共服务提供。或许这又将是个有趣的过程。

本书是以往承担课题的结果,在结题之后没有了压力,就放松地去发现新的乐趣,此书稿出版就拖延至今。尽管拖了很久,尽管有些时间拖延症的压力,但我有了更多的时间去和师友进行交流。各位前辈的指点与关怀,让我不断明晰方向;各位朋友的交流与讨论,让我积淀理论视角与实践经验。这都是我的一种收获,或许这也是拖延症所带来的一点好处吧。

本研究从开始书写到完成,基本上是个快乐的过程。尤其是在此过程中伴随我研究的各位研究生,他们让我感受到持续的青春的创造乐趣,从我们最初的《城市发展与公共政策》电子刊,到后来的“洪家楼城市研究基地”公众号,都体现出他们卓越的才华。整个研究受益于各位师友指教,由于时间跨度大,要感谢的人很多,不再一一具名,都已铭记在我心。

这些研究都是在山东大学洪家楼校区进行的。课题完成之后,我所在的学院就告别了洪家楼校区。写完这些文字之后,我也就要告别 3 号楼这间小小的办公室了。以此为记。

2017 年 12 月于济南